1 MONTH OF
FREE
READING

at
www.ForgottenBooks.com

By purchasing this book you are eligible for one month membership to ForgottenBooks.com, giving you unlimited access to our entire collection of over 1,000,000 titles via our web site and mobile apps.

To claim your free month visit:
www.forgottenbooks.com/free976354

ISBN 978-0-260-84995-3
PIBN 10976354

LETTRES INÉDITES

DES

FEUQUIÈRES

TIRÉES

DES PAPIERS DE FAMILLE DE MADAME LA DUCHESSE DECAZES

ET PUBLIÉES

PAR ÉTIENNE GALLOIS

TOME CINQUIÈME

PARIS

LELEUX, LIBRAIRE-ÉDITEUR

RUE PIERRE-SARRASIN, 9

—

1846

INTRODUCTION.

———

M. le marquis Isaac de Feuquières avait insisté longtemps pour que la Suède prouvât par des effets son union avec la France ; il avait déployé beaucoup d'efforts, d'intelligence et d'activité pour atteindre ce but ; enfin, il obtint que, seule parmi les nations du Nord et loin de l'assistance de son alliée, la Suède fît la guerre pour une cause qui n'était pas la sienne, dont le triomphe devait être stérile pour elle, la ruine au contraire désastreuse, et que, retrouvant pour un moment l'esprit chevaleresque du temps de Gustave-Adolphe et de Christine, elle accordât à la France, pour la plus grande gloire d'un prince ambitieux, une intervention armée et

soutînt des combats de terre et de mer. Mais
le sort des armes montra bientôt à M. de Feuquières qu'il n'avait plus affaire aux Suédois
d'autrefois ; car ceux du temps actuel, plus
allemands que français, et ne se voyant pas
d'ailleurs suffisamment indemnisés de leurs
pertes par un allié qui cherchait moins à les
tirer d'embarras qu'à poursuivre le succès de
ses propres desseins, jugèrent à propos de
changer de politique, et sacrifièrent l'alliance
française à celle de l'Allemagne, où ils trouvaient moins de gloire, sans doute, dans le
triomphe, mais aussi moins de revers dans la
défaite.

Pendant les premières années de son séjour à
Stockholm, M. de Feuquières avait remarqué
un assez grand penchant pour la France dans
le jeune roi Charles XI, entouré alors, il est vrai,
de conseillers qui le façonnaient à l'influence
française et la lui montraient préférable à toute
autre, surtout au point de vue de l'honneur. Cependant il eut lieu ensuite de s'apercevoir que
cette inclination était plutôt passive que spon-
tanée, et que si, par exemple, ce prince avait
combattu en personne pour la France en Allemagne, il l'avait fait plutôt pour obéir à sa nature remuante et belliqueuse, plutôt aussi par

instinct d'imitation de Louis XIV, qui se mettait alors à la tête de ses troupes, que dans une vue bien arrêtée de servir son allié ; car, lorsqu'il eut pris conscience de lui-même et que son caractère se fut formé, on vit aussitôt son zèle pour la France se refroidir, son admiration pour Louis XIV faire place à l'indifférence, son ardeur d'imitation se ralentir et disparaître, si ce n'est pourtant sur un point. Ce n'était ni l'ambition éclatante du grand **Roi, ni son** amour du faste, ni sa splendide prodigalité, ni sa munificence pour les arts et les lettres, mais sa manière absolue de gouverner. Un tel système plaisait à ce caractère indépendant, et dès qu'il en eut trouvé l'occasion, il mit en pratique chez lui la fameuse maxime : « L'État c'est moi. » Quoique impatient, impétueux et étranger à cet esprit de persévérante dissimulation qui fait déguiser longtemps un dessein pour en mieux assurer l'exécution, il sut, tant le succès avait de valeur à ses yeux, préparer de loin ses moyens, dresser habilement ses batteries, et lorsque le moment d'agir lui sembla venu, il fit éclater à son profit une révolution qui changea entièrement la nature du gouvernement et rendit le pouvoir royal absolu et sans contrôle.

A l'époque où Charles XI osa exécuter ce coup d'État, son goût passager pour la France avait cessé complétement. Il n'avait pas attendu jusque-là pour placer de préférence dans ses conseils et dans ses ministères des hommes qui, voyant l'intérêt de la Suède dans son union avec l'Allemagne, minaient sourdement ou combattaient hautement, selon les circonstances, l'influence française et paralysaient les efforts de M. de Feuquières pour la faire prédominer. Aux difficultés d'une telle situation venaient se joindre pour notre ambassadeur celles qui résultaient du caractère bizarre, capricieux et insociable d'un roi n'aimant point le travail et inabordable pour tous, excepté pour quelques courtisans, compagnons de ses plaisirs, et pour un ou deux conseillers ordinairement ennemis de la France. « Ce prince s'a- « liénoit le cœur de ses sujets par l'aversion « qu'il témoignoit pour la ville de Stockholm, « où il ne vouloit point venir, et qu'il fatiguoit « par des logements de gens de guerre, par « une affectation à se rendre inaccessible, faute « de logement dans les lieux où il se tenoit, « par la froide réception qu'il faisoit à ceux « qui l'alloient voir, par une occupation con- « tinuelle à la chasse, sans vouloir entendre

« parler d'aucunes affaires publiques ni par-
« ticulières. Tout cela diminuoit un peu le
« mérite que ce prince avoit acquis dans la
« guerre, et on commençoit à attribuer son
« assiduité précédente dans l'armée à une
« humeur solitaire et quasi farouche plus qu'à
« une humeur guerrière ou à de l'affection
« pour son peuple. C'étoit ainsi qu'on com-
« mençoit (en 1680) à parler de lui [1]. »

M. de Feuquières avait reçu parmi ses
commandements exprès celui de se tenir continuellement auprès de la personne du roi de
Suède. Mais il ne trouvait pas plus de facilité
en temps de paix qu'en temps de guerre à
remplir cette partie de ses instructions. Lorsqu'il s'agissait de mener à bonne fin une négociation, certes il ne redoutait ni les corres-
pondances ni les déplacements, en un mot,
aucune fatigue du corps ni de l'esprit ; mais il
avait affaire à un roi capable de décourager le
diplomate le plus infatigable et le plus persévé-
rant. Peut-être aurait-il pu trouver accès auprès
de lui, s'il eût été un écuyer déterminé ou
s'il eût eu la passion de la chasse à l'ours et
d'autres périlleux exercices [2] dans lesquels

---

[1] Dépêche de M. de Feuquières à Louis XIV, du 17 janvier 1680.
[2] Voir la dépêche de M. de Feuquières du 24 janvier 1680, p. 51-53.

Charles XI excellait, sans aucun profit pour l'État. Malheureusement M. de Feuquières, alors plus que sexagénaire, n'avait aucun goût pour ces sortes d'amusements. Les périls le trouvaient sans crainte, mais c'étaient les périls de la guerre, et non ceux de la chasse ou de la course. Prenant d'ailleurs au sérieux sa position d'ambassadeur, il croyait devoir remplir en toute dignité le poste qui lui était confié. Il reconnut donc que toute relation devenait impossible avec un souverain qui, par système autant que par inclination, évitait avec soin toutes les occasions de le rencontrer et de recevoir ses communications. Il y avait évidemment parti pris de rompre avec la France. Du reste, la manière dont il fut traité au mariage du prince lui eût donné cette conviction, si précédemment déjà tout n'avait été fait pour ne lui laisser aucun doute à cet égard.

La Suède et le Danemark, devenus alliés par ce mariage, s'entendirent pour que le représentant de la France n'y fût point convié. Cette circonstance suffisait pour que M. de Feuquières ne se méprît point sur l'intention où l'on était de ne plus compter avec lui. « Il « est difficile, Sire, » écrivait-il en ce moment à Louis XIV, « de parer de tels coups contre deux

« nations qui s'entendent contre moi et qui ne
« combattent que par leur absence. »

Louis XIV, qui savait combien il était utile
pour sa politique d'avoir un appui dans le Nord,
alors qu'il voyait des ennemis surgir partout,
ne négligeait rien pour retenir l'alliance de la
Suède, qu'il sentait lui échapper, et M. de
Feuquières, qui avait tant contribué à l'établir
et à la rendre efficace, lui paraissait l'homme
le plus capable de la maintenir, si toutefois
la chose était encore possible. Aussi, malgré les
instances souvent répétées de son ambassadeur
pour revoir sa patrie et ses enfants, qu'il n'a-
vait pas vus depuis tant d'années, malgré une
demande formelle et directe qu'il reçut de lui
à cet effet en 1681, ne lui accorda-t-il la
permission de revenir que l'année suivante,
c'est-à-dire quand il eut bien reconnu que
l'alliance suédoise était complétement perdue.

Trois raisons faisaient vivement désirer à
M. de Feuquières son retour en France : d'a-
bord le besoin de se retrouver au milieu de sa
famille, ensuite celui de revoir son pays,
besoin arrivé pour lui peut-être à l'état de
mal du pays, bien qu'il s'en défende dans
une de ses lettres; enfin, la nécessité de
mettre ordre lui-même à des affaires dont

l'embarras était empiré par une trop longue
absence.

A ces motifs s'en joignait un autre qui n'é-
tait pas le moins puissant : c'était la retraite de
M. de Pomponne du ministère des affaires
étrangères.

Nous ne rappellerons pas ici les circonstances
d'une destitution si imprévue et si subite, véritable coup de foudre pour ce ministre, homme de
bien, qui sonda vainement sa conscience pour
y trouver une faute suffisante; tout le monde
connaît ces circonstances pour les avoir lues
dans les lettres de madame de Sévigné, et chacun
a gémi avec elle sur cette disgrâce imméritée,
qui frappait à la fois M. de Pomponne et ses amis,
et, en quelque sorte, plus encore ses amis que
lui-même; car tous perdaient en lui un zélé
protecteur, et tous n'avaient pas cette philosophie puisée aux sources les plus pures de la
religion, qui le fit s'incliner respectueusement
sous un coup inattendu et l'accepter comme
une juste punition de la Providence pour quelque faute qu'il ne connaissait pas. Il suffira de
dire que de tous les bruits qui accompagnè-
rent cette destitution, il résulta comme chose
évidente que si M. de Pomponne parut coupable aux yeux de Louis XIV, c'est que deux

de ses collègues convoitaient. sa charge, l'un pour son frère, l'autre pour un ami. Le Roi n'eut point la force de résister à deux influences actives, puissantes et tendant au même but; mais tout en cédant à cette coalition, il s'empressa d'indemniser celui qui en tombait victime, par une riche pension et un magnifique présent; il paraissait tenir à prouver qu'on lui avait forcé la main pour frapper, et que s'il le privait de sa charge, il lui conservait son estime et sa reconnaissance. Néanmoins, quelque significatifs que fussent de tels dédommagements, ils ne pouvaient faire oublier à M. de Pomponne la position qu'il perdait, ni équivaloir pour lui à cette confiance intime du souverain, à ces communications journalières, à cette vie passée auprès d'un maître qu'on était si fier d'approcher un instant et de qui chacun enviait, comme un suprême bonheur, une parole, un regard, une attention quelconque. Parfois il se sentait faible pour supporter son éloignement forcé du pouvoir et du prince qui le représentait, surtout lorsque sa pensée s'arrêtait sur ses amis, ou bien sur l'état de sa propre fortune; mais sa philosophie toute chrétienne reprenait vite le dessus, comme on peut en juger par l'extrait

suivant d'une de ses lettres à M. de Feuquières :

« Pour mes affaires, » lui disait-il, « elles sont
« si mauvaises de toutes manières, que je n'ay
« pas la force de vous en parler : elles augmen-
« teroient la peine que vous en avez. Je tasche
« d'en faire usage et de comprendre que les
« hommes ignorent ce qui leur est bon, qu'ils
« donnent souvent le nom de maux à ce qu'ils
« devroient appeler des biens, tant l'ordre de
« la Providence est différent de leurs pensées
« et de leurs désirs ! »

C'est dans cette situation d'esprit qu'il vécut
retiré dans sa terre de Pomponne, sans intrigue
ni ambition, sans regret de sa fortune passée
ni espoir de la recouvrer, pratiquant plus que
jamais les principes des Arnaud, qu'il n'avait
point oubliés dans les splendeurs de la cour,
soutenu et consolé par l'affection et l'estime
persévérante de sa famille, de ses amis et des
étrangers, qui lui rendaient plus de justice que
Louis XIV et s'effrayaient du successeur qu'on
lui avait donné. « Je ne vous dis rien de la
« perte que fait le Roy mon maistre en ce chan-
« gement, » écrivait à M. de Feuquières l'ambassadeur de Suède en France : « il est assez
« aisé de juger de la différence qu'il y a d'avoir

« à négocier avec un homme qui a quelque
« considération pour une nation ou avec un
« qui a un mépris extraordinaire, comme on
« me le veut persuader.... Vous sçavez aussy
« bien que personne au monde ce que c'est
« que de s'adresser à un homme qui est bien
« intentionné pour vous, ou d'estre obligé d'en
« solliciter un qui fait tout malgré qu'il en ait.
« Quand j'auray l'honneur de vous voir, je
« vous diray mes pensées plus ouvertement. »

On dirait que Louis XIV sentait le besoin
de se justifier aux yeux de la postérité de
la disgrâce de M. de Pomponne, lorsqu'il
consignait dans ses *Mémoires* les paroles suivantes : « L'emploi que je lui ai donné s'est
« trouvé trop grand et tr p étendu pour lui ;
« j'ai souffert plusieurs années de sa foiblesse,
« de son opiniâtreté et de son inapplication...
« Il a fallu que je lui ordonnasse de se retirer,
« parce que tout ce qui passoit par lui perdoit
« de la grandeur et de la force qu'on doit avoir
« en exécutant les ordres d'un roi de France
« qui n'est pas malheureux. » Sans sortir de la
correspondance des Feuquières, on peut s'assurer si tout ce qui passait par les mains de
M. de Pomponne perdait de la grandeur et de
la force d'un roi de France heureux ; il suffit

pour cela de lire les dépêches de Louis XIV
à M. le marquis Isaac, dépêches rédigées
par le ministre, ainsi que toutes celles qui
étaient adressées aux autres ambassadeurs ; on
y reconnaît qu'un tel langage n'était au-dessous
ni de la dignité ni du bonheur du monarque le
plus favorisé sous ce double rapport. Le premier ministère de M. de Pomponne se rapporte
à la période la plus heureuse du règne de
Louis XIV, et si ses successeurs au département des affaires étrangères firent plus que
lui, ce qui est douteux, pour la majesté du
règne, ils ne firent assurément pas davantage
pour sa prospérité. Du reste, ainsi qu'il a été
dit précédemment, Louis XIV sembla prendre
à tâche, par sa conduite ultérieure envers M. de
Pomponne, de réparer la rigueur injuste de
son procédé et de démentir la souveraine du-
reté du jugement cité plus haut : il lui accor-
dait fréquemment des audiences particulières,
lui disait son regret de l'avoir éloigné de sa
personne, et, lui recommandant un profond secret, obtenait sa parole qu'il reviendrait au premier ordre. En effet, aussitôt après la mort de
M. de Louvois, qui avait grandement contribué
à cette destitution, le Roi s'empressa d'écrire,
de sa propre main, à M. de Pomponne, pour

qu'il vînt reprendre, dans ses conseils, la place qu'il n'aurait jamais dû quitter : « Car, » dit le duc de Saint-Simon, qui n'est pas prodigue d'éloges, « c'étoit un homme excellent par un « sens droit, juste, exquis, qui pesoit tout, « faisoit tout avec maturité et sans lenteur... « Ses yeux montroient de la douceur et de l'es- « prit, toute sa physionomie de la sagesse et « de la candeur ; une dextérité, un art, un ta- « lent singulier à prendre ses avantages en trai- « tant ; une finesse, une souplesse sans ruse, « qui savoit parvenir à ses fins sans irriter ; « une douceur, une patience qui charmoit « dans les affaires, et avec cela une fermeté et, « quand il falloit, une hauteur à soutenir l'in- « térêt de l'État et la grandeur de la couronne, « que rien ne pouvoit entamer. Ces qualités « étoient en trop grand contraste avec celles « de Colbert et de Louvois pour en pouvoir « être souffertes avec patience ; tous deux en « avoient de très-grandes ; mais si elles parois- « soient quelquefois brillantes, elles n'étoient « pas si aimables... Tous deux vouloient, sous « différents prétextes, manier les affaires étran- « gères ; tous deux s'en trouvèrent également, « sagement et doucement repoussés ; non-seu- « lement ils n'y purent jamais surprendre la

« moindre prise, mais la grande connoissance
« qu'avoit Pomponne des affaires de l'Eu-
« rope.... lui donnoit un tel avantage sur ces
« objets, qu'ils n'osoient le contredire au con-
« seil, où, devant le Roi, il les avoit mis souvent
« sans repartie lorsqu'ils l'avoient hasardé. »

Parent de M. de Feuquières, M. de Pomponne lui avait voué depuis longtemps une fra-
ternelle amitié qui, soutenue par une bienveillance naturelle, était ingénieuse à faire naître
les occasions de le servir. Elle n'avait pas besoin pour cela de stimulant ; les marques en ar-
rivaient incessantes et inattendues à M. de Feuquières et aux siens. Solliciter en faveur de ses
amis n'était point à charge à M. de Pomponne ;
c'était, au contraire, chose agréable pour lui,
c'était un besoin de sa nature. Pourtant il ne
sollicitait pas sans avoir mûrement réfléchi sur
la valeur et l'opportunité d'une demande ; il ne
s'en chargeait que s'il la croyait juste et suscep-
tible de succès, et non par manière d'acquit, ni
pour se débarrasser du solliciteur. M. de Rébenac, dont un des principes était d'obtenir d'a-
bord et de mériter ensuite, avait vu sans doute
plusieurs fois sa jeune et pétulante ambition se
briser contre ce système qu'il ne comprenait
pas, lorsqu'il écrivit à son père : « Le naturel

« de M. de Pomponne, tout plein de bonne
« volonté qu'il est, le porte à refuser d'abord
« tout ce qui luy est proposé pour ses amis et
« ceux auxquels il souhaite le plus de bien ;
« mais il faut le presser, et il entre ensuite ai-
« sément dans les raisons. » Personne n'avait
moins de raisons que M. de Rébenac pour se
plaindre du zèle de cet ami dévoué de sa famille ;
au reste, il se montre ailleurs plus juste envers
lui. S'il le fallait presser quelquefois, ce n'était
point lorsqu'il s'agissait de l'intérêt bien entendu des Feuquières. Dans ce cas, sollicitations, démarches, soins de toutes sortes, rien
ne lui coûtait ; et, si l'on remarque avec quelle
chaleur et quelle infatigable constance il pro-
tégeait cette famille, épiant toujours les moments opportuns pour en rehausser les services devant le Roi ou pour en signaler les besoins ; si l'on observe comment, dans sa haute
position, il entendait et pratiquait l'amitié,
on ne s'étonnera point des regrets que ses amis
ressentirent à sa chute, chacun d'ailleurs en
craignant avec raison le contre-coup pour soi ;
car il n'est que trop vrai que les regrets les plus
vifs ont toujours un côté intéressé.

Ce ne fut pas un des moindres services rendus par M. de Pomponne à M. de Feuquières,

que de lui avoir enseigné l'art de demander souvent sans déplaire : « Je n'ay pas besoin
« de vous dire, » lui écrivait-il, « d'accompagner
« toutes vos demandes d'une soumission en-
« tière et d'une résignation absolue. » Il y avait
beaucoup de ressemblance dans le caractère
des deux amis ; aussi ne répugnait-il pas plus
à l'un qu'à l'autre de montrer une entière soumission à ce maître absolu, qui, semblable à un
dieu, voulait être beaucoup prié pour accorder, qui ne s'offensait pas des doléances
réitérées, pourvu qu'elles fussent empreintes
de la plus complète dépendance ; qui, enfin,
toujours jaloux de paraître puissant, était satisfait qu'on eût foi en lui comme en une providence terrestre, et que ceux-là mêmes qui
avaient le plus de droits à sa reconnaissance
n'attendissent rien de leurs mérites et tout de
sa souveraine et libre faveur.

Colbert de Croissy, successeur de M. de
Pomponne au ministère des affaires étrangères, témoigna, il est vrai, de la bienveillance
à M. de Feuquières ; mais ce n'était plus cette
fraternité à laquelle l'ambassadeur était habi-
tué de la part de son ministre. Aussi, ce motif
se joignant à d'autres, il rentra en France aussitôt qu'on le lui eut permis. Ce ne fut cependant

que deux ans environ après la disgrâce de
M. de Pomponne, lorsque Louis XIV eut acquis la certitude que la Suède ne voulait absolument plus de lui pour allié. Pendant ces deux
années de séjour forcé, M. de Feuquières eut
le triste spectacle du déclin et de la ruine de
notre influence à Stockholm; on n'épargna
rien pour lui prouver qu'il n'y avait, du moins
pour le moment, aucun moyen de la rétablir,
et son audience de congé fut une véritable
mystification où il reconnut une rupture complète et définitive. M. de Feuquières partit de
Stockholm en 1682. Dès l'année précédente la
Suède avait conclu à La Haye, avec la Hollande, un traité de commerce et de défense
pour la garantie des traités de Westphalie et
de Nimègue, et, quelques années après, l'Empereur et d'autres princes ayant accédé à cette
alliance, le gouvernement suédois fournit, contre Louis XIV, un contingent de troupes.
La guerre fut terminée, en 1698, par la paix
de Riswick, et Charles XI eut l'honneur de
voir sa médiation acceptée par les nations bel-
ligérantes.

A cette longue ambassade en Suède, qui le
retint pendant dix ans loin de son pays, ne se
borna point la carrière diplomatique de M. de

Feuquières. Après un séjour en France de trois années, pendant lesquelles il put réparer le désordre de ses affaires et goûter les joies de la famille, il fut nommé ambassadeur à Madrid.

La collection de madame la duchesse Decazes ne contient aucun document relatif à cette mission. Il en est, aux archives du ministère des affaires étrangères, d'assez abondants; mais leur publication nous forcerait de dépasser nos limites. Contentons-nous maintenant de citer les passages suivants du journal de Dangeau :

« 28 *janvier* 1685. — M. de Feuquières aura « 12 000 écus d'appointements, 4 000 écus « pour son ameublement, et 3 000 écus qui lui « seront payés pour un quartier avant son dé- « part. Les indemnités à Madrid valent à un « ambassadeur environ 10 000 fr., et il peut « encore gagner quelque chose sur le change « de l'argent qu'on lui fera toucher. »

« 28 *février* 1685. — Ce jour-là M. de Feu- « quières prit congé du Roi, partant pour « son ambassade d'Espagne. Le Roi lui dit : « Adieu, monsieur ; partez bientôt et allez « bien vite. On prétend que les sujets du Roi « pâtissent de ce qu'il n'y a point de ministre à « Madrid. »

« *Mardi*, 24 *avril* 1685.—On sut que le
« courrier arrivé de Lyon venait de Madrid,
« où le Roi l'avoit envoyé pour ordonner à
« M. de Feuquières, son ambassadeur, de dé-
« clarer aux Espagnols que, s'ils donnoient les
« pays dus au duc de Bavière [1] par son contrat
« de mariage avec l'archiduchesse, comme le
« bruit couroit qu'ils les vouloient donner,
« Sa Majesté regarderoit cela comme une in-
« fraction considérable à la trêve; qu'ils de-
« voient savoir qu'en cas que le roi d'Espagne
« vînt à mourir sans enfants, M. le Dauphin
« étoit héritier naturel, et qu'ainsi on ne pou-
« voit disposer de ce qui devoit lui apparte-
« nir; qu'il avoit envoyé Boufflers à Bayonne
« et fait marcher beaucoup de troupes vers la
« Navarre pour entrer dans leurs pays, en cas
« qu'ils voulussent faire une démarche si con-
« traire aux intérêts de son fils et au repos de
« toute l'Europe. Les Espagnols ont fait savoir

[1] Le duc de Bavière était un des prétendants à la succession d'Espagne; il avoit pour concurrents l'empereur Léopold, Louis XIV et le duc
de Savoie. Ses droits étaient ceux de sa femme l'archiduchesse Marie-
Antoinette, issue d'un premier mariage de l'empereur Léopold avec
une sœur de Charles II, roi d'Espagne. En épousant une autre sœur
de ce faible roi, Louis XIV avait dû renoncer à l'héritage de la mo-
narchie d'Espagne pour lui et les siens; il n'en vit pas moins son
petit-fils s'asseoir sur ce trône tant disputé. Mais cette conquête coûta
cher à la France; elle ébranla le trône de Louis XIV

« qu'ils ne savoient ce que c'étoit que le bruit
« qu'on avoit fait courir, et qu'ils n'avoient
« point songé à donner les Pays-Bas à M. l'é-
« lecteur de Bavière ; ainsi la trêve ne sera pas
« rompue présentement. »

Ce dernier passage prouve que M. de Feuquières eut à débattre la grande question de la
succession d'Espagne, source de guerres san-
glantes sous Louis XIV, et qui, aujourd'hui,
après un siècle et demi, ranimée par une nouvelle alliance avec la maison royale d'Espagne, préoccupe encore si vivement les esprits.
Il eut à soutenir cet intérêt qui fut si cher à
Louis XIV, comme il l'est de nos jours à tous
ceux qui ont à cœur la grandeur et la force de
la France.

M. de Feuquières, après avoir longtemps
vécu sur la terre étrangère, y finit ses jours ; il
mourut à Madrid, en 1688, ayant résidé trois
ans dans ce poste. Son éloge serait ici su-
perflu ; on le trouve répandu dans toutes
ses lettres. Là on remarque aisément de l'habileté, de la patience, du dévouement, une éton-
nante activité, qualités qui lui valurent la
confiance d'un roi sachant apprécier le mérite ;
une affection pleine de sacrifices pour ses enfants, une douceur de caractère qui écartait de

lui toute haine, enfin beaucoup de résignation au milieu d'une vie d'isolement souvent surchargée d'ennuis et de difficultés. Ce furent-là les principaux avantages de cet homme, dont l'existence tout entière fut consacrée à son pays. Sa correspondance diplomatique et privée, qui est le fonds principal de notre collection, forme un lien naturel entre les *Lettres et Négociations* de Manassès de Feuquières, son père, et les *Mémoires et Maximes militaires* d'Antoine de Feuquières, son fils, et constitue, avec ces deux ouvrages, un ensemble de documents émanés de trois générations successives de la même famille, animées toutes trois de l'amour de la patrie et vouées à son service.

Après la mort de M. le marquis Isaac de Feuquières, M. le marquis de Pas, l'aîné de ses fils, prit le nom de marquis de Feuquières et devint chef de la famille. La vie militaire avait toutes ses préférences; il l'avait embrassée de bonne heure, il ne la quitta que malgré lui, dans un âge où sa capacité et son courage étaient dans leur vigueur. Mais il avait eu le malheur de déplaire. Élevé à l'école du maréchal de Luxembourg son parent, que Louis XIV n'aimait point, tout en l'estimant beaucoup, il n'avait jamais montré de goût pour le métier de courtisan, à une époque où c'était une condition indispensable, même au mérite le plus éminent, pour se produire et se faire considérer; il avait toujours préféré l'atmosphère des camps à celle des cours, conservant la franchise et la rudesse d'un homme de guerre, que la conviction de son propre mérite rend peu endurant et sans indulgence pour ce qu'il regarde dans autrui comme des erreurs. Quant à ses qualités militaires, personne ne les lui contesta jamais; Voltaire et Saint-Simon, pleins de sévérité tous deux dans l'appréciation de son caractère, leur rendent une entière justice, et elles sont constatées d'une manière irrécusable par ses *Mémoires et Maximes militaires*. Cette production précieuse d'un loisir forcé, en même temps que d'une longue expérience, fut un objet d'étude profitable pour les gens de guerre jusqu'à la République et l'Empire, qui modifièrent si profondément l'ancienne tactique militaire, et, de nos jours encore, elle offre aux stratégistes d'utiles enseignements. Louis XIV méconnut son propre intérêt en arrêtant au milieu de sa carrière un homme aussi habile et dévoué, parce qu'il ne pouvait, disait-on, s'accorder avec personne, et en se privant de services d'un grand prix, dans un temps où les bons généraux étaient devenus assez rares pour qu'il ne dût pas tenir compte d'autre chose que du talent chez ceux qui mettaient toute leur gloire à le bien servir.

Si la brouillerie du marquis Antoine de Feuquières avec le maréchal de Catinat dans la guerre du Piémont, si d'autres démêlés encore justifient jusqu'à un certain point le reproche qu'il encourut d'un caractère difficile et opiniâtre, sa conduite envers le maréchal de Luxembourg dans l'affaire de la Voisin et de la Vigoureux prouve qu'il était capable des plus généreuses affections, de celles mêmes qui ne savent point reculer devant le danger. Dans cette circonstance, il poussa l'amitié jusqu'à se laisser fortement compromettre pour servir son illustre parent; il fit, en quelque sorte, cause commune avec lui et voulut partager les périls d'une situation que les tribunaux, influencés par les ennemis du maréchal, cherchaient à rendre grave pour l'un et pour l'autre. Pourtant, selon ce que mandait le marquis Antoine à son père, après avoir subi un insidieux interrogatoire : « Il n'y « avoit pas de quoy *fouetter un laquais,* quand « mesme il auroit respondu ouy à tout. » C'était

avec raison que M. de Pomponne écrivait à
M. de Feuquières : « Il faut rendre honneur
« à M. votre fils : il a agy avec beaucoup d'es-
« prit, d'activité, de fermeté dans toute cette
« affaire et a bien remply ce qu'il devoit à l'a-
« mitié de M. de Luxembourg. » Un autre
témoignage confirme le précédent : c'est celui
de madame la marquise de Saint-Chamond dans
sa lettre du 21 septembre 1680, à M. le marquis Isaac de Feuquières : « J'ai eu beaucoup
« de plaisir, » dit-elle, « de l'entendre parler de
« ses affaires et de celles de M. de Luxembourg ;
« il a bien servy celui-cy, et a donné en cette
« rencontre bien des marques de son esprit,
« de son cœur et de sa générosité. »

Mais cette défense, prise avec tant de chaleur
et de dévoûment, n'était point propre à lui concilier la faveur d'une cour où le maréchal était
mal vu ; et bien qu'il se fût écoulé un assez grand
nombre d'années entre l'époque de leur commune incrimination dans le procès de la Voisin,
et celle où M. le marquis Antoine de Feuquières
se vit mettre à la retraite, peut-être n'avait-on pas
oublié les généreux efforts de ce dernier pour
sauver un homme qu'on voulait perdre ou du
moins gravement compromettre. Quoi qu'il en
soit, le marquis Antoine cessa forcément de

servir en 1701. Lieutenant-général en 1693,
d'une capacité universellement reconnue, il
avait lieu d'espérer les plus grands emplois de la
guerre : la volonté despotique du maître brisa
pour toujours cette espérance. Plein de force, de
zèle et de mérite, il lui fallut se résigner à une
flétrissante inaction ; il lui fallut voir les destinées de nos armes remises entre les mains
de généraux inhabiles, et le seul emploi qu'on
lui permit de son expérience, de sa pénétration et de son patriotisme, fut de lui faire
prévoir de funestes défaites et d'en donner en
haut lieu des avertissements qu'il avait l'extrême douleur de savoir peu écoutés : «Quoyque
« par une triste expérience du cas que l'on fait
« de moy, » écrivait-il à M. de Torcy [1] la veille
de la bataille d'Hochstedt, dont il prévoyait
le triste résultat, « je sache fort bien que c'est
« en vain que je pense sur un mestier qu'il y a
« trente ans que je fais, cependant, monsieur,
« mon zèle ne me permet point de penser sans
« vous dire comme j'ay pensé. Vous l'avez
« trouvé bon. En tout cas, le temps que vous
« employerez à me lire sera assez court, quoy-
« que vous soyez fort occupé, pour ne le pas
« peut-estre regretter entièrement. »

---

[1] Ministre des affaires étrangères.

Loin des armées, il en suivait néanmoins avec sollicitude les opérations diverses, dont il se faisait rendre un compte exact ; c'est ainsi qu'il savait prévoir les succès ou les revers, et qu'après avoir mûrement réfléchi, ne pouvant faire autre chose, sur un art où la prudence et le savoir jouent un si grand rôle, il se résolut à mettre par écrit les résultats de ses réflexions et de son expérience, afin de les avoir au besoin plus présents à l'esprit, et aussi pour l'instruction de son fils, qu'il destinait à la carrière militaire.

Le public ne jouit entièrement de cet ouvrage qu'après la mort de l'un et de l'autre ; il resta en manuscrit pendant plus de vingt ans entre les mains du comte Jules de Feuquières. Celui-ci en autorisa la publication après trois éditions plus ou moins défectueuses, provenant de fragments manuscrits obtenus de sa complaisance, lambeaux épars que la spéculation n'avait pas tardé à réunir en un corps d'ouvrage qui parut en Hollande et en France, sous le titre de *Mémoires sur la guerre par le marquis de Feuquières.*

Ainsi ne pouvant plus servir son pays les armes à la main, Antoine de Feuquières le servait encore par ses écrits. Mais il ne pouvait se rési-

gner à ce rôle de simple juge : son inaction lui
était un tourment. Ce qui le dévorait surtout,
c'était le sentiment d'une disgrâce à laquelle il
n'entrevoyait point de terme ; et, de même que
tous ceux qui avaient encouru la défaveur
royale, il était moins sensible à sa fortune brisée
qu'à la douleur d'avoir déplu à un maître
qui, d'un mot bienveillant ou sévère, exaltait
jusqu'au prodige ou désolait jusqu'à la mort.
Après avoir épuisé toute l'amertume de sa situation pendant dix années, il mourut, dans
un âge peu avancé, adorant encore la main
qui l'avait frappé. Voici ce qu'il écrivit à
Louis XIV quelques heures avant sa fin :

« Sire, après avoir mis devant les yeux de
« Dieu toute ma vie que je vais lui rendre, il
« ne me reste plus rien à faire, avant de la
« quitter, que de me jeter aux pieds de Votre
« Majesté. Si je croyois avoir plus de vingt-
« quatre heures à passer encore en ce monde,
« je n'oserois prendre la liberté que je prends.
« Je sçais que j'ai déplu à Votre Majesté, et
« quoique je ne sache précisément en quoi, je
« ne m'en crois pas moins coupable. J'espère,
« Sire, que Dieu me pardonnera mes péchés,
« parce que j'en ressens en moi un repentir
« bien sincère. Vous êtes l'image de Dieu, et

« j'ose vous supplier de pardonner, au moins
« à mon fils, des fautes que je voudrois avoir
« expiées de mon sang. Ce sont celles, Sire,
« qui ont donné à Votre Majesté de l'éloigne-
« ment pour moi, et qui sont cause que je
« meurs dans mon lit, au lieu d'employer à
« votre service les derniers moments de ma vie
« et la dernière goutte de mon sang, comme
« je l'ai toujours souhaité. Sire, au nom de ce
« Roi des rois, devant qui je vais paroître,
« daignez jeter des yeux de compassion sur
« un fils unique que je laisse en ce monde,
« sans appui et sans bien. Il est innocent de
« mes malheurs; il est d'un sang qui a toujours
« bien servi Votre Majesté. Je prends con-
« fiance en la bonté de votre cœur, et après
« vous avoir encore une fois demandé pardon,
« je vais me remettre entre les mains de
« Dieu, à qui je demande pour Votre Majesté
« toutes les prospérités que méritent vos
« vertus [1]. »

Cette lettre, écrite au bord de la tombe par
un homme qui ne demandait plus rien pour
lui-même, parut émouvoir la suprême indifférence du Roi. Comme s'il se fût repenti d'avoir

---

[1] *Vie de M. le marquis Antoine de Feuquières*, dans ses *Mémoires
militaires.*

accéléré la mort du père, il daigna transmettre au fils les pensions dont celui-ci avait joui, et, par d'autres marques de faveur accordées pendant le peu d'années qu'il vécut encore, il voulut bien prouver à la famille de Feuquières qu'elle n'avait point démérité de lui tout entière.

Des nombreux fils du marquis Isaac, un seul suivit comme lui la carrière diplomatique : ce fut le comte de Rébenac. On a vu ailleurs qu'à l'aide d'un mérite précoce, soutenu, il est vrai, par de l'ambition et de la confiance en soi-même, il arriva fort jeune à des postes importants. Sa correspondance, comprise dans cette collection, ne s'étend pas au delà de la mission qu'il remplit à Berlin ; mais elle permet de reconnaître, en même temps que de la pénétration et de la justesse d'esprit dans les affaires publiques, un caractère vif, indépendant et original, des allures franches et libérales jusqu'à la prodigalité, qui constituaient à cette époque le vrai gentilhomme. Après avoir été ministre du roi en diverses cours d'Allemagne, puis ambassadeur en Espagne, peu de temps après la mort de son père, ensuite en Piémont, et enfin envoyé extraordinaire dans toutes les cours d'Italie, il fut enlevé par

une mort prématurée à toutes les espérances
d'une brillante destinée.

Trois de ses frères moururent comme lui
avant l'âge, mais sur les champs de bataille.
Henri, chevalier de Pas, en 1677, emporté
par un coup de canon, en Sicile ; Charles,
chevalier de Malte, capitaine de vaisseau du
Roi, au combat de Saint-Denis, près de Mons,
en 1678; Simon, chevalier de Feuquières, en
1692, après la bataille de la Hogue, où il
fut mortellement blessé. Ce dernier, commandant le vaisseau *le Diamant* dans cette
affaire fatale à notre marine, venait d'avoir
une cuisse emportée ; il n'en continua pas
moins le combat contre trois vaisseaux ennemis, faisant feu des deux bords, et il emporta
en mourant la consolation d'avoir sauvé son
navire. Peu de familles nobles payèrent
aussi largement que les Feuquières le tribut
du sang à la patrie. Des sept fils du marquis
Isaac, cinq avaient embrassé la carrière militaire ; trois périrent au champ d'honneur ;
un quatrième faillit y laisser la vie.

Un autre fils d'Isaac entra dans les ordres,
et y coula des jours paisibles dans les molles
douceurs d'une riche abbaye et d'un évêché.
Ce fut Philibert-Charles, docteur en Sorbonne,

l'élève de cet abbé Baclez qui avait mérité l'ani-
madversion de madame de Pomponne, l'active
surveillante de la conduite des jeunes de
Feuquières, pour leur avoir enseigné l'in-
tempérance dans la boisson et peut-être encore
d'autres vices ; il trouvait sans doute pour lui-
même dans de telles habitudes un remède
contre l'ennui et la monotonie de la vie reli-
gieuse, et l'on peut supposer que, par une
affection mal entendue, il voulait faire suivre les
mêmes errements à celui de ses élèves qu'on
avait voué dès l'enfance à l'état ecclésiastique,
sans consulter son goût, et seulement pour
lui assurer cette existence facile et ces hautes
dignités que les cadets de familles étaient
certains de trouver dans l'Église.

Jules, comte de Feuquières, colonel du régiment de son nom et lieutenant-général pour
le Roi dans la province de Toul, survécut à
tous ses frères. Catherine-Marguerite Mignard,
fille du célèbre peintre du roi, lui plut et il
l'épousa. « Ce mariage, dit Dangeau, ne fut
pas approuvé de tout le monde. » Mais le
comte de Feuquières s'en inquiéta peu ; d'abord
le Roi avait signé au contrat ; ensuite l'aîné de
la famille avait épousé mademoiselle de Mouchi.
Hocquincourt, petite-fille d'un maréchal de

France ; n'était-ce pas assez pour soutenir l'honneur du nom ? Quant à lui, il en avait moins la
responsabilité, et croyait pouvoir se marier
pour lui-même ; il était simple cadet de famille.
Le portrait que Mignard nous a légué de sa fille
prouve qu'elle valait bien une mésalliance.

Esprit varié, abondant, assez excentrique,
et parfois original, le comte de Feuquières
avait la passion de disserter et d'écrire. Tout
sujet lui était bon ; auteur de la *Vie d'Antoine
de Feuquières*, qui est en tête des *Mémoires*
de celui-ci, il l'est aussi d'un *Traité sur la
Virilité, et la Virginité de l'homme et de la
femme* [1]. Après avoir écrit un conte ou une
nouvelle, il composait une dissertation sur un
point de philosophie ou de morale, et il passait sans difficulté, ou plutôt avec plaisir, d'une
traduction d'Horace à un résumé d'histoire de
France, s'essayant à chaque genre, n'en ap-
profondissant aucun, en un mot, travaillant
en grand seigneur, c'est-à-dire pour passer le
temps. L'extrait suivant, écrit par lui dans sa
vieillesse, et dont le manuscrit porte l'em-
preinte d'une main défaillante, donne une

---

[1] Ce traité, ainsi que plusieurs autres opuscules manuscrits du comte
Jules de Feuquières, fait partie de la collection de madame la duchesse Decazes.

idée de la tournure de son esprit et fait con-
naître son jugement sur l'époque de Louis XV,
comparée à celle de Louis XIV : « On voudroit
« m'engager, » dit-il , « à faire des remèdes que
« je crois inutiles, parce que je n'attribue le
« déréglement de ma santé qu'à mes années,
« et que je ne me soucie guère de conserver
« une vie déjà assez longue, dans un pays où
« le mérite et la vertu sont devenus odieux
« et le renversement des loix maxime de gou-
« vernement, où l'ignorance et le mensonge
« prévalent contre la vérité , où la religion est
« abandonnée à des furieux qui n'en ont que
« le masque. Funestes présages qui m'épou-
« vantez , tristes objets qui ne faites que m'es-
« chauffer la bile , esloignez-vous de moy, j'ay
« besoin de la tempérer. Il faut pour cela me
« rappeler le temps où le *soleil* [1] estoit au mi-
« lieu de sa course, après avoir dissipé les
« brouillards du matin et avant les obscurités
« qui ont précédé et suivy son coucher. On y
« voyoit à la teste des armées Condé, Turenne,
« Créqui, Luxembourg , Catinat aussi, celuy
« qui les a suivis de plus près et leur a le mieux
« ressemblé ; il estoit véritablement homme de

---

[1] On voit qu'il s'agit ici de Louis XIV, dont la devise était un soleil éclairant le monde , avec ces mots : *Nec pluribus impar.*

« guerre ; Vauban dans le génie, pour fortifier,
« attaquer et deffendre les places avec capacité,
« et d'une manière qui n'a esté bien connue
« que de luy, plus respectable encore par ses
« sentiments de bon citoyen et de fidélité au
« service du Roy ; Louvois dans les conseils,
« pour former et arranger les projets de cam-
« pagne ; Colbert pour l'administration des
« finances, la police du dedans et le commerce;
« Pomponne dans les négociations avec les puis-
« sances étrangères; MM. de Port-Royal pour
« esclairer les matières de religion et combattre
« les erreurs : ils en ont souffert persécution ;
« Corneille, Molière, Racine dans les specta-
« cles : ils instruisoient en divertissant; tous
« personnages, chacun dans sa profession,
« d'un mérite qui n'a pas esté remplacé. »

« Ne pourrois-je pas aussi me ressouvenir
« du temps où j'estois amoureux ? Il me sem-
« ble que rien ne conviendroit mieux pour
« me desgager des idées noires dans lesquelles
« je me sens comme malgré moy plongé.

« Je ne dis mot de celle qui estoit laide et
« de mauvaise humeur, ni de celle de qui les
« empressements m'estoient à charge, mais de
« la mesme belle dame qui, par des manières
« plus douces et plus insinuantes, m'avoît at-

« tiré dans ses liens. Je luy avois livré mon
« cœur ; mon esprit ne s'occupoit que d'elle.
« Dix années qu'elle avoit de plus que moy
« me la faisoient respecter. Son bon sens m'in-
« struisoit ; ma simplicité luy plaisoit ; elle me
« disoit qu'elle m'aimoit comme son frère ; j'en
« prenois occasion à d'aimables libertés. Une
« dame se présenta, avec moins de mérite,
« moins de beauté et plus de vivacité ; elle en
« devint jalouse, craignant avec raison que les
« saillies d'une jeunesse bouillante ne tardas-
« sent guères à me déterminer à un mauvais
« choix ; elle m'en parla ; et ce jour-là, où je
« la vis dans sa plus grande parure et dans·
« toute sa beauté naturelle, je l'assuray que je
« la trouvois, sans comparaison, plus belle et
« plus aimable que cette autre dame. Je m'en
« sentis enlever et j'en reçus le premier bai-
« ser. Elle voulut ensuite sçavoir exactement
« tout ce qui s'estoit passé entre cette dame et
« moy : « Rien, luy dis-je, qui doive vous faire
« de la peine ; je n'ay aucun engagement avec
« elle que celuy d'en avoir reçu quelques vi-
« lains baisers que j'esvitois avec autant de soin
« que je recherchois les vostres. C'est vous qui
« me l'avez fait cognoistre ; et les visites que
« je luy ay rendues n'ont esté que par poli-

« tesse, cédant à ses importunités, quand je
« ne pouvois avoir le bonheur de vous voir.
« Toutes mes affections n'ont jamais esté que
« pour vous. » Elle me deffendit de la voir da-
« vantage. « Je vous obéiray, » luy dis-je en
« luy faisant cognoistre la violence de ma pas-
« sion et mes plus ardents désirs. Auroit-il esté
« raisonnable de me refuser ce qui m'estoit of-
« fert par une autre? Elle s'en défendit pour-
« tant, non par des refus, mais par des deslais
« qui m'enflammoient de plus en plus.........
« Enfin l'amour ne s'en rendit le maistre
« qu'après l'avoir ornée de toutes ses grâces. »

Il est à présumer que cet appel fait par le
comte de Feuquières en style digne, il est
vrai, de la Régence, aux souvenirs galants de
sa jeunesse, ne produisait qu'une faible et
courte diversion au découragement, à la tris
tesse profonde que lui apportait, à lui comme
à tous ceux qui aimaient la France, la comparaison d'un siècle plein de gloire à un autre
plein de dissolution et de honteuses débauches.
Il rougissait de vivre encore sous un règne si
différent de celui qui avait vu s'écouler ses jeunes années, et c'était en vain qu'il tâchait de
s'étourdir sur la dégradation du présent en s'é-
gayant par la mémoire du passé. Quelle n'eût

pas été l'amertume de ses regrets s'il eût assisté
à la fin du règne de Louis XV? Mais il mourut en 1741, fort avancé en âge et ayant survécu
à l'espérance de voir se perpétuer en ligne directe le nom des Feuquières; car, sans enfants
de son mariage avec Catherine-Marguerite
Mignard, il avait vu périr par une mort prématurée le seul neveu qu'il eût de ses frères,
le fils du marquis Antoine. Il ne resta, pour
transmettre les biens de cette noble famille,
que la belle Corisandre de Feuquières, fille
d'Antoine, qui fut mariée au marquis de Soyecourt[1]. De cette gracieuse personne il existe

[1] « Par la mort d'Antoine de Pas, marquis de Feuquières, colonel
« du régiment de Bourgogne, qui ne laissa de son mariage avec Ma-
« demoiselle d'Auroy qu'un fils mort en bas âge, Pauline Corisandre
« est devenue seule et unique héritière de père et de mère, et a trans-
« mis les noms et biens des maisons de Pas, Feuquières et de Mouchi-
« Hocquincourt dans celle de Soyecourt par son mariage avec Joa-
« chim-Adolphe, marquis de Soyecourt, colonel du régiment de
« Bourgogne et brigadier des armées du Roi. De ce mariage ils ont
« eu trois enfants : 1° Louis-Armand, marquis de Soyecourt, bri-
« gadier des armées du Roi, mestre de camp du régiment Dauphin
« étranger cavalerie, lequel a épousé en premières noces Marie-Anne-
« Pauline-Antoinette de Beauvilliers de Saint-Aignan, et en secon-
« des noces, Marie-Éléonore-Auguste de Béthune; 2° Antoine-Adol-
« phe, mestre de camp de cavalerie, maréchal-général des logis des
« camps et armées du Roi; il porte le nom de *marquis de Feuquières;*
« 3° Joachim-Charles, appelé le *comte de Soyecourt;* il a épousé Ma-
« rie-Sylvine de Bérenger. » (*Abrégé historique de la vie et des négo-*
ciations de Manassès de Feuquières, tome 1er des *Lettres et négocia-*
tions de Manassès.)

un portrait, qui la représente en costume de bal, parée de soie, de fleurs, surtout de jeunesse et de beauté. Cette élégante peinture est aujourd'hui la propriété de sa descendante, madame la duchesse Decazes[1], qui y attache d'autant plus de prix, que celle qu'elle représente lui semble résumer les Feuquières et les Soyecourt, en servant de transition des uns aux autres.

Un portrait de femme, en Picardie quelques ruines de château qui portent encore le nom de Feuquières, une collection de papiers vermoulus, voilà les seuls souvenirs matériels restant aujourd'hui d'une famille qui a vécu nombreuse et florissante pendant plusieurs siècles. Le temps détruira sans peine le portrait de femme, les ruines de château et les papiers vermoulus; mais il respectera, nous l'espérons, le livre émané de ces papiers.

Si les lettres des Feuquières n'avaient renfermé rien de plus que la peinture complète de l'intérieur d'une famille au xviie siècle, rien

---

[1] L'aîné des fils de Corisandre de Feuquières, Louis-Armand, marquis de Soyecourt, épousa en troisièmes noces Henriette Wilhelmine, fille du dernier prince régnant de Nassau-Saarbruck. Il en eut une fille, mariée à M. le comte de Sainte-Aulaire. De ce mariage est née madame la duchesse Decazes, qui en est aujourd'hui l'unique enfant vivant.

de plus que le récit de ces mille préoccupations, de ces mille petits événements qui composent la vie domestique, elles nous auraient
paru dignes par cela seul de la publicité; car
nous savons que l'histoire, qui est entrée avec
succès dans des voies nouvelles, ne s'inquiète
plus exclusivement des coups de canon plus
ou moins habilement tirés, des faits et gestes
des rois et des princes, des grands événements
politiques, en un mot, des surfaces et des som-
mets de la vie des peuples, mais que dans ses
études elle va au fond des choses, et que la
connaissance profonde de la famille, image
en petit de la société, lui est un élément fé-
cond pour l'appréciation d'une époque. Mais
il ne pouvait y avoir de notre part aucune hé-
sitation à mettre au jour cette correspondance,
lorsque nous eûmes reconnu qu'elle renfer-
mait beaucoup plus que des détails et des scè-
nes d'intérieur. En effet, se développant hors
du foyer domestique, elle traite des plus importants et des plus intimes intérêts de l'État;
ses nombreux auteurs, alliés aux plus illustres
familles, se trouvaient partout, à la cour,
dans le clergé, la diplomatie, les administra-
tions, les armées de terre et de mer; s'ils n'oc-
cupèrent pas toujours le premier rang, presque

toujours ils furent, dans ces différentes carriè-
res, d'utiles instruments de la gloire d'un
grand siècle ; enfin, ils tendirent sans cesse à
s'identifier avec les destinées de la France,
et leur histoire nous a semblé étroitement liée à
la sienne. Voilà pourquoi nous avons entrepris
cette publication, et pourquoi aussi nous espérons qu'elle prendra place parmi celles qui
peuvent fournir aux annales de notre pays de
bons matériaux.

LETTRES INÉDITES

DES

FEUQUIÈRES

DE MADAME DE SAINT-CHAMOND[1] A M. DE FEUQUIÈRES.

A Bayonne, le 11 novembre 1679.

Vous ne devez pas douter que la nouvelle de vostre maladie ne m'ait donné une grande inquiétude, et que la lettre que j'ay reçue de vous, où il y a quelques lignes de vostre main, ne m'ait causé une grande joye, n'en attendant plus en cette vie que celle de vous voir et de vous entretenir. Le bon Dieu m'a fait la grâce de me donner celle de voir vostre fille bien establie[2], et si contente et si heureuse, qu'on n'a rien vu de pareil ; enfin, cette fille si modeste, si sage et si sérieuse ne sçauroit vivre sans son mary et sans une continuelle caresse, ce qui nous surprend si fort, que nous croyons tou-

---

[1] Suzanne-Charlotte de Gramont, belle-sœur de M. de Feuquières.

[2] Mademoiselle Catherine de Pas venait d'épouser M. de La Vie, à qui elle était promise depuis plusieurs années. (Voir t. III et IV, *passim.*)

jours qu'on nous l'a changée en nourrice. Son mary
n'a pas moins de passion pour elle, ne se souvenant
plus de toutes celles qu'il a eues, que pour les sa-
crifier à sa femme. La reine d'Espagne[1] l'a fort bien
traitée, et luy donna la veille de son départ un habit
de chasse dont on luy dit qu'elle avoit envie. Il faut,
malgré la fièvre et un rhume espouvantable que j'ay
gagné à la frontière, comme générallement tout le
monde, que je vous rende compte de mon voyage
avec cette reine. Je reçus donc une de ses lettres le
mesme jour des nopces de vostre fille; qui me demandoit d'aller au devant d'elle par delà Bordeaux,
si je le pouvois; mais, comme le temps et ma santé
ne pouvoient me le permettre, je fus au Mont de Mar-
san, où, estant arrivée trois ou quatre jours ensuite,
elle me fit tous les bons traitements et me donna
toutes les marques d'amitié que je pouvois espérer
et dont elle est capable[2]; la princesse d'Harcourt[3],

[1] Marie-Louise d'Orléans, épouse de Charles II, roi d'Espagne.
Madame de La Vie était allée; comme on le voit par la suite de cette
lettre, avec Madame de Saint-Chamond, sa tante, à la rencontre de
cette princesse, qui se rendait à Madrid, et elle l'a dit accompagnée jusqu'à la frontière.

[2] « La reine d'Espagne a fait mille tendresses à Madame de Saint-
« Chamond en passant pays. »
(Madame DE SÉVIGNÉ, *Lettre du 8 novembre* 1679.)

[3] Françoise de Brancas, mariée en 1667 à Alphonse-Henri-Charles
de Lorraine; prince d'Harcourt. Son père était le comte de Brancas,
peint par La Bruyère sous le nom de *Ménalque*; comme le type de
l'homme distrait. Cette princesse n'était pas regardée dans le monde

Madame de Grancey[1] et toute sa cour en ont fait
de mesme. Pour la mareschalle de Clérembaut[2], je
la saluay, et tout se passa en révérences, quoyque nous ayons marché cinq jours de suite au devant du carrosse de la reine. Si nous estions teste à
teste, je vous dirois le nombre de réflexions que
cette femme m'a fait faire; il faut se contenter présentement de vous dire que le plus grand meurtre

comme une femme d'esprit : « Quel plaisir, écrivait Madame de Sévi-
« gné à sa fille, prenez-vous à dire du mal de votre esprit, de votre
« style, à vous comparer à la princesse d'Harcourt? Où péchez-vous
« cette fausse et offensante humilité? »

[1] Louise-Élisabeth Rouxel, dame de Grancey, sœur cadette de
Marie-Louise Rouxel, comtesse de Marei. On les appelait les *Anges*.
Madame de Grancey passait pour avoir été la maîtresse de Monsieur,
frère du Roi.

[2] Louise-Françoise Le Bouthillier de Chavigny, femme de Philippe
de Clérembault, maréchal de France. Devenue veuve en 1665, elle
fut nommée gouvernante des enfants de Monsieur, en remplacement
de Madame de Saint-Chamond; de cette époque datait probable-
ment l'inimitié dont parle celle-ci. Madame de Clérembault s'en attira
d'autres plus redoutables, car, lorsqu'elle revenait de conduire
la reine d'Espagne, elle eut ordre de demeurer à Poitiers : « Toutes
« les dames s'en retournent, dit Madame de Sévigné; on épargne une
« partie du chemin à la maréchale, en la priant *absolument* de demeu-
« rer à Poitiers où elle avoit été prise. Voilà un aussi furieux dégoût
« qu'on en puisse recevoir. Elle a grand besoin de son mépris envers
« le genre humain pour soutenir cette disgrâce.» Cependant la maréchale ne tarda pas à revenir à la cour. Elle mourut à l'âge de quatre-
vingt-neuf ans. « Elle étoit, dit Saint-Simon, d'excellente et de très-
« plaisante compagnie, pleine de traits et de sel qui couloient de
« source, sans faire semblant d'y toucher et sans aucune affectation.
« Avare au dernier point, et aimant passionnément le jeu.»

qu'on ait jamais fait est de n'avoir pas remis cette pauvre princesse entre les mains d'une personne qui eust bien voulu prendre la peine de luy dire ce qu'elle devoit faire et pour elle et pour autruy[1]. L'estat où je suis, mon cher frère, m'empeschera de vous en dire davantage; je suis icy toute seule, Monsieur de Feuquières[2] et Madame de Rébenac estant partis depuis deux jours pour s'en retourner en Béarn, aussy bien que Monsieur et Madame de la Vie, à qui j'ay donné mon équipage pour cela, et j'attends de pouvoir trouver un jour où je puisse partir, sans me risquer absolument.

DE M. DE TOURMONT A M. DE FEUQUIÈRES.

À Saint-Germain , novembre 1679.

Quel malheur, Monsieur, que la disgrâce de M. de Pomponne[3]! Je comprends la douleur que

----

[1] Voir la note 2 de la lettre de M. de Pomponne à M. de Feuquières, du 11 août 1679, t. IV, p. 435.

[2] M. le marquis Antoine de Pas. On le nommait quelquefois, par anticipation, *marquis de Feuquières :* étant l'aîné de la famille, il devait porter et porta ce nom après la mort de son père.

[3] « M. de Pomponne est disgracié! Il eut ordre samedi au soir (18 *novembre*), comme il revenoit de Pomponne, de se défaire de sa charge. Ce fut M. Colbert qui lui fit ce compliment, en l'assurant *qu'il étoit au désespoir d'être obligé,* etc. M. de Pomponne demanda s'il ne pourroit point avoir l'honneur de parler au Roi, et apprendre de sa bouche quelle étoit la faute qui lui avoit attiré ce coup de tonnerre : on lui dit qu'il ne le pouvoit pas; en sorte qu'il écrivit au Roi pour lui marquer son extrême douleur, et l'ignorance où il étoit de ce qui pouvoit avoir contribué à sa disgrâce : il lui parla de sa nom-

vous ressentirez de cette nouvelle, et en vérité elle sera bien juste, puisque vous y perdez autant que luy.

L'on m'a ordonné de continuer à servir dans mon département[1].

Je suis, avec tout le respect que je dois, Monsieur, votre très-humble et très-obéissant serviteur.

breuse famille, et le supplia d'avoir égard à huit enfants qu'il avoit. Il fit remettre aussitôt ses chevaux au carrosse et revint à Paris où il arriva à minuit. Nous avions été le vendredi à Pomponne, M. de Chaulnes, Caumartin et moi : nous le trouvâmes et les dames, qui nous reçurent fort gaiement. On causa tout le soir, on joua aux échecs. Ah! quel échec et mat on lui préparoit à Saint-Germain! Il y alla dès le lendemain matin, parce qu'un courrier l'attendoit, de sorte que M. Colbert, qui croyoit le trouver le samedi au soir à l'ordinaire, sachant qu'il étoit allé droit à Saint-Germain, retourna sur ses pas et pensa crever ses chevaux. Dieu! quel changement! quel retranchement! quelle économie dans cette maison! huit enfants, n'avoir pas eu le temps d'obtenir la moindre grâce! Ils doivent 30 000 livres de rente; voyez ce qui leur restera; ils vont se réduire tristement à Paris, à Pomponne. On dit que tant de voyages, et quelquefois des courriers qui attendoient, même celui de Bavière qui étoit arrivé le vendredi, ont un peu attiré ce malheur. Mais vous comprendrez aisément les conduites de la Providence, quand vous saurez que c'est M. le président Colbert (*Colbert de Croissy*), qui a la charge; comme il est en Bavière, son frère la fait en attendant. »

(Madame DE SÉVIGNÉ, *Lettre du 22 novembre* 1679, *passim.*)

[1] Le département des Affaires étrangères, où M. de Tourmont était commis sous M. de Pomponne.

DE M. BIELKE[1] A M. DE FEUQUIÈRES.

A Paris, le 23 novembre 1679.

Je m'estois proposé, Monsieur, de me réjouir
avec vous par cet ordinaire du mariage de Mademoiselle votre fille, et de vous tesmoigner la joye
que j'ay d'apprendre tousjours quelque chose d'a-
vantageux pour votre famille; mais je vous assure
que le malheur de Monsieur de Pomponne me
touche si fort, que j'ay oublié tout ce qui me peut
avoir causé quelque joye; et, comme je suis persuadé
que vous y prendrez autant de part que personne,
je crois qu'il sera plus nécessaire de vous consoler
d'un malheur si peu attendu que de vous faire des
compliments d'une affaire qui ne pouvoit manquer
à une fille de M. de Feuquières. Pour toute consolation, je vous diray seulement que M. de Pomponne
est plaint généralement de tous les honnestes gens, et
que sa disgrâce n'est meslée d'aucune action qui
soit indigne de luy. Que les uns ayent plus que les
autres le bonheur de plaire, c'est une chose qui n'est
point d'aujourd'huy, et ce n'est pas à moy de m'alar-
mer là-dessus. Le Roy votre maistre luy fait donner
700 000 livres et 20 000 livres de pension, ce qui
marque assez le contentement qu'il a eu de son ser-

---

[1] Ambassadeur de Suède en France.

vice[1]; je sçais bien que vous sçaurez cette particula-
rité d'ailleurs, mais j'ay cru vous la devoir mander
aussy, afin que vous en soyez d'autant plus persuadé. Je ne vous dis rien de la perte que fait le
roy mon maistre en ce changement, il est assez
aisé de juger de la différence qu'il y a d'avoir à négocier avec un homme qui a quelque considération
pour une nation ou avec un qui a un mépris extraordinaire, comme on me le veut persuader. Ce qui me
console, c'est que le Roy vostre maistre soit luy-même
si bien instruit de ses intérests et qu'il ait témoigné
tant de bonté et de considération pour le roy mon
maistre, que je ne sçaurois douter de la continuation,
quelque soin qu'on puisse prendre à luy faire changer
de sentiments. Cependant vous sçavez aussy bien que
personne au monde ce que c'est que de s'adresser à
un homme qui est bien intentionné pour vous ou
d'estre obligé d'en solliciter un qui fait tout malgré
qu'il en ait. Quand j'auray l'honneur de vous voir,
je vous diray mes pensées plus ouvertement; vous
me faites l'honneur de me mander que ce pourroit
estre bientost, et je l'espère, puisque je ne vois plus
de régiment qu'on me pourroit oster[2]; quand il y

---

[1] Ces chiffres sont entièrement conformes à ceux qu'on trouve
dans Madame de Sévigné.

[2] M. Bielke se plaint ici, sans le nommer, du ministre Guldenstiern,
qui jouissait alors d'un grand crédit en Suède, et qui lui avait fait
perdre la charge de colonel d'un régiment suédois.

en auroit, je m'en déferois d'aussy bon cœur que de toutes les charges que je pourrois avoir en Suède. Qu'on est bienheureux de servir un roy comme le vostre, qui ne se laisse point gouverner par un homme qui se mesle de tout et se laisse duper sans cesse! je maudis mille fois par jour de n'avoir point employé mon temps à servir en ce pays-cy, où je pouvois espérer qu'après avoir fait connoistre mon zèle et ma passion pour le service, on auroit au moins fait quelque distinction de moy et d'un qui n'en auroit jamais eu. Le régiment qu'on conserve encore icy pour Monsieur de Konigsmark [1] fait assez voir comme les personnes qu'on croit bien passionnées pour le service sont traittées.

J'espère avoir l'honneur de voir Monsieur le marquis votre fils au premier jour, du moins me l'a-t-on fait espérer. Pour Monsieur vostre frère [2] il est chez ses moines, d'où il ne reviendra de longtemps, à ce que m'a dit Monsieur le duc de Chaulnes. Le fils de Monsieur de Marsillac, duc de la Roche-Guyon [3] se

[1] M. le comte de Konigsmark, Suédois, qui avait servi en France, y avait conservé un régiment, quoiqu'il fût retourné en Suède pour commander un corps d'armée. A cette époque, plusieurs Suédois de distinction venaient prendre du service en France.

[2] M. l'abbé de Feuquières était alors dans son abbaye du Relec en Bretagne, et il se trouvait sans doute en relation avec M. le duc de Chaulnes, quand celui-ci séjournait dans ses terres, situées dans cette province.

[3] François de La Rochefoucauld, duc de La Roche Guyon, fils du prince de Marsillac, et petit-fils du duc de La Rochefoucauld, le célèbre auteur des *Maximes*.

marie aujourd'huy avec la fille[1] de Monsieur de Louvois, après avoir pris hier possession de ses deux charges de grand-veneur et de grand-maistre de la garde-robe, lesquelles luy ont été données en survivance de Monsieur son père, aussy bien que la qualité de duc, quoyque le père et le grand-père soient en vie; je vous mande cette nouvelle afin que fassiez réflexion combien on est heureux, quand on a les bonnes grâces de son maistre, et qu'en estre privé est le commencement de tous les malheurs. Je suis à vous, Monsieur, autant que j'ay jamais été à personne, et vous supplie d'estre persuadé que je suis très-passionnément votre serviteur.

---

[1] Madeleine-Charlotte Le Tellier de Louvois. —« J'ai été, mandait « Madame de Sévigné à sa fille, à cette noce de Mademoiselle de Lou- « vois; que vous dirai-je? magnificence, illumination, toute la France, « habits rebattus et rebrochés d'or, pierreries, brasiers de feu et de « fleurs, embarras de carrosses, cris dans la rue, flambeaux allumés, « reculements et gens roués; enfin le tourbillon, la dissipation, les « demandes sans réponses, les compliments sans savoir ce qu'on dit, « les civilités sans savoir à qui l'on parle, les pieds entortillés dans les « queues. *O vanité des vanités !*... Ils avoient fait revenir le printemps, « tout étoit plein d'orangers fleuris et de fleurs dans des caisses. Ce- « pendant cette balance qui penche présentement si pesamment de « l'autre côté avoit jeté un air de tristesse qui tempéroit un peu la joie « dont l'excès auroit été un peu trop marqué sans ce crêpe.» — Pour comprendre ce dernier passage, il faut savoir que Louvois était regardé comme ayant contribué à la disgrâce de M. de Pomponne, dans l'espérance que sa charge serait donnée à M. de Courtin, son ami et sa créature; mais Colbert avait pris les devants et l'avait fait donner à son frère.

DE M. LE COMTE DE RÉBENAC A M. DE POMPONNE.

A Hambourg, le 28 novembre 1679.

Monseigneur, je suis encore bien estourdy de ce que je viens d'apprendre. Je plains l'Estat et ne vous plains pas, vous estes au-dessus de la fortune par la force de vostre raison et de vostre esprit[1]. Mais, Monseigneur, j'entre dans la douleur que vous aurez de l'affliction de vos serviteurs et de vos amis. Je crois estre un de ceux qui auront le plus de sujet de regretter vostre protection; mais je ne suis pas à plaindre. Mon intérest ne me touche en rien; et je vous avoue que j'ay esté estourdy sans estre abattu de ce coup. Je suis dans une indifférence si grande sur la continuation des emplois, qui ne dépendront plus de vous, que rien ne peut me surprendre, et j'attendray patiemment tout ce qu'on voudra faire de moy. De quelque manière que ma fortune se tourne, je n'en tiendray ce qu'elle aura de bon que de vous, Monseigneur, et de vostre protection; et toute ma vie je vous regarderay avec la recon-noissance que je vous dois.

---

[1] « M. de Pomponne est plus capable que personne de soutenir ce « malheur avec courage, avec résignation et beaucoup de christianisme. « Quand d'ailleurs on a usé comme lui de la fortune, on ne manque « pas d'être plaint dans l'adversité. »   (Madame DE SÉVIGNE.)

J'envoye le sieur de Beyrie avec le traitté que le
Roy a souhaitté qui se fist avec M. le duc de Zell;
je ne scais point comment il sera reçu; comme on
ne me pourra jamais reprocher ni manque de soins
ni manque de fidélité, j'en attends le succès avec
la patience que doit avoir un homme qui vient de
voir en vous un effet si bizarre de la fortune : elle
ne m'empeschera jamais de conserver pour vous
un véritable respect et d'estre toute ma vie, Monseigneur, etc.

DE LOUIS XIV A M. DE FEUQUIÈRES.

A Saint-Germain-en-Laye, le 7 décembre 1679.

Monsieur le marquis de Feuquières, vos lettres
du 17 du mois passé m'apprennent les instances
que Guldenstiern et le baron Juell vous ont faites
d'entrer en traitté avec les couronnes de Suède et
de Danemark au lieu où vous estes, et les articles
de ce traitté qui vous ont été proposés. Mais, soit
que je demeure dans la résolution que j'ay prise de
ne traitter qu'icy avec les ambassadeurs de ces deux
couronnes, soit que je change, il est tousjours nécessaire que je sois informé non seulement des traittés d'alliance qu'ils ont faits entre eux, mais aussy des
articles secrets, parce que, encore qu'il ne paroisse
pas par les articles que Guldenstiern vous a proposés qu'il y en ait aucun qui puisse m'engager

dans une querelle qu'ils pourroient avoir dessein de
faire aux Hollandois sur le sujet du commerce, il n'est
pas de mes avantages ni d'entrer avec ces couronnes
dans aucune condition qui regarde ce point, ni de
le leur refuser, si la négociation estoit commencée,
et ainsy je désire que, sans vous déclarer de mes
intentions sur le lieu du traitté, vous demandiez à
l'un ou à l'autre communication des articles secrets,
au cas qu'il y en ait, en leur tesmoignant que je ne
puis délibérer sur aucune alliance avec eux, que je
ne sois informé de toutes les conditions des traittés
qu'ils ont faits ensemble, dont ils pourroient, dans
la suitte, me demander la garantie.

J'attendray donc vostre response à cette dépesche
avant que de vous faire sçavoir mes intentions sur
ce point, et vous pouvez tousjours assurer le roy
de Suède, son ministre et les ambassadeurs de Danemark, que je suis tousjours fort disposé à m'unir
avec eux plus estroitement, soit en renouvellant les
anciens traittés, soit en traittant de nouveau et y
adjoustant tout ce qui sera estimé estre de nos avantages communs.

Informez-vous particulièrement de quelle sorte
sont traittés les Hollandois dans leur commerce, et
si les traittés d'Elbing et les élucidations s'exécutent à leur esgard.

Continuez tousjours de me faire sçavoir ce qui se
passe à l'esgard du mariage du roy de Suède, de

l'estat auquel est Guldenstiern auprès de luy, de la conduite du sénat à l'esgard de l'un et de l'autre, et de ses sentiments sur le sujet de mon alliance.

J'attends les ratifications des traittés que j'ay faits entre la Suède et le Danemark, et les autres.

Vous apprendrez par vostre fils les ordres que je luy ay donnés de partir pour se rendre auprès de l'électeur de Brandebourg, et quoyqu'il laisse la négociation pour le duc de Gottorp au sieur de Martangis[1], qui est party, il y a six jours, pour se rendre en poste auprès du roy de Danemark, continuez de presser le roy de Suède de donner des ordres à ses ministres en cette cour de joindre ses instances à celles qui sont faittes en mon nom pour le restablissement entier de ce duc. Sur ce, etc.

DE M. DE FEUQUIÈRES A LOUIS XIV.*

A Lunden, le 8 décembre 1679.

Sire, vos volontés m'estant toujours sacrées, j'adresserai désormais mes dépesches à M. Colbert et lui donnerai uniquement connoissance des affaires que Vostre Majesté me fera l'honneur de commettre à mes soins, la suppliant très-humblement de s'assurer

[1] Hyacinthe-Guillaume Foullé de Martangis, conseiller au parlement de Metz, maître des requêtes, ambassadeur en Danemark et autres cours du Nord, grand bailli du Nivernais et gouverneur de Saint-Pierre-le-Moûtier.

que je lui obéirai toute ma vie avec autant de ponctualité qu'il me sera possible. Je suis, Sire, de
Vostre Majesté le très-humble, très-obéissant et
très-fidèle serviteur et sujet.

DU MÊME A M. COLBERT. *

A Lünden, le 8 décembre 1679.

Monsieur, j'ai vu par l'ordre du Roy du 20 novembre et par la lettre[1] du 24 en suivant, dont vous
m'avez honoré, que la volonté de Sa Majesté est que
je m'adresse désormais à vous pour le compte que
je dois rendre des affaires de Suède; j'y obéirai,
Monsieur, sans peine et avec le plus de régularité
qu'il me sera possible. J'espère de vous la mesme
bonté qu'avoit M. de Pomponne de m'avertir de
mes fautes et de les excuser auprès du Roy, ayant
grande envie de me corriger et ne doutant pas que
je n'aie besoin de l'indulgence de Sa Majesté et de
la vostre. Je vous demande cette grâce, Monsieur,
et vous supplie de me faire l'honneur de me croire
vostre très-humble et très-obéissant serviteur.

---

* Ces deux lettres ne se trouvent ni aux Archives des affaires étrangères, ni dans la collection de Madame la duchesse Décazes.

DE LOUIS XIV A M. LE COMTE DE RÉBENAC.

A Saint-Germain-en-Laye, le 7 décembre 1679.

Monsieur le comte de Rébenac, je ne puis pas me persuader que le duc de Zell ait encore intention de retarder la restitution du duché de Bresme aux Suédois, sous prétexte des subsides que je luy ay promis, ainsi que les Suédois tesmoignent le craindre. Mais, s'il s'en est déclaré, je désire que vous luy en écriviez fortement en mon nom, et que vous luy fassiez connoistre que son procédé m'a paru trop honneste jusqu'à présent, pour croire qu'il en veuille user de cette sorte. Pressez-le d'exécuter promptement et de bonne foy cette restitution.

Sur ce, je prie Dieu qu'il vous ait, Monsieur le comte, en sa sainte garde.

DE M. LE COMTE DE RÉBENAC A M. DE FEUQUIÈRES.

Le 8 décembre 1679.

Je pars demain sans faute pour Copenhague, c'est-à-dire, pour vous voir. On envoye M. de Martangis en poste, et on me donne des ordres dont l'explication dépend de moy. C'est donc à dire que je vous verray. Le Vasseur vient avec moy; je seray à Lunden peut-estre le lendemain de cette lettre.

J'ay ordre d'aller à Berlin[1] et autres endroits; il faut tout remettre à nostre entrevue.

[1] *Extrait de l'instruction de Monsieur le comte de Rébenac pour Berlin.*

« L'exécution entière et parfaite de la paix avec la Suède doit estre le sujet de la principale application du sieur comte de Rébenac-Feuquières. Sa Majesté ne peut pas douter que cette couronne n'ait envoyé sa ratification pure et simple du traitté de paix fait par Sa Majesté entre elle et l'électeur de Brandebourg, puisqu'elle a fait passer le comte de Konigsmark avec des troupes en Poméranie pour prendre possession des places que l'Électeur doit évacuer. Sur quoy l'Électeur s'est déclaré qu'il retiendroit Stettin pour l'évacuer, en mesme temps que Wesel le seroit. Et l'ambassadeur de Suède s'est plaint que l'Électeur avoit demandé à cette mesme province deux mois de contributions, et 30 000 escus par mois, après l'eschange des ratifications.

« Sa Majesté veut donc que le comte de Rébenac fasse connoistre audit Électeur qu'aux termes du traitté il doit évacuer Stettin sans aucun délay, et que Wesel ne doit estre évacué qu'après que Stettin sera en la possession des Suédois; et Sa Majesté veut qu'il le presse en son nom de l'exécution ponctuelle et précise de cet article.

« Il doit faire la mesme chose sur la prétention des mois de contributions que ledit Électeur ne peut demander sans contrevenir directement audit traitté. Il le pressera de la part de Sa Majesté, et luy fera de vives et pressantes instances en son nom de terminer toutes ces difficultés, et d'exécuter de bonne foy le traitté qu'Elle a fait avec luy, et de ne penser plus qu'à estreindre plus estroittement les liaisons d'amitié et de parfaite correspondance qu'il a prises avec Sa Majesté.

« Comme Elle a fort à cœur l'exécution entière de ce traitté et le restablissement de la Suède en tout ce qui luy appartient en vertu dudit traitté, Sa Majesté veut que ledit comte de Rébenac s'attache à l'exécution de ce point comme au principal de toute sa négociation, et qu'il luy donne avis de tout ce qui s'y passera.

« Il tesmoignera audit Électeur que Sa Majesté a d'autant plus d'impatience que cette restitution de la Suède soit entièrement ache-

DE MADAME L'ABBESSE DE SAINT-AUSONY [1] A M. DE FEUQUIÈRES.

A Séméac, le 9 décembre 1679.

Que Dieu sçait bien renverser tous nos projets quand il lui plaist, mon cher frère, et qu'il est bon d'estre tousjours attentif sur soy-mesme, pour n'estre pas surpris par les événements de la vie ! Je ne songeois qu'à vous escrire une lettre de joye, à vous parler de ma sœur et du bonheur que j'ay de la voir et d'estre auprès d'elle; je me préparois à vous dire bien des nouvelles de vostre fille et de son mary, de vostre belle-fille et de ses enfants, trouvant en tout cela mille sujets de plaisirs et de divertissement pour vous, en attendant que vous pussiez venir estre témoin vous-mesme de tout ce que je pensois vous dire. Au lieu de cela, mon cher frère, on ne

vée, qu'Elle est bien aise d'évacuer promptement la place de Wesel, pour la remettre entre ses mains.

« En cas qu'il persiste à vouloir tirer ces deux mois de contributions, ce que Sa Majesté ne peut croire, vu qu'il n'a aucune raison de le faire, il luy fera entendre que Sa Majesté seroit faschée d'avoir recours à de nouvelles levées dans ses Estats, ou à diminuer ces sommes sur les subsides qu'Elle doit luy faire payer, pour le dédommagement de la Suède, et qu'il évitera tout ce qui pourroit altérer l'amitié qui est parfaitement restablie entre Sa Majesté et luy. »

[1] Charlotte-Catherine de Gramont, abbesse de Saint-Ausony d'Angoulême, puis de Ronceray à Angers, belle-sœur de M. le marquis Isaac de Feuquières.

peut s'empescher de se récrier sur la vanité des choses du monde, et de vous dire que la disgrâce de M. de Pomponne nous désole à un tel point, que nous ne pouvons en revenir. Outre ce qu'on doit à son mérite et à son affection, vos intérests entrent assurément fort dans la douleur qu'on a d'un coup si imprévu. On ne sçait ce que cela produira pour vous, mon cher frère, si vostre retour en sera ou advancé ou reculé. Il en est de mesme de mon neveu de Rébenac, à qui il est survenu un autre sujet d'affliction aussy très-sensible : c'est la mort de son fils, qui estoit le plus joly enfant du monde. Ma sœur[1] l'aimoit si fort qu'il a fallu prendre des mesures pour luy dire sa mort, dont elle a esté fort touchée. Nous irons bientost à Pau consoler la mère ; mais je crois que ma sœur enverra chercher M. de La Vie, et qu'elle nous viendra voir auparavant. J'ay manqué mon neveu de Feuquières à Bordeaux, dont j'ay esté bien faschée. A Dieu, mon cher frère ; je le prie de tout mon cœur de vous faire entrer bien solidement dans tous ses desseins ; ils ne peuvent qu'estre très-saints et très-adorables dans ces derniers événements. Bénissons-le donc dans le temps pour l'aimer dans l'éternité.

P. S. Nostre pauvre comtesse de Feuquières sera aussy bien affligée de l'esloignement de M. de Pomponne. Elle m'a escrit et fait escrire par nostre petit

---

[1] Madame la marquise de Saint-Chamond.

áblé. Je souhaitte bien voir M. de Rébenac dans
l'exercice de sa charge[1], avant de partir d'icy, je
vous prie de le croire; car il est vray que mon frère[2]
est fort aise de le voir dans ce poste, qu'il y a plus
contribué que personne, et qu'il ne s'en est pas re-
penty : je le sçais assurément.

DE MADAME DE SAINT-CHAMOND A M. DE FEUQUIÈRES.

A Séméac, le 9 décembre 1679.

J'ay à vous entretenir sur tant de choses différentes, que je ne sçais par où commencer. La personne qui me sert de secrétaire est sûre; c'est
pourquoy vous ne trouverez point estrange que je
vous dise par elle tout ce que je vous dirois par ma
main. Je commenceray par l'affliction où je suis
de la disgrâce de M. de Pomponne; je la regarde
comme une vraie douleur pour vous, et je ne doute
point, mon cher frère, que vous n'en ayez une
bien sensible de la mort de ce pauvre petit enfant
de M. de Rébenac, qui estoit le plus agréable du
monde, et qui se faisoit aimer d'un chacun. Je le
trouvay à mon retour de la frontière avec la rou-

---

[1] La charge de lieutenant général au gouvernement de Béarn et
basse Navarre.

[2] Philibert, comte de Gramont, frère de Madame de Saint-Chamond, mort en 1707. (Voir la note 2 du t. III, p. 279.)

geole, qui est un mal dont on fait si peu de cas en
ce pays, qu'on n'en choye pas davantage les enfants
quand ils en sont malades; cependant l'on sçait en
France que cette maladie est fort traistresse, et
qu'elle a ordinairement des suites, quand on ne
purge pas ceux qui l'ont. Ce pauvre enfant, qui, je
crois, ne l'a pas esté, a eu une érysipèle à la teste,
depuis mon départ de Pau, et, pour conclusion,
l'on n'a pu le sauver, dont je vous demande de vous
consoler, mon cher frère, dans la vue du bonheur
dont il jouit, qui ne peut estre interrompu. Sa mère
en est fort affligée, et j'aurois esté la trouver si
mille affaires ne m'avoient retenue icy, où j'ay ma
sœur l'abbesse depuis cinq ou six jours, avec la fille
aisnée du comte de Gramont. Au nom de Dieu,
mon cher frère, que tout ce qu'on vous a mandé
contre luy[1] n'aliène pas l'union et l'amitié qui ont

---

[1] M. le comte de Gramont avait la survivance de la charge de lieutenant-général au gouvernement de Béarn et basse Navarre, laissée
vacante par la mort de son frère M. le comte de Toulongeon. Il céda
cette charge à M. le comte de Rébenac, moyennant une somme de
40 000 écus, dont le payement parut à M. de Feuquières exigé par
M. de Gramont dans un trop bref délai. Madame de Sévigné, qui
tenait sa fille au courant de toutes les nouvelles du jour, lui mandait,
en même temps que la mort de M. de Toulongeon, la transmission de
sa charge à M. le comte de Rébenac : « Toulongeon est mort, lui
« écrit-elle, le comte de Gramont a sa lieutenance de Roi, à condi-
« tion de la rendre dans quelque temps au second fils de M. de
« Feuquières. » La lettre de Madame de Saint-Chamond explique la
raison pour laquelle M. le comte de Gramont transmit cette charge à

tousjours esté et qui doivent estre entre nous. Il est
sûr qu'il a souhaité, ne voulant pas cette charge,
qu'elle fust sur la teste de **M.** de Rébenac, que
mon courrier fust chargé par luy, quand il eut sçu
la nouvelle de nostre perte [1], d'aller trouver de sa
part **M.** le duc de Gramont [2], pour luy dire qu'il seroit fort aise que ce fust mon neveu, et qu'il la demanda au Roy pour luy, ne pouvant se résoudre de
quitter Sa Majesté, après ne l'avoir point aban-

M. de Rébenac aussitôt après la mort de M. de Toulongeon, et la
lettre suivante de M. de Pomponne prouve que le cessionnaire fut
obligé de payer 20 000 francs de plus que ne le dit l'illustre marquise :

DE M. DE POMPONNE A M. DE FEUQUIÈRES. *

A Fontainebleau, le 29 septembre 1679.

« Je donnay ordre, Monsieur, il y a quatre jours, que l'on vous
envoyast la copie de la lettre que j'escrivois à M. le comte de Rébenac, par laquelle je l'informois de la grâce que le Roy venoit de luy
faire en luy accordant la charge de lieutenant de Roy de Béarn, à
condition toutefois de donner 40 000 escus à M. le comte de Gramont. S'il est en estat de payer cette somme dans les termes dont l'on
pourra convenir, l'on peut dire que son establissement sera très-solide,
d'autant plus que cette charge vaut au moins 15 000 livres de rente,
et que Sa Majesté luy a accordé un brevet de retenue de 40 000 fr.
Je suis, Monsieur, tout à vous. »

[1] La mort de M. le comte de Toulongeon.

[2] Antoine-Charles, quatrième du nom, duc de Gramont, pair de
France, vice-roi de Navarre, mort en 1720. Après la mort de son père,
M. le maréchal duc de Gramont, il prit le nom de *duc de Gramont;*
il était connu auparavant sous celui de *comte de Louvigny.*

donnée pendant trente années de suite¹. C'est un
fait que je sçais d'original, et que tout le monde
m'escrivit sur l'heure mesme. Il a été question ensuite du payement, où mon frère peut avoir tesmoigné quelque brusquerie de tempérament, qui
n'est pas une chose, vous voulez bien que je vous
le dise, mon cher frère, à estre prise, parmy des
personnes si proches, de l'air dont je vois que la
famille l'a voulu tourner, ce qui me fasche beaucoup par la passion que j'ay eue toujours de voir
une grande intelligence dans nos familles. Mainte-
nez-la donc, mon cher frère, en obligeant vos enfants de ne pas dire bien des choses inutiles, qui
sont choquantes pour des gens qui ont eu une bonne
intention, et qui n'ont peut-être manqué que dans
les manières.

Vostre fille est tousjours la plus contente du
monde. Ils font tous, dans la maison où elle est, à
qui l'aimera le mieux; je vous envoye une lettre
que je viens de recevoir de sa belle-mère, qui vous
fera voir qu'elle en veut faire autant. Vous aurez
sans doute du chagrin, mon cher frère, de ce que
nous n'avons pu faire ce que vous désiriez, qui est

¹ M. le comte de Gramont fut, ainsi que ses frères et son neveu,
MM. le maréchal de Gramont, le comte de Toulongeon et le comte
de Guiche, un des courtisans les plus assidus de Louis XIV. Les Gramont étaient de toutes les fêtes, de tous les voyages de la cour, et
quittaient peu le Roi, en temps de paix, comme en temps de
guerre.

de la faire renoncer; mais, quoy que j'aye pu faire,
je n'ay jamais pu l'obtenir de M. le premier président[1], voulant toujours se persuader que c'estoit
luy faire un affront que de mettre sa belle-fille hors
d'estat de prétendre rien aux grandes fortunes qu'il
croit que la Providence vous prépare. J'ay fait,
parce que vous le désiriez, tout ce que j'ay pu pour
faire mettre au contrat cet article, mais je ne l'ay pu
emporter; et ne croyant pas que cela pust nuire à
personne,, voyant visiblement qu'il n'en arrivera
jamais autre chose que de monstrer à sa parenté les
avantages qu'il prétend de votre alliance, je n'ay
pas cru qu'il fust sage à moy de rompre pour une
chose comme celle-là. Ne vous en faschez pas, je
vous en prie, et mettez seulement de votre costé
les ordres que vous jugerez nécessaires pour que
cela n'aboutisse à rien.

Le marquis[2] n'a point voulu signer au contrat,
et je le crois présentement bien près de Paris. Il a
esté un peu malade à Bordeaux, pour ne s'estre pas
fait saigner d'un fort grand rhume qu'il prit à la
frontière, aussy bien que tous ceux qui y étoient. Il
sera bien affligé du malheur de M de Pomponne. Il
a toujours dans l'esprit la survivance de vostre gouvernement, étant persuadé que la chose ne vous

---

[1] M. de La Vie, premier président au parlement de Pau, beau-
père de la fille de M. de Feuquières.

[2] M. le marquis de Pas.

nuiroit en rien. J'ay débattu ce sentiment par ceux
que je sçavois que vous aviez là-dessus; mais vous
sçavez qu'il n'est pas facile à vaincre. Il a tesmoigné
en ce pays mille soins pour les affaires de son frère,
ce qui a fort édifié le public. Il a de l'esprit autant...

DE M. LE MARQUIS DE PAS A M. DE FEUQUIÈRES.

A Paris, le 11 décembre 1679.

J'arrivay icy avant-hier, fort surpris d'y trouver
les changements malheureux que vous sçavez à cette
heure et dont je ne sçais moy-mesme encore rien
de fort particulier, n'ayant vu personne. Monsieur
et Madame de Pomponne sont à la campagne, et je
pars dans ce moment pour les aller voir; ainsy,
l'ordinaire prochain que je les auray vus et que j'auray esté à Saint-Germain, je pourray vous mander
tout ce que j'auray appris. J'ay trouvé icy trois
de vos lettres des 29 octobre, 10 et 17 novembre, et
une que m'a rendue le sieur Campenfelt, à qui je
feray prendre le mousquet un peu de temps et jusqu'à ce qu'il vacque quelque chose dans mon régiment, car l'on ne tue plus personne. M. de Toulongeon est mort, voicy tout ce qu'on peut vous en
dire, fort tranquillement du costé de la conscience;
il falloit qu'il y eust travaillé longtemps auparavant,
car il a esté fort en repos de ce costé-là, et apparemment qu'il avoit demandé pardon à Dieu de ses

fautes, avant que de tomber malade, car dans son mal il n'a songé qu'à sa guérison.

Il ne faut point songer à des charges dans les maisons royales, il faut de si prodigieuses sommes d'argent pour y entrer, que cela est hors de portée ; et des vacquances, ce sont toujours des accommodements par lesquels il faut de l'argent.

J'attends vostre . retour avec beaucoup d'impatience ; vous voyez bien présentement que les choses qui auroient esté aisées à faire depuis que vous estes . absent, vont devenir des affaires. Je ne puis encore vous rien mander pour mes affaires.

J'espère qu'après cet hiver je me porteray beaucoup mieux que je ne fais à cette heure.

Il n'y aura que deux charges dans la maison de Madame la Dauphine, bienheureux qui les aura ; mais elles paroissent destinées au maréchal de Bellefonds[1]

---

[1] M. le maréchal Gigault de Bellefonds fut en effet attaché à la maison de Madame la Dauphine ; ce fut en qualité d'écuyer. Quant a Bernard de La Guiche, comte de Saint-Géran, il ne put obtenir le même avantage, qu'il avait brigué beaucoup, et personne ne fut fâché de son désappointement. « C'est un homme perdu, écrivait Madame de Sévigné, il est tombé des nues ; il ne parle plus, et tout « le monde est ravi de cette mortification. » Et ailleurs : « N'avez-« vous point remarqué la *Gazette de Hollande ?* elle compte ceux qui « ont des charges chez Madame la Dauphine : M. de Richelieu, chevalier d'honneur, M. le maréchal de Bellefonds, premier écuyer ; « M. de Saint-Géran, *rien.* » Quoique celui-ci ne manquât point de capacité et de courage, il était peu considéré, et l'on disait de lui « qu'il aurait eu besoin d'être tué pour être estimé solidement. »

et à **M.** de Saint-Géran, l'un par son mérite, l'autre par la faveur de M. Colbert. Par le premier ordinaire je vous en diray davantage. Je suis tousjours, Monsieur, pour vous comme je dois estre.

DU MÊME AU MÊME.

A Paris, le 14 décembre 1679.

Je revins hier de Pomponne, où j'ay trouvé **M.** de Pomponne plus philosophe que Sénèque, hors quand il songe à la quantité d'enfants qu'il a, dont le grand nombre l'attendrit ; mais, pour le reste, il le prend avec beaucoup de fermeté d'esprit. Quant aux dames, elles sont un peu plus touchées ; cependant Madame de Pomponne est celle qui est la plus tranquille et qui reçoit ce coup imprévu avec le plus de résignation. Il ne faut aller chercher aucunes raisons à tout ce changement, sinon que l'on en vouloit à sa charge, la manière dont on le laisse [1] estant une marque d'estime que ses ennemis mesmes n'ont pas pu luy desnier. On luy a dit qu'il pourroit voir le Roy dans quelques semaines. Ce coup de faveur pour une maison estonne beaucoup l'autre [2]. Comme

[1] « Le Roi avoit réglé qu'il auroit 700 000 francs, et que la pension « qu'il avoit comme ministre lui seroit continuée : Sa Majesté vou- « loit lui prouver par cet arrangement qu'Elle étoit contente de sa « fidélité. » (Madame DE SÉVIGNÉ.)

[2] On a vu que Colbert et Louvois furent soupçonnés d'avoir contri- bué à ruiner M. de Pomponne dans l'esprit du Roi et à lui faire perdre sa charge, qu'ils enviaient, l'un pour son frère Colbert de

je n'ay pas encore esté à Saint-Germain, je ne puis vous en dire davantage. M. de Tourmont vous mande apparemment ce qu'il y a de nòuvelles, mais je vas vous en dire une qui vous surprendra encore, c'est que Tallard a chassé sa mère[1] de chez luy avec un escu blanc, qu'il n'a pas seulement voulu payer une asnesse qui luy donnoit du lait, que, sans Madame de Courcelles, qui luy a donné retraite pendant quelques jours, elle ne sçavoit où aller coucher, et qu'elle est partie pour Lyon avec vingt pistoles que la mesme Madame de Courcelles luy a données: voilà une estrange ingratitude, car que n'a-t-elle pas fait pour ce fils?

Les provisions et le brevet de retenue de mon frère sont enfin signés. Il ne se peut rien adjouster aux obligations qu'il a à M. de Tourmont, qui s'est engagé pour luy jusques par dessus les yeux, et il ne se peut aussy rien adjouster aux manières turques et malhonnestes du comte de Gramont. Je suis, Monsieur, tousjours pour vous comme je dois estre.

Croissy, l'autre pour Courtin, son ami et sa créature, et que ce fut Colbert qui l'emporta.

[1] Catherine de Bonne, comtesse de Tallart, épouse de Roger d'Hostun, comte de Tallart. (Voir la lettre de cette dame à M. de Feu-quières, du 22 mai 1675, t. III, p. 288, et la note.)

DE M. DE FEUQUIÈRES A M. COLBERT. *

A Malmoë, le 15 décembre 1679.

Monsieur, j'inclinois à aller vers Stockholm à cause du bruit qui couroit du prochain départ du roy de Suède. Je vois présentement que ce départ se diffère et qu'on parle d'un rendez-vous à Lunden, où je me dois, ce me semble, trouver, ce qui me fait changer d'avis. Je vous supplie, Monsieur, de ne me pas blasmer de l'incertitude du lieu de mon séjour, non plus que de plusieurs autres que vous pourrez voir dans mes lettres, la nature du pays et du conseil du roy de Suède le voulant ainsi. Ce conseil est composé d'un seul homme[1] qui parle beaucoup et si diversement, qu'il y a toujours à deviner si la cour ira à Stockholm. Si je pouvois tenir le sieur de La Piquetière, j'aurois peut-estre des avis qui m'aideroient à descouvrir la vérité et je trouverois un soulagement à ma despense, qui m'est fort nécessaire ; mais je vois bien que ce n'est pas le dessein du ministre, non plus que l'inclination du maistre.

Si vous sçaviez, Monsieur, la part que je prends à ce qui vous touche et M. vostre frère[2], je crois

---

[1] J. Guldenstiern.

[2] Colbert de Croissy, secrétaire d'État des Affaires étrangères, en remplacement de M. de Pomponne.

que vous auriez eu la bonté de me mander sa no-
mination à la charge de secrétaire d'État et que vous
ne douteriez pas de la joie que j'en ai. Outre cette
raison, Monsieur, j'en ai une particulière, croyant
avoir part à son amitié; je m'estimerois bien heureux s'il m'en pouvoit procurer une dans la vostre;
mais au moins je vous supplie d'estre persuadé de
la vérité avec laquelle je suis, Monsieur, vostre très-
humble et très-obéissant serviteur.

DE M. DE TOURMONT A M. DE FEUQUIÈRES.

A Saint-Germain, le 29 décembre 1679.

La lettre, Monsieur, que vous m'avez fait l'honneur de m'escrire le 8 de ce mois sur la disgrâce
de Monseigneur de Pomponne m'a esté d'une fort
grande consolation, puisqu'elle m'a fait voir toute la
fermeté avec laquelle vous avez reçu cette fascheuse
nouvelle. Il est vray qu'en de pareilles occasions
il faut suivre la volonté de Dieu et s'accommoder
à la nécessité en honneste homme. C'est ce que fait
Monseigneur de Pomponne avec toute la vertu que
vous luy connoissez, et ce me fut, il y a deux jours,
un grand sujet de joie de le trouver à Paris dans sa
famille avec la mesme gaieté et la mesme tranquillité d'esprit qu'il avoit dans le temps de sa plus
grande fortune.

Vos appointements ne doivent plus vous inquié-

ter, Madame de Pomponne en a reçu deux quartiers, et elle en a acquitté la pluspart des lettres de
change que vous aviez tirées. Pour vostre congé ;
le party que vous prenez ne peut estre meilleur, et
assurément il auroit paru du chagrin, si vous l'aviez
demandé présentement.

Vous avez vu par mes dernières qu'il n'y aura
point de changement à l'affaire de M. de Rébenac,
parce que j'ay expédié son brevet de retenue et ses
provisions, mais il faut payer Catillon[1], à qui il est dû
encore 21 000 escus, sans les intérests. Il ne veut
point du tout entendre parler d'aucun escrit de M. de
Rébenac ni de Madame de Rébenac mesme, parce
qu'il sçait qu'ils ne sont pas en estat de s'engager pour
20 000 livres, et en cela il a raison, car le testament
du sénéchal y a pourvu[2]. Il voudroit que je m'en-
gageasse ; je ne le puis, et il suffit d'avoir fait ce
que j'ay fait. J'ay beau représenter tout cela, l'on
ne me respond de tous costés qu'en termes généraux, que tout ira bien, que l'on enverra de l'argent,
et que ce que j'ay fait est le plus honneste du
monde ; mais cependant ces sommes considérables
que l'on m'a fait espérer ne viennent point, pas un

---

[1] Catillon, joaillier, faisait aussi le métier d'usurier. Il avait prêté,
à la sollicitation de M. de Tourmont, mais à gros intérêts, une
grande partie des fonds nécessaires pour payer à M. de Gramont la
charge de lieutenant général de Béarn, que celui-ci avait vendue à
M. de Rébenac.

[2] Voir la lettre de M. de Rébenac du 4 mars 1679, t. IV.

de la famille ne vient au secours; d'ailleurs Catillon me presse, le comte de Gramont veut absolument être payé des 17 000 livres pour lesquelles j'ay donné mon billet, et le tout roulle sur mon seul crédit. En vérité il est surprenant que l'on me laisse dans cette situation, car jusques icy il n'est venu que 15 000 livres de Béarn, tout le reste est des appointements de M. de Rébenac et des emprunts que j'ay faits pour luy dans ma famille.

Je croyois vous avoir desjà marqué de ne plus mettre vos lettres particulières, pas mesme celles dont vous m'honorez, dans les paquets du Roy; il faut les addresser à quelqu'un à Hambourg.

Je continue tousjours à servir dans mon employ, mais je ne seray sûr de ma destinée qu'après le retour de M. le président Colbert. Je suis avec respect, Monsieur, absolument à vous.

P. S. M. de Rébenac sera sensiblement touché de la perte qu'il a faite de M. son fils, et je prends part à la peine que vous en aurez.

DE M. LE MARQUIS DE PAS A M. DE FEUQUIÈRES.

A Paris, le 8 janvier 1680.

J'ay reçu, Monsieur, vostre lettre du 8 de décembre, par laquelle vous me parlez de l'affaire de M. de Pomponne. Je conçois aisément qu'elle dérange entièrement vos affaires et ne connois que

trop bien le tort qu'elle nous fait à tous, d'autant
plus que pendant tout le temps que ce n'eust pas
esté une affaire de me faire donner la survivance
de vostre gouvernement, ce qui m'eust au moins
assuré du pain, vous ne l'avez pas voulu faire, et
présentement on nous le comptera à tous deux. Cependant, comme c'est présentement M. de Louvois
qui a les Trois-Éveschés, si enfin vous goustiez cette
proposition et que vous voulussiez en escrire pour
moy, je crois que l'affaire pourroit réussir. Je vous
supplie, Monsieur, de considérer l'âge que j'ay,
que je n'ay nul establissement et que le manque de
celuy-là me met à l'hospital. Vous me direz peut-
estre que cela ne me manquera pas dans la suitte,
mais, Monsieur, considérez qu'il vaut mieux avoir
une chose sûre que de courir après son esteuf; d'ailleurs, quand vous parlez de me marier, il ne faut
pas compter que cela soit possible sans cet article,
et, comme on ne me voit point reçu en survivance,
et vous loin, cela retient de s'embarquer. Enfin,
Monsieur, mon cadet est grand seigneur[1] et fort bien
estahli, et moy, je ne vois encore rien de sûr pour
moy que l'hospital des Invalides; faites, je vous

---

[1] M. le comte de Rébenac avait fait un mariage assez avantageux ;
en outre il cumulait plusieurs charges : il était à la fois sénéchal de
Béarn, lieutenant général de Béarn et basse Navarre, lieutenant au
présidial de Toul et ministre plénipotentiaire du Roi, ce qui ne l'em-
pêchait pas d'être fort souvent gêné dans ses affaires.

supplie, un peu de réflexion à l'estat auquel je me trouve, et en considérez les désagréments pour moy; car que peut-il paroistre aux yeux de tout le monde et à moy-mesme, qu'un peu de sécheresse pour moy qui ne demande de vous qu'une sûreté de ne pas mourir de faim ?

D'ailleurs, du costé de Feuquières, Aubert fait fort mal vos affaires, et cela parce que vous le voulez ainsy; vous n'avez jamais voulu qu'on affermast les terres à l'argent, qui est le seul moyen de l'empescher de faire des profits illicites; elles le sont au bled; vous n'en avez quasi point dans vos greniers, à ce qu'il mande luy-mesme à Madame de Pomponne, et si il n'a point d'argent; je ne suis jamais à Feuquières, parce que j'y suis comme un estranger; quand mesme j'y serois quelques jours, comment puis-je sçavoir ceux auxquels Aubert aura vendu du bled? Vous ne voulustes pas qu'on en vendist l'année passée, pendant qu'il estoit cher; je suis sûr, de l'adveu d'Aubert mesme, que vous avez perdu plus de 2 000 escus sur ce qui estoit en ce temps-là dans vos greniers. Je ne vois point de ce costé-cy qu'il y ait apparence que vous deviez sitost revenir, ainsy, Monsieur, réfléchissez, je vous supplie, sur tout ce que je vous mande; comptez, comme je vous l'ay desjà dit, que je ne souhaitte que d'estre sûr de n'aller point à l'hospital, et mettez-vous à ma place sur le désagrément dont il m'est

d'estre sans nulle apparence d'establissement à mon
âge, et lorsqu'il vous est si aisé de m'en assurer un.
Je suis tousjours pour vous, Monsieur, comme j'y
dois estre.

DE M. JULES DE PAS A M. DE FEUQUIÈRES.

A Paris, le 11 janvier 1680.

J'ay reçu vostre lettre du 17 décembre qui ne
m'apprend rien des mesures que vous preniez pour
ma subsistance, hors que vous me mandez de couler
le temps, peut-estre jusqu'à vostre retour que
vous me paroissez croire estre dans peu; ce n'est
pourtant pas ce que l'on dit icy et il ne me paroist pas pouvoir estre sitost, suivant les pensées
que vous avez pour Rébenac. Elles sont d'assez
grande conséquence, et aussy vos affaires que je
ne sçais pas, pour que vous puissiez négliger pour
cela tout ce qui me touche; mais ne pourriez-vous
point, d'où vous estes, prendre des mesures pour
obtenir une bonne abbaye sur laquelle on mettroit
des pensions pour Morcourt et pour moy? On la
demanderoit icy quand il s'en trouveroit, ou bien
moy je demanderois une pension sur le premier
bénéfice vacquant. Car, pour couler le temps, on le
coule, et aussy une vie fort chagrine et mélancholi-
que; vous la comprenez bien, je crois, sans que je
vous en fasse le fascheux détail. De bonne foy, on ne

peut pas vivre icy à moins de cinq ou six mille livres de rente; et il faut aussy que vous sçachiez que,
quand je seray sous-lieutenant[1], j'en auray 300 escus, lieutenant 1100 livres, et capitaine environ
1000 escus, suivant les bonnes années; mais j'en
suis encore bien loin. Songez donc, je vous prie, à
cela. Outre le risque, je souhaitterois fort encore
de m'espargner deux ou trois ans de misères et
qui me feroient peut-estre tort pour toute ma vie,
n'estant pas en estat, comme je suis, de me mettre
dans le monde ainsi que je devrois, ce qui souvent
fait passer les gens pour autres qu'ils ne sont. J'ay
fait parler par mon frère à M. de La Feuillade[2] qui
a respondu comme me regardant avec distinction;
c'est à moy à cette heure de luy faire ma cour, pour
tascher de monter aux premières occasions. Il y a
pourtant encore trois sous-lieutenants formés
avant moy, mais le tout despend de luy. Adieu, je
vous souhaitte bonne et heureuse année et ne m'attends plus de vous voir sitost. En faisant vos affaires,
songez je vous prie un peu à moy, veuillez m'establir de quoy vivre, et après cela le reste ira tout
seul.

Post scriptum de M. l'abbé de Pas. J'attendois
avec assez de patience vostre retour, que je regar-

---

[1] M. Jules de Pas était alors enseigne au régiment des Gardes.
[2] Colonel du régiment des Gardes.

dois comme fort proche; mais présentement qu'il paroist plus esloigné, je pense qu'il n'est plus nécessaire de remettre à ce temps-là pour demander une seconde abbaye, qui me mette en estat de faire ma licence, pour laquelle, jusqu'au bonnet de docteur, il faut compter près de 6 000 francs en deux ans et demy, et sans estre trop splendide. Cela ne paroist qu'une bagatelle et ne laisse pas d'embarrasser.

DE M. DE POMPONNE A M. DE FEUQUIÈRES.

A Paris, le 18 janvier 1680.

Je vois, par vostre lettre du 22, que vous aviez vu M. de Rébenac. Je prends part à la joie que vous en aurez eue, qui aura, je m'assure, esté une des plus grandes que vous ayez ressenties depuis que vous estes en Suède. Par ce que vous me mandez, je le vois artant touché du désir de servir à sa charge que de continuer dans les emplois estrangers. De quelque costé qu'il penche, il ne sçauroit mal tomber. Il est presque, à cette heure, le seul que la fortune ait regardé favorablement dans vostre famille, mais il luy faut rendre honneur, elle ne pouvoit guères mieux faire.

Comme elle n'agit pas tout à fait de mesme pour vous, je ne sçais guères que vous dire sur le party

que vous pouvez prendre ou de demeurer ou de
revenir. A ne regarder que moy, je souhaitterois
extresmement vostre retour, par le plaisir de passer
une partie de nostre vie ensemble; par vostre intérest, je ne sçais qu'en juger, à cette heure principalement que, ne voyant plus clair dans les affaires, je
ne puis juger si elles peuvent vous arrester agréablement en Suède.

J'ay vu la lettre que vous m'avez envoyée de
M. de Tourmont et la response que vous y avez
faitte. J'ay vu le commencement de son inquiétude,
et les lettres d'Estat me firent peur aussy bien qu'à
luy. Ce que je vous puis dire est que, sans luy et
sans la manière si extraordinairement obligeante
dont il s'engagea aux créanciers de M. le comte de
Gramont et presta mesme son argent, l'affaire
de la charge estoit entièrement manquée. Tout cela
va bien, du moins les paiements se font; ainsy il
n'en faut plus parler que pour vous dire seulement
que jamais homme n'en a obligé un autre de meilleure grâce qu'il n'a fait. C'est un témoignage que
je luy dois.

Pour mes affaires, elles sont si mauvaises de
toutes manières, que je n'ay pas la force de vous en
parler. Elles augmenteroient la peine que vous en
avez. Je tasche d'en faire un bon usage et de comprendre que les hommes ignorent ce qui leur est
bon, qu'ils donnent souvent le nom de maux à ce

qu'ils devroient appeler des biens, tant l'ordre de
la Providence est différent de leurs pensées et de
leurs désirs. Adieu, je suis tout à vous.

DE M. DE FEUQUIÈRES A LOUIS XIV.

A Stockholm, le 17 janvier 1680.

Sire, je me suis rendu icy en relais avec la plus
grande diligence qu'il m'a esté possible, et si je
n'ai pas laissé de marcher treize jours, ayant eu à
souffrir un dégel et une gelée avec neiges, sans les
autres incommodités d'un pays ruiné, qui m'ont
bien fait connoistre que le dedans de la Suède n'a-
vôit pas moins besoin de la paix que les frontières.

Je me trouvois, Sire, inutile à vostre service à
Lunden, à cause de la séparation de l'assemblée et
de l'arrivée de M. de Martangis à Copenhague. Je
ne sçais pas ce que je feray ici; mais les esprits y
sont si remplis de leurs propres pensées, que j'y
vois peu de lieu pour celles des autres. Et j'y apprends aussi que le roy de Suède n'est pas disposé
à rien résoudre d'important, si ce n'est par les avis
de Guldenstiern. Et ce ministre, de son costé, ou
occupé de ses projets, ou sous couleur de ne se vouloir mesler de rien et de laisser faire son maistre,
néglige toutes les affaires qui ne vont pas directement à ses fins, ce qui les tient toutes en suspens;
de sorte, Sire, que je ne sçais pas trop bien encore à

qui m'adresser, et que je ne sçaurois me promettre de résolutions ni promptes ni assurées.

Depuis quatre jours que je suis arrivé, j'ai vu, Sire, la pluspart des sénateurs, qui se sont empressés de me visiter pour se descharger le cœur. Ils m'ont tous paru bien intentionnés et très-rêconnoissants de ce que Vostre Majesté a fait pour la Suède, de quoi, Sire, je les ai tousjours soigneusement informés. Et si quelqu'un a des sentiments contraires, il n'oseroit le tesmoigner, estant trop establi pour fondement que vostre alliance et vos bonnes grâces ont esté salutaires à la Suède et lui sont absolument nécessaires. Du reste, Sire, on fait sur la conduite de Guldenstiern toutes les réflexions que j'avois prévues. L'indépendance du gouvernement de trois provinces maritimes, la flotte et le grand nombre de troupes qu'il veut avoir en sa disposition, ses parents et amis qu'il place partout, son plein pouvoir pour agir avec le Danemark, tout cela, Sire, est pris en si mauvaise part, que le moins qu'on en dise, est qu'il donne des vues à son maistre pour establir par la force, et à l'aide du Danemark, une autorité absolue. Et comme cette autorité seroit encore plus impraticable par la situation des pays qui composent cet Estat que par les anciennes constitutions, et qu'en cela elle ne conviendroit point du tout au roy de Danemark, on va jusqu'à dire que ce ministre ne songe qu'à se cantonner, par une

intelligence particulière avec le Danemark. L'ani-
mosité des grands contre lui se répand parmi le
peuple, non sans péril qu'elle ne retombe sur la
personne du roy; à quoy ce prince contribue par
l'aversion qu'il tesmoigne pour la ville de Stokholm,
où il ne veut point venir et qu'il fatigue par des
logements de gens de guerre, par une affectation à
se rendre inaccessible, faute de logement, dans les
lieux où il se tient, par la froide réception qu'il
fait à ceux qui le vont voir, par une occupation
continuelle à la chasse, sans vouloir entendre parler
d'aucunes affaires publiques ni particulières qui ont
esté remises à son retour. Tout cela, dis-je, Sire,
diminue un peu le mérite que ce prince avoit acquis dans la guerre; et on commence à attribuer
son assiduité précédente dans l'armée à une humeur solitaire et quasi farouche, plus qu'à une
humeur guerrière ou à de l'affection pour son peuple. C'est ainsi qu'on commence à parler de lui.

Le Chancelier ne parle point de venir. Le roy
l'attendoit pourtant, et le sénat l'en avoit prié : on
ne sçait si c'est timidité ou fierté, parce qu'il se croit
recherché, ou faute d'argent. Cependant le Grand
Trésorier fait la figure de chancelier.

Le résident de Hollande ne se plaint point du trait-
tement que les marchands de sa nation reçoivent
icy. Tant s'en faut, il se loue de ce qu'à présent les
vaisseaux arrivent sans estre arrestés aux Dales

comme ils l'estoient auparavant, et leur commerce se restablit bien. Il a reçu les ratifications de cinq traittés qu'Olive-Kranz a faits avec ses maistres, et ne prévoit point de difficultés à l'échange d'icelles, qui n'escheoit que dans quatre ou cinq jours. Il ne les avoit pas encore lues, et ne se souvenoit pas bien de la teneur des traittés. Tout cela est bien esloigné de ce que disoit Guldenstiern. On ne peut pas, Sire, s'arrester beaucoup au discours d'un homme qui ne s'attache pas à la vérité, et qui a divers desseins; mais aussi, comme il est le maistre, il n'y a pas davantage de sureté à ce que disent les autres; ce qui rend icy toutes choses fort incertaines.

Guldenstiern, Sire, ne pouvoit rien faire de plus avantageux pour vostre gloire et pour vostre service en Suède que son traitté de paix avec le Danemark. Et il en est arrivé ce que j'avois pensé, qui est que ce ministre, en condamnant par là les plaintes qu'il avoit faites des traittés de Zell et de Brandebourg, s'est fait imputer à crime d'avoir sans nécessité diminué les avantages que Vostre Majesté avoit procurés à la Suède.

J'ai vu, Sire, Hoghusen. Il y a trois semaines qu'il a quitté le roy de Suède, et depuis ce temps-là il n'y a personne du tout pour les affaires auprès de ce prince; par où Vostre Majesté peut juger de la facilité qu'il y a à négocier en cette cour. Je l'ai prié de faire connoistre au roy de Suède, quand il

retournera, que j'ay esté un peu estonné de ce qu'a-
près avoir attendu un mois sur la frontière, ainsi
qu'il l'avoit désiré, il en avoit laissé passer un autre
sans me faire sçavoir le lieu où je devois aller, encore qu'il me l'eust promis, et que mesme Guldenstiern estoit revenu sans me rien dire du tout de sa
part, ni sur ce sujet ni sur les affaires desquelles
cependant j'avois escrit. Hoghusen m'a parlé là-
dessus comme de choses qui ne l'étonnoient pas, estant assez ordinaires à Guldenstiern; mais pourtant
il m'a promis d'en parler. Il m'a promis aussi de
parler des ratifications des traittés que Vostre Majesté a faits, et de l'affaire de la religion. Mais cela
ne m'empeschera pas d'en presser aussi le Grand
Trésorier, et tous autres que je pourray, et d'en re-
parler au roy de Suède. Et encore avec cela, Sire,
je ne me promets pas de pouvoir surmonter la
négligence qu'on a icy pour toutes les affaires. Il
m'a confirmé ce que Guldenstiern m'avoit dit, que
Bielke a ordre et pouvoir de traitter. Il ne sçait
point qui sera envoyé à Ratisbonne. Le temps et
le lieu du mariage[1] lui sont inconnus, et il n'avoit

---

[1] Le traité de paix de Lunden, conclu entre la Suède et le Danemark, par la médiation de la France, et qui mit fin à la guerre du
Nord, fut cimenté par le traité suivant de mariage entre la princesse
Ulrique-Éléonore et le roi de Suède, promis l'un à l'autre depuis
cinq ans.

Traité de mariage, conclu le 26 *septembre* 1679.

« Le très-puissant prince Charles, roy de Suède, etc., ne désirant

point encore entendu parler de la proposition de
la vente de Deux-Ponts, que le sieur de La Piquetière avoit faite, il y a six semaines, à Guldenstiern,
pendant qu'il estoit auprès du roy.

rien plus que de rendre la paix qui a esté par la grâce divine faitte
et conclue avec le très-puissant prince Christian V, roy de Danemark, etc., ferme et indissoluble, et qu'une correspondance et dura-
ble amitié entre Leurs Majestés, leurs royaumes et provinces, soient
dorénavant entretenues, ledit seigneur roy a, à cette fin, voulu qu'en
considération de l'avantage que les maisons et les royaumes de Leurs
Majestés pourroient tirer de l'alliance de mariage qui fut commencée
avant la guerre, nous soubsignés, ambassadeurs extraordinaires et plénipotentiaires de Sa Majesté au traitté de Lunden, Jean Guldenstiern
et Joel-Frantz Ornested, en vertu de pouvoir spécial à nous donné,
entrassions en conférence avec les ambassadeurs extraordinaires et
plénipotentiaires du roy de Danemark au traitté de Lunden, les très-
excellents seigneurs, le seigneur Anthoine, comte du Saint-Empire,
le seigneur Jons Juell et le seigneur Conrad Bierman, avec qui nous
avons arresté ce qui s'en suit :

« Puisque le mariage a esté conclu entre le très-puissant prince
Charles, roy de Suède, avec la sérénissime princesse Ulrique-Éléonore, princesse de Danemark, et que l'exécution n'en a esté retardée
que par la guerre qui est survenue entre les deux rois, présentement
que, par la grâce de Dieu, une bonne paix a succédé en sa place, ledit
seigneur roy a trouvé bon que le traitté de mariage avec la sérénissime
princesse Ulrique-Éléonore se recommence. En vertu de quoi il a esté
arresté entre les seigneurs rois que le mariage se fera et sera accomply
et consommé avant le mois de febvrier qui vient, ou plus tost si faire
se peut. Les ambassadeurs extraordinaires et plénipotentiaires des
seigneurs rois feront et signeront un traitté particulier icy (à Lunden),
sur les conditions dudit mariage, lequel aura la mesme force et vigueur
que s'il estoit inséré de mot à mot dans le présent traitté (le traitté
de Lunden), qui sera ratifié dans le temps de quinze jours. »

Si le mariage se fait à Halmstadt, je supplie très-humblement Vostre Majesté de me mander si Elle veut que je retourne en ce pays-là, pour ne faire qu'aller et venir, avec des despenses qui me sont desjà insupportables.

On dit icy que Vostre Majesté aura bientost la guerre en Italie. Je suis, Sire, etc.

DU MÊME AU MÊME.

A Stockholm, le 24 janvier 1680.

Sire, j'ai reçu le 20 de ce mois la lettre du 22 du passé, dont il a plus à Votre Majesté de m'honorer, en response à la mienne du 1ᵉʳ. Selon mon calcul, je devrois avoir reçu en mesme temps vos ordres de la semaine suivante. Pour respondre, Sire, en la forme que Vostre Majesté a prescrite, j'aurai l'honneur de lui dire sur le premier article qu'avant que de partir de Schone, j'avois satisfait auprès des ambassadeurs de Danemark à tout ce que Vostre Majesté avoit eu agréable de m'ordonner en faveur de M. de Gottorp, et que je trouvois l'affaire en bon estat par le voyage du comte de Rébenac à Copenhague, où il faisoit venir les commissaires de ce prince. Je la crois, à cette heure, consommée par M. de Martangis; et je l'ai, Sire, fait valoir selon vostre intention au roy, à la reine et à tout le royaume de Suède; et, par des extraits que j'ai donnés de mes instructions et de celles de mon fils, et par les entretiens que j'ai eus avec diverses personnes, mais principalement avec la reine, qui en est assurément fort touchée, et s'est fort appliquée à me le tesmoigner, je ne doute pas, Sire, que Vostre Majesté ne s'en aperçoive par les ordres que l'ambassadeur aura. Je puis aussi, Sire, assurer Vostre Majesté que sa charité, qui lui acquiert en cette occasion un grand mérite en Suède, n'est pas moins estimée en Danemark, où elle est d'autant plus remarquée qu'elle se passe à leurs dépens. C'est, Sire, ce que j'en puis dire de positif, ne doutant point que vostre gloire ne s'en respande dans tout le monde, au grand avantage de vostre service.

Par le second article de vostre dernière lettre, Sire, Vostre Majesté tesmoigne que son service demande que mon fils se rende, sans perte de temps, à Berlin; en quoi, s'il m'est permis de le dire très-respectueusement, il sembleroit que Vostre Majesté m'auroit cru capable de le détourner de son devoir, par l'envie que j'aurois eue de le voir. Mais, Sire, c'est une vérité très-constante que lui et moi nous attachons religieusement à vos ordres, et qu'à l'esgard de vostre service, j'ai tellement renoncé à l'autorité paternelle, que nous n'agissons jamais ensemble que comme vos autres serviteurs en pareil emploi doivent agir. Je ne m'attendois pas trop, Sire, à le voir, et je n'en ai pas demeuré un jour

davantage en Schone que j'eusse fait sans cela, ne
m'estant réglé que par les raisons de vostre service,
qui m'y ont retenu onze jours après avoir vu mon
fils. Et lui, de son costé, Sire, se trouvant pour la
seconde fois à ma vue (car, il y a trois ans qu'estant
en pareille distance, nous ne pusmes nous joindre,
à cause du siége de Malmoë), après avoir donné
deux jours à faire ses propositions au roy et au
conseil de Danemark, en attendant la response et
l'arrivée des commissaires de Gottorp, sans lesquels
il ne pouvoit rien faire, il est venu passer avec moi
deux jours et cinq heures précisément. Je m'assure
que Vostre Majesté ne trouvera pas que lui ni moi
ayons trop donné aux sentiments de la nature.
C'est, Sire, le seul de mes enfants qui me soit venu
voir en près de huit années, durant lesquelles j'ai
toujours esté tellement emporté de vostre service,
que je l'ai souffert quasi sans réflexion, non plus
que sur mes affaires qui sont empirées de 50 000
escus; ce que je commence à ressentir à cette heure
que vostre service n'est plus si pressant. Vostre Majesté y aura esgard et à tout le reste, quand il lui
plaira. C'est de quoi je me repose sur sa seule
bonté, reconnoissant que, quoi que je puisse faire,
je serai toujours serviteur inutile, puisque je dois
tout à Vostre Majesté.

Le troisième article, Sire, touche la vente du
duché de Deux-Ponts. J'ai eu l'honneur d'en parler

à Vostre Majesté dans ma dernière lettre. Le sieur Hoghusen, à qui j'en avois parlé, et le Grand Trésorier, qui fait la figure de chancelier, m'ont promis depuis qu'ils m'en rendroient davantage de raison que n'a fait Guldenstiern; et cependant ils m'ont dit d'eux-mesmes que ce marché sera difficile à faire, à cause de l'intérest que toute la maison Palatine y a; à quoi, Sire, j'ai respondu que Vostre Majesté, estant seigneur de fief, démeslera bien cela; essayant ainsi, et par quelques autres mots, de leur faire venir dans l'esprit qu'il suffira au roy de Suède de tirer une somme d'argent dont il a grand besoin, sauf à ses héritiers collatéraux, s'il n'a point d'enfants, de se pourvoir comme ils aviseront bon estre. Si cette pensée, Sire, est bien prise et suivie, l'affaire pourra réussir. Guldenstiern y pourroit avoir deux vues: l'une, qu'il m'a tesmoignée autrefois, de considérer le gouvernement de ce duché comme une retraite pour luy en certains cas; l'autre le besoin d'argent, et le plaisir particulier qu'il se proposeroit à embarrasser le prince Adolphe qu'il n'aime pas; car un de ses motifs ordinaires est de faire mal à quelqu'un. Et selon, Sire, la première de ces deux vues, il a pu supprimer la proposition que le sieur de La Piquetière lui avoit faite à Christianstadt, et taschera de l'anéantir; et selon l'autre, il pourra y tesmoigner de la froideur, affin seulement de faire augmenter la somme; mais je ne crois pas qu'il se résolve rien icy sans son avis.

Je n'ai, Sire, rien à ajouster sur le renouvelle-ment et le lieu des traittés[1], qui font le quatrième article de vostre lettre. Je crois que Vostre Majesté aura vu dans mes précédentes que, sans tesmoigner d'empressement pour le lieu, je n'ai pas laissé de disposer les deux couronnes à envoyer en France. Et pour ce qui est, Sire, en général de traitter, j'ai toujours gardé et garde encore un tempérament, pour éviter qu'on ne croie que Votre Majesté en ait besoin, ni aussi qu'Elle y soit trop indifférente, parce que j'ai également appréhendé qu'on ne prist des mesures pour exiger des conditions trop dures de Vostre Majesté, ou pour se jetter d'un autre costé. Et sur ce sujet, Sire, j'ai présentement quel-que conjecture que vos ennemis essaient de tirer avantage du temps qui se passe sans conclure.

Par le cinquième article, Vostre Majesté approuve que je déclare en son nom, sans affectation pour-tant, que l'alliance des deux couronnes entre elles lui est agréable, et les raisons pourquoi. Je l'ai fait, Sire, plusieurs fois, et je confesse que je l'ai affecté, ne pouvant souffrir que Guldenstiern se vantast d'avoir fait une chose dont Vostre Majesté daignast estre en peine. Vostre Majesté aura vu aussi dans le

---

[1] M. de Feuquières négociait alors un triple traité d'alliance entre la France, la Suède et le Danemark

compte que j'ai eu l'honneur de lui rendre, le 10 novembre, de la manière dont l'affaire s'est passée,
que je n'avois pas esté fasché de voir que Vostre
Majesté eust lieu dans la suite, selon qu'Elle le
trouveroit à propos, de reprocher à la Suède une
démarche si considérable sans sa participation. Le
reproche pourtant, Sire, ne sçauroit tomber avec
justice que sur Guldenstiern seulement, pas mesme
sur Ornestet son collègue, qui n'a esté qu'un zéro,
puisque le roy de Suède en est très-innocent, et
que tout le monde généralement blasme ce procédé.
Mais j'ai, Sire, de plus un avis sur ce sujet, qui me
paroist digne de réflexion : c'est, Sire, que Guldenstiern, dans la chaleur de son prétendu chef-
d'œuvre, et s'imaginant que les Danois le favori-
seroient en tout, a fait une apologie qu'on croit
qu'il a envoyée à Bielke pour la publier, ou au
moins pour lui servir d'instruction ; et les discours
que cet ambassadeur a tenus en vostre cour, ne s'y
rapportent pas mal. Les traits qu'on m'en a rap-
portés sont, Sire, que par le traitté renouvellé
en 1675, Vostre Majesté est obligée de secourir la
Suède par mer et par terre, et de ne faire aucun
traitté avec les ennemis communs sans sa participation, que cela n'a pas esté exécuté, et que, quoi
qu'on puisse dire contre la Suède, elle a occupé
durant la guerre cinquante mille de vos ennemis. Je
sçais bien, Sire, que la contre apologie ne seroit pas

difficile à faire, et je n'ai pas oublié la peine que j'ai
eue à engager la Suède, contre son intention et
contre son opinion, à exécuter le traitté; mais ces
altercations ne réchaufferoient pas l'amitié, et il y
auroit toujours danger que les Danois, ou en favorisant la fantaisie de Guldenstiern sur la publication
de l'apologie, ne fissent un grand pas pour ache-
miner les deux couronnes dans un parti contraire
au vostre, ou que, ne la favorisant pas, ce ne fust
un commencement de division entre elles, qui ne
seroit pas avantageux à vostre service, estant constant que, quand elles sont divisées, elles ne font
que s'empescher l'une l'autre. L'apologie, Sire, est
signée par Guldenstiern et par Ornestet; et la pensée
en est venue des avis que Bielke donnoit, qu'à vostre
cour on blasmoit hautement la conduite du roy de
Suède. Sur quoi Guldenstiern se chargea de la justifier, et, selon son humeur et ses desseins, il y a
employé ce qu'il a trouvé de plus aigre.

Le sixième article, Sire, est un commandement
de me tenir continuellement auprès de la personne
du roy de Suède, à quoi la paix me doit donner de
la facilité. J'obéirai, Sire, de tout mon possible;
mais j'ai sur cela quelques représentations à faire
Vostre Majesté, sans parler de la despense qui
m'est desjà insupportable. Premièrement, Sire, la
paix n'augmente pas la facilité; au contraire, elle
la diminue, parce qu'auparavant le roy de Suède

régloit sa demeure à peu près par la raison de la
guerre, et à présent il la change quand il lui plaist;
et, comme il craint les affaires et n'aime pas trop
le monde, il lui plaist de la changer toutes les fois
que les affaires et le monde le vont chercher. Il a
fait ce tour à des sénateurs et à des députés d'Allemagne qui prétendoient l'aller voir; tellement, que
depuis un mois qu'il tourne autour de cette ville,
c'est-à-dire pourtant à vingt-cinq et trente lieues de
France, il n'a pu estre joint que par deux députés
du sénat, et par le comte Gustave de La Gardie, son
cousin germain, qui en fut reçu très-froidement.
Mais personne, à cette heure, n'y veut aller, et la
reine, sa mère, mesme en est lassée. Il a donné
charge de me dire qu'il viendra à Jacobsdal pour
l'amour de moi. Je suis assuré que ce n'est que pour
m'empescher de lui demander un rendez-vous, qu'il
ne pourroit pas me refuser. Il n'entre jamais dans
les villes, et se tient dans des maisons séparées,
comme elles sont toutes en Suède, où il n'y a de
place que pour sa cour. Il n'a personne de la chancellerie avec lui par qui je me puisse expliquer. Un
autre embarras, Sire, qui vient de la petitesse de la
cour, et du peu de fréquentation qu'il y a dans le
pays, est qu'à un quart de lieue on ne sçait pas où
est le roy, et qu'il faut faire tout le chemin dans
l'incertitude de le trouver. Les voyages sont aussi
présentement très-difficiles par la rareté des chevaux

et du fourrage; en sorte qu'on ne peut pas relayer comme autrefois, et qu'on ne sçauroit nourrir ses propres chevaux. On dit que le roy de Suède a promis à Guldenstiern de ne se communiquer à personne en son absence : il y a de la vraisemblance en la sécurité de ce ministre; mais sans cela, il suffiroit bien de l'humeur du maistre pour lui faire choisir ce genre de vie; et il l'a bien montré les deux derniers hivers, par son séjour à Liungby, à une lieue de Christianstadt, où il pouvoit loger commodément. On lui faisoit la guerre, en ce temps-là, de l'amour de la fille d'un prestre, mais on sçait à cette heure qu'il n'y en avoit point ni rien d'approchant. Or, Sire, quelque confiance qui paroisse entre Guldenstiern et moi, il est certain, toutefois, et je l'ai bien observé, qu'il ne craint rien tant que moi auprès de son maistre, parce qu'il sçait que j'ai remarqué toute sa conduite, que ses ennemis, qui est quasi tout le monde, ont confiance en moi, et que je ne manquerai pas de hardiesse pour l'entreprendre quand Vostre Majesté le voudra. Pour toutes ces raisons, Sire, et pour me tromper, Guldenstiern se ménage personnellement avec moi; mais, par précaution, il est capable de me faire faire une brusquerie par son maistre, au hasard de le brouiller avec Vostre Majesté; et en cela il viendroit à deux de ses fins, les plus apparentes qu'on lui attribue, qui sont de quitter l'alliance de la France, et de dé-

crier son maistre. Je parle en ceci selon l'opinion
commune, dont je n'ai que le soupçon. Pour ce
qui est donc, Sire, de l'apparence qu'il y a que je
ne puisse rien découvrir ni traitter présentement auprès de la personne du roy de Suède, Vostre Majesté
sçaura, s'il lui plaist, qu'outre ce que je n'ai pas
la langue, et que ce prince n'entre pas volontiers
en affaires sans Guldenstiern, sa cour n'est composée que de vingt-cinq ou trente personnes, tous
jeunes gens, desquels le plus considérable n'est que
colonel. Il y a seulement Rosenham, maréchal de
la cour, qui est homme de bon sens; mais à cause
de cela, aussi, il ne se mesle de rien et n'y seroit
pas reçu. Il y a un valet de chambre qui se promène
souvent, et, en son absence, un page unique fait
toutes les charges de la chambre et de la garde-robe.
Les autres offices sont à proportion. Les ordinaires
divertissements sont la chasse et les jeux de
main. Ce prince est toujours bien monté et déterminé cavalier. Il saute de grands fossés, et les fait
sauter aux autres, qui quelquefois se cassent un
bras ou une jambe, et quelquefois aussi courent
hasard de se noyer. Quand il se trouve un cavalier
devant lui en beau début, il pousse son cheval de
grande force, et en passant il met sa jambe sous
celle de l'autre, et lui donne un grand coup de
poing dans l'estomac, qui le fait ordinairement
tomber rudement à terre; et puis de rire. Les af-

faires, Sire, se passant ainsi à la cour de Suède, je doute fort que Vostre Majesté trouve à propos que son ambassadeur se commette à fatiguer le roy par une présence continuelle, ni mesme à l'aller chercher, sans affaires expresses et sans avoir pris des précautions pour le joindre et en estre entendu. Dans la vérité, Sire, s'il n'arrive un changement, je ne sçais pas où il me faut estre pour m'assurer de pouvoir servir Vostre Majesté. J'ai essayé de Guldenstiern; mais, quand il seroit bienséant à vostre ambassadeur de s'attacher à un ministre qui a véritablement tout le pouvoir, celui-là en use trop mal. C'est un homme impénétrable par un mélange continuel de vérités et de mensonges, qui, sous le prétexte de son absence de la cour et de l'incapacité de ceux qui y sont, qui l'empeschent, à ce qu'il dit, quand il veut, de pouvoir répondre de rien, élude tout ce qu'on lui propose qui n'est pas selon son intention présente. Vostre Majesté voit par ce que dessus ce que c'est que la cour. Le sénat n'a point de crédit et affecte de le dire. Néanmoins, Sire, tout considéré, je trouve que Stockholm est le lieu le plus raisonnable pour ma demeure ordinaire. La figure du conseil y est; les secrétaires Ornestet et Hoghusen, qui ont le département des étrangers n'en bougent; le Grand Thrésorier fait la charge du Chancelier; j'y puis de temps en temps, et pour des affaires expresses, demander

des audiences et des rendez-vous au roy de Suède,
et il y a lieu d'espérer que la considération de la
reine y attirera à la fin ce prince ou au moins à
Jacobsdal. Il y aura, Sire, le voyage du mariage.
On dit que ce sera en mars ou avril, et qu'on ne
fera qu'aller et revenir, sans mélange d'affaires.
Vostre Majesté ordonnera sur le tout ce qu'il lui
plaira; je ne crains pas la fatigue, et si j'appréhende
la despense, Vostre Majesté me peut rassurer.

Je vois, Sire, dans le septième article, que Vostre
Majesté veut que je rende mes despesches plus am-
ples, et estre informée de diverses particularités,
afin de connoistre l'usage qu'Elle en peut faire pour
son service. Il est vrai, Sire, que je me suis souvent
retranché aux faits, sans trop de raisonnements ni
de pronostics, à cause que je connois mon insuf-
fisance, qui m'a fait appréhender un mauvais effet
pour vostre service des sentiments que j'aurois in-
sinués à vostre conseil. Mais pour ce qui est, Sire,
des particularités, j'ai tousjours cru y satisfaire suffisamment. Néanmoins, puisque Vostre Majesté le
veut, je m'y étendrai désormais davantage, sans
m'attribuer le discernement de ce qui importera à
vostre service, espérant que Vostre Majesté excusera
la superfluité qui se trouvera. Et puisqu'Elle me fait
l'honneur de me confier son dessein, qui est de connoistre l'usage qu'Elle en peut faire, je prendrai encore
la hardiesse, sous la mesme condition, s'il lui plaist,

de lui exposer mon foible sentiment. C'est, Sire, que, quoi qu'il paroisse présentement de mauvais dans le gouvernement de Suède et dans le mécontentement général, qui approche fort de la haine, néanmoins je crois que, quand Guldenstiern voudra, les choses se mettront bientost en estat de porter la guerre au dehors, puisque c'est l'inclination du roy, que le sénat et les estats ne s'y opposeront pas, tant ils ont envie d'estre défaits de l'un et de l'autre, et que l'alliance de Danemark mettra le dedans en sureté. Mais de plus, Sire, il se prépare un grand moyen par les troupes nouvelles qu'on prétend entretenir aux dépends des fonds de terre qu'on réunit à la couronne, sans compter les vieilles qu'on appelle nationales, desquelles on tirera ce qu'on pourra, du consentement et aux dépends des estats. Pour ce qui est, Sire, du parti que la Suède prendra, je suis persuadé que le roy, le sénat et les estats donneront par leur inclination la préférence au vostre dans l'égalité des raisons. On accuse Guldenstiern d'estre mauvais François, mais je le crois indifférent, et il n'est pas assez mal avisé pour se déclarer contre Vostre Majesté, à moins que de pouvoir supposer une offense que la nation auroit reçue, de quoi Vostre Majesté l'empeschera bien, ou bien de pouvoir proposer un avantage bien apparent; et de celui-ci, Sire, Vostre Majesté en pourra juger par les dispositions qui seront en Allemagne, où assurément le roy de Suède et ce ministre voudront profiter, et quelques uns des sénateurs aussi, car, pour ce qui est des estats, ils ne sont pas avides de conquestes.

On travaille aux ratifications pour le mariage, lesquelles Guldenstiern attend pour passer aussitost en Danemark Ce n'est pas que le mariage s'en accomplisse plus tost, mais c'est que ce ministre veut avoir du temps pour pratiquer en cette cour-là. Selon, Sire, ce qu'il m'en a dit, ce ne seroit que pour prendre des mesures pour rendre les deux couronnes considérables avec l'alliance de Vostre Majesté, qui seroit le fondement de tout. Et il m'a fort prié de lui procurer pour cela la confiance de vostre ambassadeur. Ses ennemis veulent que ce soient des machinations dans le dessein de se cantonner. Pour moi, je crois qu'il s'appliquera particulièrement à gagner les bonnes grâces de la princesse, que, selon cela, le mariage se fera plus tost ou plus tard, et qu'il essaiera par ses offices de la rendre heureuse ou malheureuse. Cependant je remarque qu'il tient sur ce sujet l'esprit de son maistre en suspens; car, si d'un costé ce prince parle cavalièrement, disant qu'il ne considérera sa femme que pour en avoir des enfants, et que hors cela, il la laissera avec sa mère, de l'autre il s'abstient de venir à Stockholm, comme pour se garantir de l'embuscade des belles personnes qu'on luy a dressée ; et tout cela a rapport à ce que Guldenstiern m'a dit. On attend icy la princesse comme le Messie ; et il est bien difficile qu'elle puisse répondre aux espérances si opposées qu'on conçoit de sa conduite.

Je ne manquerai pas, Sire, d'avertir M. de Martangis des complexions de Guldenstiern.

Je parle souvent, Sire, des ratifications que Vostre Majesté veut avoir des traittés qu'Elle a faits pour le restablissement de la Suède. On ne m'y propose point de difficultés, et pourtant je n'en sçaurois venir à bout ; ce que j'attribue en partie à la lenteur ordinaire, qui est augmentée par les nouveaux embarras de la paix. Et je crois bien aussi qu'il y a un peu de l'affectation de Guldenstiern, qui n'a de ponctualité et de diligence que pour ce qui est purement de son invention.

On me traitte de mesme pour la déclaration que j'ai demandée sur le sujet de la religion, et le Grand Thrésorier, qui m'en a porté parolle, il y a un an, conjointement avec J. Guldenstiern, paroist luimesme étonné de ce que je ne l'ai pas obtenue dès ce temps-là. Je crois, Sire, que, si Vostre Majesté avoit agréable de faire parler de ces deux affaires à l'ambassadeur, en y meslant quelques reproches de la lenteur de l'expédition, ce seroit une correction profitable au roy de Suède, laquelle ne nuiroit pas à vostre service en d'autres occasions.

J'avois, Sire, déclaré à Lunden, lorsque je pensois que le renouvellement d'alliance s'y feroit, que ces affaires et celles des armateurs seroient des préliminaires, et je trouvois que les ambassadeurs en estoient émus.

M. de Béthune[1] m'a escrit une grande et excellente lettre, qui est l'histoire de l'expédition de Prusse. Elle servira pour achever d'esclaircir la vérité qui avoit esté un peu obscurcie. Mais, s'il arrivoit, Sire, dans cette conjoncture que le roy de Pologne demandast importunément le payement de ce qui luy est dû par le roy de Suède, je craindrois que les esprits ne s'aigrissent. Et il me paroist plus à propos pour le présent, en retranchant tout sujet de quérimonie, de faire seulement en sorte que le roy de Suède sçache gré à Vostre Majesté du crédit que le roy de Pologne luy fera. M. de Béthune et moi y pouvons travailler chacun de nostre costé.

Le roy s'attendoit à 400 000 escus pour le terme du subside, qui commençoit au mois de juillet dernier, et néanmoins, Sire, on ne me dit rien du tout sur les 200 000 livres dont Vostre Majesté m'a commandé de parler, qui paroissent estre la fin du payement; Vostre Majesté jugera de la cause de ce silence, si c'est qu'on se fasse justice ou si c'est une espèce de fierté.

[1] Ambassadeur de France en Pologne. (Voir la note de la page 133, t. IV.)

Il est venu un envoyé de Tartarie qui a offert au roy de Suède une assistance de 50 000 hommes envers et contre tous. Il passera en Danemark, et on dit qu'il y en a plusieurs autres pour diverses cours, où ils feront le mesme compliment. La coutume de ce pays-là est de récompenser les services par ces sortes d'envois.

La reine de Suède est icy, et on dit qu'elle s'y tiendra, ou à Jacobsdal, jusqu'au temps du mariage, pour lequel elle se prépare avec beaucoup de despense.

J'ai trouvé, Sire, la ville de Stockholm embellie de plusieurs bastiments qu'on a faits durant la guerre. Ce n'est pas tant un effet de richesse que du défaut de commerce, pour employer l'argent; ce qui paroist en ce que les louages sont diminués. Du reste on s'y réjouit, et il y a souvent des assemblées. Le divertissement de cette saison est l'hostellerie ou *Wirtschafft* qu'ils appellent en leur langue. La manière est qu'on fait plusieurs billets pour un nombre égal d'hommes et de femmes, et on y écrit les noms de plusieurs nations, deux billets de chacune; on les envoie cachetés, quelques jours auparavant, afin qu'on ait le temps de s'habiller à la mode de la nation, ce qui se fait secrètement; et, le jour venu, on se trouve à l'hostellerie, où on s'apparie selon sa nation; chacun raconte les aventures de son voyage et de ses amours; et puis on danse ; l'hostesse donne les violons et la collation, et elle a plusieurs garçons et servantes. Il faut de l'esprit à tout cela, et il y a beaucoup de propreté et de magnificence.

Je ne fais point de mention, Sire, des traittés dont le résident d'Hollande a reçu il y a quinze jours la ratification de ses maistres, parce qu'ils sont connus à Vostre Majesté. Il ne fait que commencer à demander les échanges, et je doute qu'il les obtienne aussi promptement et aussi aisément qu'il l'espère. Si je ne me trompe, on fera dépendre icy plusieurs affaires de celles qu'on a avec Vostre Majesté.

Les lettres de M. Bielke à ses amis le font appréhender que Vostre Majesté ne soit mécontente et lasse de la Suède, et vont mesme jusques à parler du mépris qu'on en fait en vostre cour. Je ne doute pas, Sire, que la continuation de ces avis ne fasse un effet dans vostre service, principalement s'ils vont jusques au roy de Suède. J'essaierai d'éviter le mal et de tirer le bien de ce que je ne puis empescher. Les mesmes gens me prient de faire tenir secrètement les lettres à cet ambassadeur, appréhendant que Guldenstiern ne les fasse intercepter ; ce que je leur accorde d'autant plus volontiers, Sire, que, se disant mes amis, j'aurai un moyen pour insinuer ce qui sera plus convenable à vostre service, et pour découvrir quelque chose des ordres qu'on

envoie d'icy. Si Vostre Majesté avoit agréable que
ces lettres et les responses passassent avec les dépesches, on en reconnoistroit plus tost l'effet. Je n'ose
l'entreprendre sans sa permission. Je suis, Sire, etc.

DU MÊME A M. DE MARTANGIS.

A Stockholm, le 24 janvier 1680.

Monsieur, on travaille icy aux ratifications du contrat de mariage, lesquelles Guldenstiern attend pour
partir. Ce n'est pas que le mariage s'en fasse plus tost,
car on ne parle icy que de la fin du mois de mars;
mais c'est qu'il veut avoir du temps pour traitter
plusieurs affaires, et il m'a fait plusieurs instances
pour avoir vostre confiance. Je la lui ai, Monsieur,
d'autant plus volontiers fait espérer que je m'assure que vous le jugerez avantageux au service du
Roy, et que vous sçaurez bien vous ménager.

Il ne manquera pas de vous dire, comme à moi,
que l'alliance du Roy sera le fondement de tout ce qui
se passera entre les deux couronnes, et plusieurs autres choses spécieuses, quelquefois sincères et souvent
non, mais toujours avec un certain but présent,
auquel il s'attache tellement, qu'il en néglige tout
le reste; de quoi, l'ayant reconnu, vous tirerez avantage. Je suis, Monsieur, etc.

DU MÊME A LOUIS XIV.

A Stockholm, le 31 janvier 1680.

Sire, Hoghuseu[1] est allé trouver le roy de Suède pour, à ce qu'on dit, une quantité infinie d'affaires, n'y ayant plus de canal pour aborder ce prince. Il m'a promis de retirer les ratifications que Vostre Majesté désire pour les traittés qu'Elle a faits pour le restablissement de la Suède, et la déclaration, si longtemps promise, en faveur des catholiques de Poméranie et de Brême.

Après, Sire, ce qu'Olive-Kranz m'a dit, Guldenstiern ne doit pas avoir de plus grand ennemi que lui au monde. Entre autres particularités qu'il m'a racontées, s'estant dernièrement rencontrés à Elsimbourg, Guldenstiern commença par le gourmander à cause des traittés d'Hollande, qu'il a faits, disoit-il, sans ordre et sans raison, le menaçant qu'il seroit désavoué avec honte. Olive-Kranz répondit qu'il avoit suivi ses ordres et la raison, et qu'il le lui soutiendroit partout; que véritablement il avoit reçu une lettre de lui, Guldenstiern, mais que ce n'avoit esté que deux jours après la signature, et que, quand elle seroit arrivée plus tost, ce n'estoit pas un ordre suffisant pour sa décharge.

---

[1] M. de Hoghusen, l'un des secrétaires d'Etat de Suède.

Guldenstiern ayant demandé ce qu'on disoit en Allemagne des traittés de Lunden, Olive-Kranz répondit : « On s'y moque de vous, et les Danois vous font passer pour leur dupe, mais surtout on vous déshonore de ce qu'après avoir hazardé de nous faire perdre l'amitié de la France par des plaintes injustes que vous faisiez du traitté de Zell, qui estoit pourtant absolument nécessaire pour nostre restablissement, la vanité vous ait porté à en faire un sans nécessité, qui diminue les avantages que la France nous avoit acquis. »

Ils se firent, Sire, plusieurs compliments de cette force, dont Guldenstiern ne s'est pas vanté à moi quand je l'ai vu, qui a esté deux jours après. Il est pourtant arrivé que le roy de Suède a suivi les sentiments de Guldenstiern, quand Olive-Kranz s'est présenté devant lui; car il lui a dit : « Je vous remercie de tous les traittés que vous avez faits, hormis de ceux de Hollande, qui sont contre ma défense. » Il y eut sur cette défense un éclaircissement dans lequel ce prince fut surpris d'entendre la vérité ; car il pensoit que la défense avoit esté envoyée assez tost pour empescher la signature. Il fut remarqué aussi que Guldenstiern affecte d'agir en son nom plustost qu'en celui du roy, et qu'en toutes choses il semble avoir pour but principal d'embarrasser les autres.

Olive-Kranz m'a dit aussi, Sire, que, dès il y a

deux ans, lorsqu'il vint de Nimègue avec un passeport de Danemark, il avoit trouvé Guldenstiern
beaucoup changé, mais qu'il n'auroit jamais pensé
qu'il pust monter à un si haut degré d'orgueil et de
fureur que celuy où il est présentement. Et il m'a
avoué que ce voyage duquel il parloit n'estoit pas
pour le bien de vostre service, et que je n'avois pas
esté mal averti quand on m'avoit dit qu'il s'y
agissoit de quitter vostre alliance; de quoi, Sire,
il se fait encore un sujet de plainte contre Guldenstiern, qui l'abandonne après l'avoir commis.

Jusques icy, Sire, je n'ai pas entendu deux voix
différentes sur l'humeur et la conduite de Guldenstiern : tous ceux qui m'en ont parlé m'en ont dit
du mal. Et moi, Sire, encore qu'ils y aient mis
beaucoup de traits qui marquent que ce ministre me
hait très-fort, je n'ai pas laissé de tout écouter sans
tesmoigner de partialité, ne croyant pas de vostre
service de me mettre hors de mesure avec personne,
faisant pourtant des réflexions que Vostre Majesté
trouvera peut-estre considérables, en ce qu'elles
sont fondées sur le sentiment général et sur ce
que je tiens en particulier de Guldenstiern mesme.
Je la supplie aussi très-humblement de les recevoir
plustost pour une représentation sincère de la disposition des esprits à l'égard du gouvernement présent de la Suède, que pour mon propre jugement.

Ce ministre, Sire, perd de gaieté de cœur tous ses

V. 5

amis, et il emploie cela mesme pour persuader le
roy son maistre qu'il n'a d'attachement qu'à sa personne. Mais quand on considère l'engagement de
Wismar sans nécessité, l'estat où il se met en Schone,
ce qu'il pratique en Danemark, il est difficile de ne
pas entrer dans le soupçon qu'on a qu'il cherche un
appui étranger et contre le roy et contre le
royaume, en cas d'interrègne. On avoit pensé que
ces pratiques, estant autorisées par le roy de Suède,
avoient pour but de rendre ce prince absolu dans
son royaume; mais, n'estant pas vraisemblable que
le roy de Danemark voulust l'y aider de bonne foi,
on croit plustost qu'il est trompé par Guldenstiern.
Il y avoit de bonnes troupes, de celles qu'on appelle
levées, à la différence des nationales; Guldenstiern
les a fait casser, sous prétexte de l'épargne, et il en
fait lever d'autres sous les noms de ses parents et
de gens qu'on croit dépendre de lui. Il fait prendre
de grands fonds de terre à quasi tous les seigneurs
du royaume, disant qu'il faut augmenter les revenus
de la couronne; et en mesme temps son frère gouverne tellement les finances, qu'on dit que les revenus ordinaires ne vont pas à moitié de leur juste valeur, et que ce qu'il y a de net se consomme pour la
pluspart inutilement.

Ces contradictions, Sire, qui se trouvent dans la
conduite de ce ministre, le font si généralement
blasmer, qu'il n'y a quasi plus personne qui la trouve

équivoque entre la fidélité et la trahison, l'habileté
et l'extravagance. Et pour moi, Sire, j'avoue que
je me confonds quand je l'applique aux divers desseins qu'on lui peut attribuer, à pas un desquels je
ne vois pas qu'elle ait un entier rapport. Ces desseins
sont :

Ou de rendre son maistre absolu; mais il l'estoit
desjà assez par l'amour de ses sujets, qui ont fait
durant la guerre au delà de ce qu'il a voulu, sans jamais murmurer; et il le fait haïr, qui est un moyen,
selon la disposition du pays, pour perdre bientost
son autorité;

Ou de faire haïr son maistre, jusqu'à le déposer
comme on a fait le roy Eric; selon quoi Guldenstiern se proposeroit de gouverner le royaume en
qualité de régent, comme ont fait les deux Sture;
mais pour cela il auroit besoin à lui-mesme d'amis,
et il se fait haïr de tout le monde;

Ou bien de se cantonner en Schone; mais peut-il
attendre assez de fidélité des gens de guerre pour
le défendre contre deux rois qui attenteront continuellement sur lui?

Il dit, lui, qu'il est honneste homme, fidèle à son
roy, bon patriote, et qu'il le montrera. Ce seroit
encore, Sire, un autre dessein, auquel on pourroit
appliquer sa conduite pour voir si elle y a du rapport.

Mais, quoi que ce soit, Sire, il semble qu'il y ait

lieu d'appréhender une révolution, quand un ministre qui a le pouvoir fait parler si diversement et toujours mal de lui, quand le maistre perd l'affection de ses sujets, quand on ne discerne pas si c'est par dessein, par habitude ou par négligence qu'il s'attache aux conseils du ministre, et quand le sénat, qui est institué pour maintenir l'ordre, ne sçait par où s'y prendre.

L'embarras des sénateurs est, Sire, que s'ils font des remontrances fortes, ils appréhendent que le roy, qui tesmoigne estre mal disposé pour eux ne s'irrite ; ce qui pourroit aller à une plus grande confusion, et mesme à une rupture, à cause de l'intérest que les estats y prendront infailliblement ; et que, s'ils ne font point de remonstrances ou qu'ils les fassent foiblement, il y aura danger que les estats, qui examineront rigoureusement le protocole, ne s'en prennent à eux, qui ainsi se trouveroient en mauvaise posture entre les deux. Et il y a ce malheur pour la pluspart des sénateurs qu'on les veut desjà rendre responsables de la mauvaise administration des affaires durant la minorité ; ce qui est un piége que Guldenstiern, qui n'y a point eu de part, leur dresse.

Je ne sçaurois pas, Sire, juger encore si les traittés d'Hollande seront ratifiés ou non ; je vois d'un costé l'inclination publique, et de l'autre l'aversion de Guldenstiern, qui est plus fort que tous les autres. Le sieur Rumpff[1] s'attend que je l'aiderai au besoin, au nom de Vostre Majesté. Selon vos premiers ordres, Sire, il semble que je le doive faire; mais, comme j'ai vu depuis que Vostre Majesté a des mesures à prendre sur l'effet que l'alliance des deux couronnes du Nord fera en Hollande, et que je ne sçais pas mesme s'il convient présentement à vostre service que toutes ces nations se puissent rallier ensemble, je souhaitterois fort de pouvoir recevoir l'honneur de vos commandements sur ce sujet, avant que je sois davantage pressé par ce résident. J'espère, Sire, que je le recevrai, y ayant desjà assez de temps que j'ai averti Vostre Majesté de la difficulté que je prévoyois à cette ratification, et de plus les affaires ne vont pas si viste en ce pays.

J'ai eu, Sire, des avis plus particuliers de l'apologie dont j'ai fait mention dans ma dernière. Il sembleroit que Guldenstiern y auroit eu intention de me mettre mal auprès du roy de Suède et des sénateurs, car on m'a dit que le sens d'icelle est que la France est mal satisfaite de la Suède, à cause des mauvais offices que l'ambassadeur, à son ordinaire, lui a rendus, puisque du reste elle ne peut pas se plaindre ni du traitté de paix entre les deux couronnes, ni de leur alliance, ni du mariage. Et ensuite Guldenstiern s'estend pour faire voir, ce qui lui est bien aisé, que la France n'avoit jamais tesmoigné

---

[1] Ministre résident de Hollande en Suède.

d'aversion pour ces trois choses. Par cet ordinaire
de l'ambassadeur, il entend sans doute parler de ma
lettre qui fut interceptée, il y a deux ans, laquelle il
auroit fort envenimée auprès du roy de Suède si ce
prince n'avoit esté un peu éclairci. Mais pour les
sénateurs, les officiers d'armée et tous autres, il y
réussit si mal, qu'encore à présent ma lettre est al-
léguée comme une conviction de ses mauvais desseins. Il m'a souvent protesté qu'il n'en gardoit
rien sur le cœur; mais il est grand fourbe et assez
téméraire dans ses jugements pour s'imaginer que,
me trouvant icy au milieu de ses ennemis, je ne
manquerai pas de lui rendre mauvais office; ce
que je pourrois assurément autant que personne
par la confiance qu'ils auroient en moi, et par les
connoissances que j'ai de lui. Je n'en ferai pourtant, Sire, ni plus ni moins, jusqu'à autre ordre de
Vostre Majesté, estant assuré que cette pièce ne
sçauroit faire aucun effect considérable, ni en Suède,
où je serai autant cru que Guldenstiern, ni en
Danemark, à cause qu'on y sçait d'original tout ce
qui s'est passé à Lunden, ni mesme ailleurs, parce
qu'on commence à connoistre cet homme. Je suis,
Sire, etc.

DE M. LE MARQUIS DE PAS A M. DE FEUQUIÈRES.

A Paris, le 29 janvier 1680.

Les nouvelles de cet ordinaire vous surprendront et effraieront tout à la fois. M. de Tourmont vous y aura desjà préparé par le précédent, cependant je ne laisseray pas de vous répéter de nouveau que mercredy dernier, par un décret de prise de corps de la Chambre des poisons[1], M. de Luxembourg alla

[1] « Les aveux de la Brinvilliers, condamnée en 1676, avoient ap-
« pris à la France que le crime d'empoisonnement étoit bien plus
« commun qu'on ne l'avoit supposé, que c'étoit dans les rangs les
« plus élevés de la société qu'on trouvoit les personnes disposées à
« acheter et à administrer ce que, par une odieuse plaisanterie, on
« appeloit alors *de la poudre de succession*.... Les soupçons, pas plus que
« les crimes, ne s'arrêtèrent point, ils se portèrent surtout sur quelques
« femmes, La Voisin, La Vigoureux, dont les Espagnols cachent
« le honteux métier sous le nom d'*Alcahuete*. Comme en Espagne,
« elles ne se contentoient pas d'être les entremetteuses des amours illégi-
« times et de la débauche, elles offroient des philtres aux amants et
« aux amantes pour se faire aimer, des remèdes pour procurer des
« avortements, pour rendre la virginité aux filles qui l'avoient per-
« due. Elles ne comptoient pas uniquement sur les drogues perni-
« cieuses qu'elles administroient; elles cachoient leur efficacité sous
« une apparence de sorcellerie; elles furent sollicitées de prédire
« l'avenir, et elles s'y prêtèrent. La Voisin commença aussi à vendre
« des *poudres de succession*; l'affluence des personnes, même de la plus
« haute classe, qui venoient la consulter étoit telle, qu'elle quitta bientôt
« son chétif logement pour prendre une maison. Elle eut un suisse,
« des laquais et toutes les commodités du luxe. Cette manie de briller
« fut ce qui la perdit; elle fut arrêtée en 1679, et enfermée à la Bas-
« tille, avec quarante de ses complices, parmi lesquels on nomme La
« Vigoureux, son frère Le Sage, et un prêtre nommé Étienne Gui-

se remettre à la Bastille, accusé de plusieurs crimes qu'on ne sçait pas encore; mais au moins puis-je vous dire qu'ils sont tous calomnieux et que je suis sûr que l'événement le justifiera; et cependant jugez de quel désagrément il doit estre à un homme de son rang de se voir accusé de mille choses noires et infâmes. L'histoire de tout cecy contiendroit plusieurs mains de papier, mais en gros vous apprendrez, Monsieur, que quelques empoisonneurs et empoisonneuses de profession ont trouvé le moyen d'allonger leur vie en dénonçant de temps en temps un nombre de gens de considération qu'il faut arrester et dont il faut instruire les procès, ce qui leur donne du temps. Dans la dernière découverte, outre M. de Luxembourg, il se trouve en décret Madame la comtesse de Soissons[1],

« bourg. Interrogée sur les personnes qui fréquentoient le plus sa « maison, elle nomma la duchesse de Bouillon, la comtesse de Sois- « sons et le maréchal de Luxembourg. Ce fut alors que le Roi, par « une ordonnance du 4 janvier 1680, établit à l'Arsenal une commis- « sion chargée de faire le procès aux empoisonneurs et aux magi- « ciens. Avec la comtesse de Soissons s'enfuit la marquise d'Alluye; le « marquis de Cessac suivit leur exemple; le maréchal de Luxembourg « fut mis à la Bastille le 24 janvier; Mesdames de Bouillon et de Tin- « gry furent interrogées; le marquis de Feuquières (*M. le marquis* « *Antoine de Pas*), Mesdames de La Ferté et du Roure le furent en- « suite. Après tout, La Voisin, La Vigoureux et leurs associés obscurs « furent seuls punis du dernier supplice; les gens de qualité en furent « quittes pour la prison ou l'exil; aucun d'eux ne fut convaincu d'em- « poisonnement. »   (SISMONDI, *Hist. des Français.*)

[1] Olympe Mancini, comtesse de Soissons, surintendante du palais

Madame la marquise d'Alluye[1]; ces deux-là, pour ne pas comparoistre devant des juges, se sont retirées; M. de Cessac[2], Madame de Polignac[3], Madame de Luzignan[4], et M. de Vardes[5], à ce qu'on dit; en ajourne-

de la Reine. Décrétée d'accusation en France, elle se réfugia à Bruxelles, puis alla à Madrid, où elle obtint la confiance de la jeune reine, contre laquelle elle exerça, si l'on en croit Saint-Simon, cette science funeste des poisons, qui l'avait forcée de sortir de France. Aimée dans sa jeunesse par Louis XIV, elle se vit dans ses derniers jours méprisée et délaissée de tous, même de son fils, le célèbre prince Eugène.

[1] Mademoiselle de Fouilloux, marquise d'Alluye en 1667, auparavant demoiselle d'honneur de la Reine.

[2] Louis-Guilhem de Clermont-Lodève, marquis de Cessac. Le Sage l'avait accusé de lui avoir demandé autrefois un secret pour gagner au jeu du Roi, et les moyens de se défaire du comte de Clermont, son frère, en même temps que de se concilier les favorables dispositions de sa belle-sœur. M. de Cessac jugea à propos de quitter la France, et n'y rentra que dix ans après.

[3] « La vicomtesse de Polignac étoit sœur du comte de Roure et « mère du cardinal de Polignac : c'étoit une grande femme, belle et « bien faite, sentant fort sa grande dame, qu'elle étoit fort dans le « grand monde. Beaucoup d'esprit, encore plus d'intrigue, fort mêlée « avec la comtesse de Soissons et Madame de Bouillon dans l'affaire « de La Voisin, dont elle eut grand'peine à se tirer, et en fut exilée « au Puy et en Languedoc, d'où elle ne revint qu'après la mort du « Roi. » (SAINT-SIMON.)

[4] Madame la marquise de Lusignan, née de Bueil. Le marquis de Lusignan, son mari, fut envoyé extraordinaire à Vienne, puis à Lunébourg.

[5] M. le marquis de Vardes, gouverneur d'Aigues-Mortes, beau-père de M. le duc de Rohan Ces accusations ne pesaient pas seulement sur les personnes qui habitaient Paris, ou bien elles remontaient fort loin dans le passé, car le marquis de Vardes était exilé de Paris depuis environ quinze ans, pour avoir été l'un des principaux

ments personnels, Madame de Bouillon[1], M. de Ven-
dosme[2], Madame de Tingry[3], Madame la maréchalle
de La Ferté[4], un nombre infiny d'autres personnes
auteurs de la lettre espagnole adressée à la reine Marie-Thérèse, afin de
l'informer des amours du Roi avec Mademoiselle de La Vallière. Il ne
fut rappelé à la cour qu'en 1682.

[1] Marie-Anne Mancini, nièce du cardinal Mazarin, duchesse de
Bouillon. « La duchesse de Bouillon alla demander à La Voisin un
« peu de poison pour faire mourir un vieux et ennuyeux mari qu'elle
« avoit, et une invention pour épouser un jeune homme qu'elle ai-
« moit. Ce jeune homme étoit M. de Vendôme. Quand une Mancini
« ne fait qu'une folie comme celle-là, c'est donné, et ces sorcières
« vous rendent cela sérieusement et font horreur à toute l'Europe
« d'une bagatelle. Madame la comtesse de Soissons (*Olympe Man-*
« *cini*) demandoit si elle ne pourroit pas faire revenir un amant qui
« l'avoit quittée : cet amant étoit un grand prince ; et on assure qu'elle
« dit que, s'il ne revenoit à elle, il s'en repentiroit : cela s'entend du
« Roi, et tout est considérable sur un tel sujet. » (Mme DE SÉVIGNÉ.)
On a vu que Madame la comtesse de Soissons prit prudemment la
fuite ; Madame la duchesse de Bouillon, sa sœur, fut exilée à
Nérac.

[2] Louis-Joseph, duc de Vendôme, arrière-petit-fils de Henri IV
et de Gabrielle d'Estrées, l'un des plus grands généraux du règne de
Louis XIV, né en 1654, mort en 1712.

[3] Marie-Louise-Antoinette d'Albert de Luxembourg, princesse de
Tingry, dame du palais de la Reine, belle-sœur du maréchal de Luxembourg, qui était accusé d'avoir employé des maléfices pour obtenir
ses bonnes grâces.

[4] Madeleine d'Angennes de La Loupe, femme de M. le maréchal de La Ferté, l'une des femmes les plus galantes de cette époque. « La maréchale de La Ferté alla par complaisance chez La Voi-
« sin avec Madame la comtesse de Soissons, et ne monta point :
« M. de Langres étoit avec la maréchale ; voilà qui est bien noir :
« cette affaire lui donne un plaisir qu'elle n'a pas ordinairement,
« c'est d'entendre dire qu'elle est innocente. »   (Mme DE SÉVIGNÉ.)

et moy-mesme, à ce qu'on dit. Cependant, quoyqu'on ait desjà signifié les adjournements aux autres,
on ne m'a encore rien dit. Mais en tout cas ne
vous en allarmez point. Cette affaire seroit d'un
désagrément terrible si l'on estoit seul; mais, outre
que la compagnie diminue le désagrément, c'est que
je ne comprends pas moy-mesme quel sujet je puis
avoir donné à cette chambre de m'adjourner; enfin,
Monsieur, pour vous le faire court, j'attends fort
paisiblement pour moy tout ce qu'il leur plaira d'en
ordonner. Je suis persuadé de l'innocence de M. de
Luxembourg; mais je suis outré de douleur quand
je songe qu'un homme comme celui-là peut seulement avoir trouvé des calomniateurs assez noirs
pour l'accuser, ce que je puis pénétrer de son affaire estant si faux, que l'enfer ne l'est pas davantage.
Pour moy, Monsieur, je vous le répète encore, ne
soyez point du tout en peine.

J'ay reçu vostre grande lettre du premier de l'an;
j'avois desjà pris quelques mesures pour vous aller
voir, je les continueray à l'arrivée des gens. Bon
soir, Monsieur; je vous escris en petit caractère,
pour espargner le port autant que je le puis.

DU MÊME AU MÊME.

A Paris, le 2 février 1680.

Je fus hier comparoistre à mon adjournement, où je fus interrogé sur une grande quantité d'articles tout aussy peu considérables les uns que les autres. Quand je leur aurois répondu ouy à tout, il n'y auroit pas encore de quoy fouetter un laquais. Enfin, Monsieur, pour tout ce qui peut me regarder, n'en soyez point en peine et n'en ayez aucune inquiétude. Je pars pour m'en aller à Saint-Germain, et ne puis pas, pour cet ordinaire, vous en dire davantage.

DE MADAME DE SAINT-CHAMOND A M. DE FEUQUIÈRES.

A Pau, 9 février 1680.

S'il eust plu à ce bon Dieu, n'aurions-nous pas eu assez de sujets d'affliction depuis quelque temps? mais il est juste que nos péchés nous en attirent, et nous serons mesme heureux si cela peut nous servir à les expier. Je ne sçais que vous dire, mon cher frère, sur mon neveu le marquis; les lettres qui viennent de Paris disent qu'il entre fort dans cette misérable affaire de M. de Luxembourg; mais il veut fort me rassurer dans le mesme temps par les siennes, en me disant que je ne dois rien craindre pour luy, et qu'il n'a point encore eu cet adjourne-

ment personnel[1] dont on le menaçoit, il y avoit
quatre ou cinq jours; il a beau dire, tout cela ne
me remet point de ma crainte et de mes inquiétudes, et je ne puis me flatter assez pour ne pas
craindre que, quoy qu'il en arrive, cela ne fasse tousjours de méchants effects pour luy et pour sa fortune. Dieu veuille gouverner le tout à sa plus
grande gloire, et surtout le faire revenir à luy-
mesme pour son salut et pour l'éternité. Vous serez,
je m'assure, aussy touché que je le suis du malheur de M. de Luxembourg; on l'accuse de tant
de choses horribles, que je ne puis m'imaginer que
cela puisse estre[2]; voilà d'estranges révolutions,
mon cher frère; Dieu veuille que cela luy serve
pour l'autre monde, celuy-cy n'estant que folie.

Je crois vous avoir mandé la grossesse de vostre
fille[3], et que je suis fort du sentiment où vous estes
que M. de Rébenac se maintienne dans les emplois qui luy sont et honorables et utiles, c'est

[1] On a vu, par la lettre précédente de M. le marquis de Pas, qu'il
avait comparu à son ajournement le 1er février.

[2] Le principal crime du maréchal de Luxembourg fut, dit-on, et
selon toute probabilité, de s'être attiré l'inimitié de Louvois en se
rapprochant de Colbert et de Seignelai. Louvois ne put le lui pardonner, et contribua, autant qu'il fut en lui, à donner une apparence criminelle aux accusations portées contre le maréchal. Il réussit
à l'humilier, mais non à lui faire perdre la confiance et l'estime du
Roi.

[3] Madame de La Vie.

tousjours autant éviter des dégoûts qu'on ne sçauroit s'empescher d'avoir en province; il est, Dieu
mercy, assez jeune pour pouvoir y régner longtemps. Adieu, mon cher frère, je suis malade à
mourir de mon grand rhume renouvellé sans sçavoir
dire pourquoy.

———

DE M. DE FEUQUIÈRES A LOUIS XIV. *

A Stockholm, le 7 février.

Sire, pour obéir à vos ordres, j'ai à parler du
sénat et de la constitution générale du royaume de
Suède, sans pourtant venir à un détail, qui rempli-
roit un gros volume.

Vostre Majesté trouvera cy-joints[1] les noms des sé-

———

[1] *Liste des sénateurs de Suède.*

Le comte Pehr, reixdrost ;
Le ... grand connestable (charge vacante) ;
Le comte Gustave Otto Stenbock, grand admiral ;
Le comte Magnus-Gabriel de La Gardie, grand chancelier ;
Le baron Sten-Bielke, grand trésorier ;
Le baron Gustave Banier, maréchal ;
Le baron Jehan Guldenstiern Nils-Sohn ;
Le comte Bent-Oxenstiern, président au siège de Wismar ;
Le comte Nils-Brahé, admiral ;
Le baron Éric Horn, maréchal ;
Le baron Christer Horn, maréchal, gouverneur de Livonie ;
Le baron Knut Kourck, président du parlement de Stockholm ;
Le baron Gustave Kourk, du conseil de guerre ;
Le baron Ebba Ulfeldt, grand veneur ;
Le baron Clas Rolamb, président du parlement d'Ienkœping ;

nateurs d'aujourd'huy dans leur rang et avec leurs emplois particuliers. Je n'y ai pas mis les petites charges qu'ils ont, revenant la pluspart à celles de nos baillifs et sénéchaux, mais avec de plus grands revenus, parce qu'ils n'en prennent guère le titre. Ils ne dédaignent pourtant pas quelquefois de les exercer en personne et y mettent leur lieutenance.

Les sénateurs sont personnes comme sacrées par leurs priviléges. Ils font serment au roy et au royaume, sont conseillers nécessaires du roy, ayant droit de lui parler de toutes les affaires, et ils ne peuvent estre jugés criminellement que par les estats.

Le nombre n'en est pas limité. J'en ai trouvé trente-neuf. Présentement ils ne sont que vingt-six et on dit qu'on les laissera réduire à vingt-quatre.

Le comte Pontus-Frédéric de La Gardie, du conseil de guerre ;

Le baron Gustave Sparre, du parlement de Stockholm ;

Le baron George Guldenstiern, de la chambre des comptes, gouverneur de Stockholm, gouverneur de la reine Christine ;

Le comte Jehan Gabriel Stenbock, grand maréchal du royaume, qui est comme grand maistre de la maison du roy ;

Le baron Lars Fleming, de la chambre des comptes ;

Le baron Guldenstiern, de la chancellerie, gouverneur-général de Schone, Hallandt et Bleking ;

Le baron Tour Bonde ;

Le comte Gustave Oxenstiern ;

Le comte André Torstenson, gouverneur d'Esthonie ;

Le comte Gustave-Adolphe de La Gardie, de la chancellerie ;

Le baron Ernest-Jehan Creutz, président de Finlande ;

Le comte Axel-Julius de La Gardie.

Il n'en faut pas moins aussi pour former le conseil,
à cause des absents par maladie, ou qui sont dans
les gouvernements de certaines provinces, dans
les commandements des armées, dans les ambassades et dans les parlements où ils président; mais
cette dernière occupation n'est que pour un mois
ou six semaines en deux fois chaque année.

Parmi les sénateurs, il y a cinq régents, qui sont
les principaux officiers de la couronne. Ils ont chacun leur collége composé d'un ou deux autres sénateurs, de leurs conseillers, assesseurs, secrétaires
et autres moindres officiers. On leur adresse les affaires qui sont de leur juridiction; ils en délibèrent,
les rapportent, s'il est nécessaire, au roy ou au
sénat, reçoivent les ordres et font les expédi-
tions.

Le premier collége est celui du reixdrost. Ce
vice-roy, car c'est ce que signifie ce mot, préside
au sénat, est chef de toute justice du royaume, et
les causes reviennent à lui par révision, quand il y
a lieu selon les lois.

Le second est celui du connestable, où sont les
mareschaux. On y connoist, ordonne et expédie
généralemement tout ce qui touche la guerre. Le
maréchal Gustave Banier, sénateur, tient présentement la place du connestable, comme le plus
ancien mareschal.

Le troisième collége est celui du grand amiral,

où assistent les six amiraux, six vice-amiraux, etc., Son emploi s'estend à tout ce qui touche la marine.

Le quatrième est la chancellerie. C'est le plus considérable de tous les colléges par les grandes affaires qui y passent, tant du dehors que du dedans du royaume ; en quoi les autres colléges despendent en quelque sorte de lui. A moins que le roy de Suède ne veuille proposer lui-mesme, c'est tousjours le chancelier qui propose dans le sénat, ou, à son défaut, un sénateur de la chancellerie. Les conseillers de la chancellerie ont entrée dans le sénat, sans toutefois estre assis, ce que n'ont pas ceux des autres colléges. Et les secrétaires sont proprement ceux qu'on appelle secrétaires d'Estat. C'est le chancelier qui convoque les sénateurs ; il n'y a point de jour réglé.

Le cinquième collège est celui du grand thrésorier, et c'est la chambre des comptes.

Le collége de commerce est maintenant réduit à un vice-président et à deux assesseurs.

Il y a encore celui des montagnes ou mines ; mais ces deux compagnies ne sont pas du corps du sénat.

Durant les minorités et en l'absence du roy majeur, les opinions du sénat passent à la pluralité des voix. Mais quand le roy majeur est présent, il résout seul, et ne déclare point, s'il ne lui plaist, sa résolution.

Les opinions sont toujours protocolées et les estats les examinent, ce qui n'est pas sans danger pour
les sénateurs qui ne sont pas attachés aux constitutions du royaume, parmi lesquelles on compte
toutes les délibérations des estats.

Quant à ce qui est, Sire, des inclinations des sénateurs, je crois que Vostre Majesté l'entend principalement à l'esgard de son service. En général ils
se disent tous vos serviteurs, et je ne doute pas
qu'en considérant les grandes choses que Vostre
Majesté a faittes pour la Suède, ils ne comprennent
bien le véritable intérest du royaume. Plusieurs me
parlent franchement des sentiments qu'ils ont eus
autrefois contre vostre alliance, et principalement
contre l'engagement de la guerre. Et pour ce dernier, véritablement, Sire, je les excuse, ne com-
prenant point du tout par quel bonheur j'ai pu les
voir se déclarer, dans le mauvais estat où ils estoient. Je remarque pourtant en cela, Sire, un mauvais effet du protocole, qui est qu'un sénateur qui
a une fois signalé son suffrage, qui demeure escrit,
prend toujours plaisir à faire voir qu'il a eu raison,
et par conséquent se console trop aisément, si
mesme il n'a une secrette joie, quand les affaires
où son avis n'a pas esté suivi ne réussissent pas; ce
qui sans doute a esté fort nuisible durant la dernière guerre.

Vostre Majesté connoist si bien le chancelier et

J. Guldenstiern, qu'il est inutile d'en parler ici. Les plus considérés après eux et les plus appliqués aux affaires publiques sont Rolamb, président du parlement de Jenkœping, autrefois ami et maintenant grand ennemi de J. Guldenstiern, Knut-Kourck, président du parlement de Stockholm, de mesme que l'autre à l'esgard de J. Guldenstiern, favorable aux Hollandois, et le comte de La Gardie, fils du chancelier, pour qui J. Guldenstiern a une estime particulière, ce qui fait peut-estre qu'il n'en est pas mieux à la cour.

Les plus grands officiers, après les régents, sont le grand-maistre de la maison du roy, qui est présentement Jean Stenbock, sénateur très-honneste homme, le grand veneur, qui est Ebbe Ulfeldt, sénateur qui s'applique fort à cette charge, et le grand-maistre de l'artillerie, qui est le comte Pierre Sparre, duquel Vostre Majesté connoist par Elle-mesme le mérite.

Les mareschaux sont Gustave Banier, sénateur, Éric-Horn, sénateur, Mardfeldt, Konigsmark et Aschemberg. Ils sont du collége du connestable, qui est celui de la guerre. Quand il s'en rencontre plusieurs au commandement d'une armée, ils partagent les troupes. Ils n'ont pas autorité sur la noblesse comme en France.

Il y a cinq parlements : Stockholm pour la Suède, Jenkœping pour la Gothie, Abo pour la Finlande,

Derp pour la Livonie, Esthonie et Ingrie, et le présidial de Wismar pour les provinces d'Allemagne. Les parlements ne se tiennent que deux fois l'an. Un sénateur y préside. Ils jugent par appel souverainement, mais il y a des causes de révision, comme j'ai dit cy-dessus.

Au-dessous des parlements il y a divers degrés de juridiction. Les gouverneurs-généraux des provinces ont toute autorité pour tenir chacun en son devoir et correspondent au sénat et aux colléges, selon la nature des affaires, mesme des revenus du roy. Ils ont sous eux des gouverneurs particuliers, qu'on appelle *Landshoffding,* qui, quelquefois n'estant pas gens de guerre, ne commandent pas les troupes, si ce n'est en fait de justice, police et finances, comme à peu près nos intendants, et du reste correspondant à tous les colléges.

Pour l'église, l'archevesque d'Upsal a sous lui les évesques de Linkœping, Westross, Stragnes, Gottembourg, Wexio, Lunden, Abo, Skara, Wibourg, Revel, plusieurs surintendants qui sont au mesme degré que les évesques, ayant sous eux des prévôts qui sont comme archidiacres, et sous ceux-cy les curés. La noblesse ne se met guères dans l'église.

Les estats sont composés de quatre corps : la noblesse, qui est assez nombreuse et s'augmente tous les jours par de nouvelles lettres, est le premier corps; il y a de très-anciennes maisons, mais parmi tout on n'en compte que quatorze qui soient bien illustres par une perpétuité de sénateurs et régents. Le clergé, depuis le changement de religion, n'est que le second corps; les bourgeois font le troisième et les paysans le quatrième.

Les estats ne s'assemblent jamais sans ordre du roy, et c'est ordinairement tous les trois ans.

Je suis, Sire, etc.

DE M. DE TOURMONT A M. DE FEUQUIÈRES.

A Saint-Germain, le 8 février 1680.

Monsieur, M. de Luxembourg a esté interrogé plusieurs fois depuis huit jours. Bien des gens prétendent que la principale accusation faite contre lui est d'avoir fait acheter par un nommé Bonnart, chez La Voisin, deux bouteilles de vin empoisonné. Ce Bonnart, qui a esté son domestique et qui a esté arresté avant luy, a déclaré les avoir achetées par son ordre et pour empoisonner un nommé du Pin, contre lequel M. de Luxembourg avait un grand procès au sujet d'une vente de bois. Si cela est ainsy, on croit que M. de Luxembourg pourroit sortir d'affaires, car ce du Pin est encore en vie.

Monsieur vostre fils vous a mandé, il y a huit jours, qu'il a esté interrogé. Depuis ce temps, il ne s'est rien passé à son égard. Je suis avec respect, Monsieur, etc.

P. S. J'oubliois à vous dire que M. de Pomponne eut lundy dernier une audience particulière du Roy, dans laquelle Sa Majesté lui promit qu'Elle feroit du bien à sa famille. Cela se passa de manière qu'il en a senty beaucoup de consolation.

DU MÊME AU MÊME.

A Saint-Germain, le 16 février 1680.

Il nous est défendu si expressément, Monsieur, de rien mettre dans les paquets du Roy, que vous ne devez pas estre surpris si vous ne recevez plus de mes lettres aussi régulierement que par le passé.

Madame de Pomponne m'a fait sçavoir qu'elle vous fera connoistre elle-mesme l'estat de vos affaires. Elle m'a dit qu'il ne vous est dû que trois mois de l'année passée et les trois qui courent. Elle vous aura mandé aussy qu'estant extresmement pressés pour le payement des 17 000 livres dernières, nous prismes tous ensemble la résolution de donner à Catillon, pour le déterminer à les payer, les 6 000 livres que vous aviez destinées pour l'abbé Bidal. Nous les rembourserons du premier argent qui viendra de Béarn. Pour moy, je n'estois point en estat d'en avancer du mien. Il m'est encore dû 8 000 livres qui ne seront payées de longtemps. Et je vois avec douleur qu'on ne veut, en façon du monde, se défaire de la charge de sénéchal.

On veut retenir toutes les charges, et on voudroit que je demeurasse toujours chargé de tout le crédit. Ma foy, cela ne se peut. Et, puisque l'on ne veut pas s'aider, il n'est pas juste que j'aye toute l'endosse; car enfin, de toute la famille, personne n'est venu à mon secours, ce qui est toutefois assez étrange. Toutes ces considérations du passé me font voir que Catillon n'a point trop de tort quand il ne veut point absolument se dessaisir des provisions qu'il ne soit payé. Il lui est encore dû près de 18 000 escus. Cela en vaut assez la peine. Cependant ces provisions n'estant point envoyées, la gratification des estats de cette année courra grand risque, car ils ne la résoudront pas que les provisions n'ayent esté enregistrées au parlement de Navarre. Si je continue à travailler, comme j'en ay quelque espérance[1], il faudra que j'aille au voyage de la cour[2]; ainsy, je seray hors d'estat de donner mon application à cette affaire.

[1] On verra plus bas que M. de Tourmont fut révoqué peu de temps après de son emploi aux Affaires étrangères.

[2] La cour ne tarda pas à aller en Champagne au-devant de Madame la Dauphine. Le Roi et Monseigneur le Dauphin allèrent jusqu'à Vitry-le-François; le reste de la cour demeura à Châlons.

DE M. DE FEUQUIÈRES A M. LE VASSEUR[1].

A Stockholm, le 17 février 1680.

Monsieur, autant que vous me trouvez doucereux dans les affaires du maniement d'Aubert[2], vous m'allez trouver aigre dans celle-cy; mais il faut quelquefois changer de ton. Un des plus sensibles intérests que j'y prenne est à cause de M. de Tourmont, qui s'est engagé généreusement pour le comte de Rébenac à un pirate qui ne veut entendre à aucun expédient pour le dégager. Le fait est, Monsieur, en attendant que M. de Tourmont vous l'explique plus particulièrement, que le Roy a honoré mon fils de la charge de lieutenant-général de Navarre et de Béarn, à condition de payer à M. le comte de Gramont 40 000 escus; et, pour en faciliter les moyens, Sa Majesté a eu agréable de donner un brevet de 40 000 livres de retenue. Les créanciers du comte de Gramont, représentés par Catillon, ont fait déposer entre les mains de M. de Tourmont les provisions et ledit brevet, et Catillon ne veut pas permettre, quelque expédient qu'on lui propose, qu'on se serve de ces pièces pour jouir des émoluments de la charge et pour emprunter de l'ar-

---

[1] Secrétaire de M. de Feuquières. Il était alors à Paris.
[2] Régisseur des domaines de Feuquières.

gent, qui sont des moyens pour achever de le payer;
car il a déjà reçu 22 000 escus, dont M. de Tourmont
a fourni une partie. C'est à quoi donc, Monsieur, il
s'agit de forcer Catillon; je vous prie d'y employer tous les moyens de droit, sans lui faire nul
quartier, et que la première nouvelle qu'il en aura
soit une assignation, je ne dis pas à quel tribunal,
car je n'en sçais rien et vous en laisse le choix. Je
vous autorise, Monsieur, pour toute cette affaire,
me faisant fort pour mon fils, à mes périls et fortunes.

La lettre que j'écris à M. de Tourmont vous
éclaircira un peu, et il achèvera à la première conférence que vous aurez avec lui; mais ne perdez
jamais de vue le but que je vous marque assez bien,
ce me semble, et point d'accommodement, s'il
vous plaist, qu'à rigueur de droit. Je suis, Monsieur,
vostre très-humble serviteur.

DU MÊME A M. DE TOURMONT.

A Stockholm, le 17 février 1680.

J'ai vu, Monsieur, vostre lettre du 26 janvier
avec les copies y jointes de deux lettres que ma fille
vous a escrites, de la response que vous luy avez
faite, d'un projet de brevet qu'elle vous avoit envoyé, et de l'arrest du parlement de Pau. J'ai
relu sur cela quelques-unes de vos précédentes et

je n'ai rien trouvé en tout dont Catillon eust sujet
de se plaindre de M. ni de Madame de Rébenac. Et
pour ce qui est de vous, Monsieur, vous avez fait
au delà de ce que ce galant homme pouvoit honnestement désirer ; je dis au delà, parce qu'il lui
suffisoit de vostre parole de représenter les pièces
dont vous estes dépositaire, ou l'argent. Je n'avois
pas su aussi jusques à vostre dernière que vous lui
eussiez donné vostre escrit, et si absolu ; ce n'est
pas qu'à l'égard de la sûreté et du respect que nous
lui portons, j'en fasse différence de vostre parole,
n'estimant pas moins l'une que l'autre, mais j'en
fais beaucoup des conditions. Je vois encore, Monsieur, dans vostre ditte lettre, qu'il est certain que
Catillon ne permettra en façon quelconque que
l'on envoie en Béarn ni les provisions ni le brevet
de retenue, et que, faute de cela, mon fils court hasard de perdre les gages de sa charge et le présent
des estats ; j'adjouste à ces inconvénients qu'il ne
pourra plus vous satisfaire qu'en se privant des appointements par lesquels il subsiste dans son emploi,
si ce n'est peut-estre qu'il se rachetast et vous
aussi par une grosse rançon que Catillon prétend
exiger par des injures et des mespris qu'il fait de
nous. C'est trop nous coyoner. Je suis d'avis, Monsieur, sans plus barguigner, que nous nous adres-
sions à la justice. Nous demanderons que vous
soyez deschargé des pièces, en les mettant entre les

mains d'un homme que vous nommerez, qui les
portera en Béarn et qui les représentera ou l'argent, et nous nous soumettrons aux frais du voyage.
Vous verrez que Catillon n'aura rien à dire contre
cela. Je prie présentement M. Le Vasseur de mettre
l'affaire en estat, en commençant par une belle
protestation de tous dépends, dommages et intérests tant passés qu'à venir, pour mon fils et
pour vous-mesme; car je pense, Monsieur, que
vous devez vous joindre au procès, à cause du risque perpétuel où vous estes sur la vie de mon fils.
Depuis que nous en parlons, il a eu une maladie, il a
pensé se noyer dans le Belt, il peut périr dans le vin
avec les Allemands; tout cela vous doit donner de
l'inquiétude et à vostre famille; vous ne ferez que
prester vostre nom, avec une indemnité. Je n'en
sçais pas, Monsieur, davantage, si ce n'est que Catillon, se rendant à vos exorcismes, et avant que
l'affaire soit entamée, se fasse de lui-mesme toute
la justice qu'il aura à souffrir par force avec des-
pends. Demeurons-en donc là, s'il vous plaist, et
qu'il ne soit jamais parlé de lui faire valoir son argent comme à un marchand, car ce n'est qu'un
pirate[1], pas seulement de lui payer les intérests or-

---

[1] Le joaillier Catillon, avec une conscience d'une largeur toute
judaïque, faisait valoir ordinairement son argent sur le pied de douze
pour cent. Il se moquait de ceux qui venaient lui en emprunter au taux
légal qui était cinq, et croyait accorder une faveur quand il prêtait à sept.
C'est ce que mandait M. de Tourmont lui-même à M. de Feuquières.

dinaires, puisqu'il est cause de ceux qui ont couru
et qui courent, ni de lui faire le moindre présent,
sous quel titre que ce soit. Pensez-vous, Monsieur,
que je n'aie pas les oreilles écorchées de tout ce que
dit sans sujet ce malhonneste homme? Mon fils
n'a pas de bien libre, mais il a de l'honneur, ses
amis en ont, et on pouvoit là-dessus prendre des
sûretés qui n'auroient embarrassé personne. Je vous
avoue que je suis piqué, et j'entreprendrai plustost
l'affaire à mes périls et fortunes. Je suis, Monsieur,
tout à vous.

P. S. M. Le Vasseur vous communiquera ce que
je lui escris, et recevra vos instructions et avis, mais
tousjours, s'il vous plaist, sur le pied que dessus
dont je ne rabattrai rien.

DE M. JULES DE FEUQUIÈRES A M. DE FEUQUIÈRES.

A Paris, le 22 février 1680.

M. de La Feuillade vous a fait response, il a
prétendu m'avoir donné la lettre ou à mon frère,
cependant ni l'un ni l'autre ne l'avons vue, elle s'est
perdue parmi ses gens ou il ne l'a pas escrite; j'aurois bien voulu la voir pour descouvrir un peu ses
sentiments.

Je vous ay escrit une lettre, il y a desjà longtemps, touchant mes affaires; en vérité, je ne suis
encore guère avancé et ne vois pas jour pour cela
sans un bon secours.

Je ne vous manderay rien de l'affaire de M. de Luxembourg[1], mon frère vous peut demander plus de particularités. On brusle aujourd'huy[2] La Voisin, fameuse devineresse et empoisonneuse.

[1] « Je crois, dit Madame de Sévigné, que le plus grand crime de « M. de Luxembourg est d'avoir aimé la Tingry. On ne parle plus de lui « on ne sait pas même s'il est encore à la Bastille ; on dit qu'il est à « Vincennes. Rien n'est pire en vérité que d'être en prison, si ce n'est « d'être comme cette diablesse de Voisin, qui est, à l'heure que je « vous parle, brûlée à petit feu à la Grève. » (*Lettre du* 21 *février*.)

[2] « Je ne vous parlerai que de La Voisin : ce ne fut point mercredi « (21 *février*), comme je vous l'avois mandé, qu'elle fut brûlée, « ce ne fut qu'hier (*jeudi* 22). Elle savoit son arrêt dès lundi, « chose extraordinaire. Le soir elle dit à ses gardes : « Quoi ! nous ne « ferons point *médianoche?* » Elle mangea avec eux à minuit par fan- « taisie, car il n'étoit point jour maigre ; elle but beaucoup de vin ; « elle chanta vingt chansons à boire. Le mardi elle eut la question « ordinaire, extraordinaire ; elle avoit dîné et dormi huit heures ; elle « fut confrontée sur le matelas à Mesdames de Dreux et Le Féron, et à « plusieurs autres : on ne parle point de ce qu'elle a dit ; on croit « toujours qu'on verra des choses étranges. Elle soupa le soir, et re- « commença, toute brisée qu'elle étoit, à faire la débauche avec « scandale : on lui en fit honte, et on lui dit qu'elle feroit bien « mieux de penser à Dieu, et de chanter un *Ave maris stella,* ou un « *Salve,* que toutes ces chansons ; elle chanta l'un et l'autre en ridi- « cule ; elle dormit ensuite. Le mercredi se passa de même en con- « frontation, et débauches et chansons ; elle ne voulut point voir de « confesseur. Enfin le jeudi, qui étoit hier, on ne voulut lui donner « qu'un bouillon ; elle en gronda, craignant de n'avoir pas la force « de parler à ces Messieurs. Elle vint en carrosse de Vincennes à Paris ; « elle étouffa un peu, et fut embarrassée : on la voulut faire confes- « ser, point de nouvelles. A cinq heures on la lia ; et avec une torche « à la main, elle parut dans le tombereau, habillée de blanc, c'est « une sorte d'habit pour être brûlée ; elle étoit fort rouge, et l'on

Je reviens de Saint-Germain, et voicy ce que j'y ay appris : l'abbé Colbert[1] est coadjuteur de Rouen ; l'abbé de La Hoguette[2] a l'évesché de Poitiers et son frère une pension de 1 000 escus dessus ; l'abbé de Saint-Esteven[3] a l'évesché de Conserans ; les abbés de Dangeau[4] et de Montal ont eu chacun une abbaye ; il en reste encore à donner ; si mon frère en pouvoit avoir une, il en a autant besoin qu'aucun, mais on n'en a point demandé. Beaucoup d'of-

« voyoit qu'élle repoussoit le confesseur et le crucifix avec violence. « Nous la vîmes passer, à l'hôtel de Sully (*rue Saint-Antoine*), Ma-« dame de Chaulnes, Madame de Sully, la comtesse de Fiesque, et « bien d'autres. A Notre-Dame, elle ne voulut jamais prononcer « l'amende honorable, et à la Grève, elle se défendit autant qu'elle « put de sortir du tombereau : on l'en tira de force ; on la mit sur le « hûcher assise et liée avec du fer ; on la couvrit de paille ; elle jura « beaucoup ; elle repoussa la paille cinq ou six fois ; mais enfin le « feu s'augmentà, et on la perdit de vue, et ses cendres sont en l'air « présentement. Voilà la mort de Madame Voisin, célèbre par ses « crimes et par son impiété. » (Mme DE SÉVIGNÉ, *Lettre du 23 février*.)

[1] Jacques Nicolas, abbé de Colbert, deuxième fils du grand Colbert. Il fut archevêque de Rouen et membre de l'Académie française.

[2] Hardouin Fortin de la Hoquette, neveu de M. de Péréfixe, archevêque de Paris. Il passa de l'évêché de Saint-Brieuc à celui de Poitiers où il succéda à l'abbé de Palluau, frère du maréchal de Clérémbault.

[3] M. l'abbé de Pleinpied de Saint-Esteven. Il succédait, comme évêque de Comberans, à Messire Bernard de Marmiesse, docteur en Sorbonne.

[4] Philippe de Courcillon, abbé de Dangeau, de l'Académie française. On a de lui plus de vingt traités sur des sujets de grammaire, d'histoire et de philologie. Il fut chargé de plusieurs missions diplomatiques.

ficiers aux gardes qui avoient demandé des pensions ont été refusés, et on a retranché à la moitié celles qu'on avoit comme dans les autres corps.

La Leuvretière, gouverneur de Condé, est mort. Lignières, capitaine aux gardes, a acheté le gouvernement de Landrecies 30 000 escus.

On donnera à Mgr. le Dauphin douze gentilshommes à 2 000 escus de pension; ce seront gens choisis, de qualité, de bonnes mœurs et d'esprit, qui n'ayent guère moins de trente ans. On en a desjà nommé sept qui sont: MM. de Chiverni, Dangeau, Sainte-Maure, Florensac, Clermont, Thorigni, Ch[er] de Grignan[1]. Dieu veuille seconder leurs bonnes intentions, il en reste encore cinq à nommer.

Je crois que M. l'abbé de Feuquières sera dans peu de retour. Je ne sçais si on vous aura mandé la grossesse de ma sœur.

Le Roy part le 26 et sera vingt et un jours à son voyage. La cour n'ira qu'à Chaalons, mais le Roy et Monseigneur iront jusqu'à Vitry.

DU MÊME AU MÊME.

A Paris, le 7 mars 1680.

Je ne vous ay pas escrit depuis trois semaines, parce qu'il ne s'est rien passé de nouveau que j'aye

[1] Le nombre de ces gentilshommes, qu'on nomma *Menins* d'un mot espagnol, fut réduit à six : MM. de Dangeau, d'Antin, de Sainte-Maure, de Chiverni, de Florensac et de Grignan.

sçu. C'est aujourd'huy que le mariage de M. le Dauphin doit se consommer à Chaalons, et la cour sera
dans dix jours de retour à Saint-Germain. Ceux qui
n'ont pas suivy sont dans une grande impatience
de voir Madame la Dauphine, de laquelle on dit tous
les biens imaginables[1], et on prétend qu'ils sont
vrais; il faut le souhäitter. Les gardes n'ont pas
esté du voyage, mais on les menace d'un plus grand
vers le mois de may; je l'appréhende beaucoup.
S'il n'y en avoit point, j'irois cet été quelque temps à
l'académie, ne sçachant pas mes exercices mieux que
je ne les ay appris en Suède, c'est-à-dire, pas trop bien.
M. et Madame de Pomponne sont à Pomponne et y
resteront jusqu'au retour du Roy. Celle-cy ne m'a pas
donné encore les 100 pistoles, parce qu'elle n'a
point d'argent; je ne sçais guère que faire où je suis.

En vérité nous n'avançons guère, personne; il y
a du malheur, si ce n'est que nous ne pressions

---

[1] « Madame la Dauphine est l'objet de l'admiration. Le Roi avoit
« une impatience extrême de savoir comment elle étoit faite : il en-
« voya Sanguin, qui est un homme vrai et incapable de flatter :
« Sire, dit-il, sauvez le premier coup d'œil, et vous en serez fort con-
« tent. » Cela est dit à merveille, car il y a quelque chose à son nez
« et à son front, qui est trop long à proportion du reste et qui fait
« d'abord un mauvais effet; mais on dit qu'elle a si bonne grâce,
« de si beaux bras, de si belles mains, une si belle taille, une si
« belle gorge, de si belles dents, de si beaux cheveux, et tant d'es-
« prit et de bonté, caressante sans être fade, familière avec dignité,
« enfin tant de manières propres à charmer, qu'il faut lui pardonner
« ce premier coup d'œil. »   (Mme DE SÉVIGNÉ, Lettre du 13 mars.)

pas assez en demandant. Je mène icy la vie du
monde la plus ennuyeuse, et il vaudroit autant estre
chartreux; je voudrois bien en voir la fin, car ma
philosophie commence fort à m'abandonner là-
dessus; pour vous, vous me direz qu'il faut estre
tousjours gay et aussy content sans argent qu'avec,
parce qu'il se faut mettre au dessus de cela; mais,
pour moy, je vous avoueray franchement que je ne
trouve pas que ce soit la mesme chose, et ce que
je souhaitte me paroist d'autant plus raisonnable que
je ne voudrois avoir d'argent que pour pouvoir me
mettre un peu dans le monde, sans l'employer mal
à propos. Si vous ne voulez encore rien demander,
je ne sçais si vous amenderez vostre marché, en
attendant davantage. M. l'abbé de Feuquières doit
partir de Bretagne la première semaine; Mesdames
de Bathilly[1] et de Villeroy[2] sont aujourd'huy arrivées
de Picardie; Madame la comtesse de Feuquières[3]
sera aussy la semaine qui vient icy pour son procès.
Le jeune marquis de Valençay est mort[4], et aussy le

[1] Suzanne de Pas, sœur de M. le marquis Isaac de Feuquières,
épouse d'Antoine de Bathilly, seigneur dudit lieu et du Chesnel, maréchal de camp et gouverneur de Neufchasteau en Lorraine.

[2] Jeanne de Pas, sœur de M. le marquis Isaac de Feuquières,
femme en premières noces de Louis d'Aumale, et en secondes de
Jean de Montmorency, seigneur de Villeroy.

[3] Diane de Poix de Mazancourt, épouse de Louis de Pas, dit *le
comte de Feuquières*, maréchal des camps et armées du Roi; elle était
belle-sœur de M. le marquis Isaac de Feuquières.

[4] M. le marquis de Valençay, neveu de M. de Valençay, grand

jeune marquis du Riveau[1]; le vieux évesque de
Chaalons[2] vit encore, il me semble qu'on vous
avoit mandé, quand j'estois en Suède, qu'il estoit
mort.

———

DE M. DE FEUQUIÈRES A LOUIS XIV.*

A Stockholm, le 1er mars 1680.

Sire, il y a si longtemps que je n'ai vu mon fils
l'abbé, que je ne sçais s'il mérite les grâces de
Vostre Majesté. C'est ce qu'Elle sçaura plustost que
moi. Mais, s'il n'en est pas indigne, je la supplie
très-humblement de lui vouloir donner l'abbaye de
Bourry, qui est près de chez moi. Ce lui seroit,
Sire, un moyen d'assister les pauvres, parmi lesquels on peut assurément compter deux de ses
frères, qui m'importunent souvent de leurs besoins, et Vostre Majesté connoist les miens. Je
suis, Sire, etc.

prieur de France, était enseigne des gendarmes du Roi. « Le fils de
« Madame de Valençay, si malhonnête homme, est mort de maladie,
« comme il alloit tous les plaider : il me semble qu'on n'a pas accou-
« tumé de mourir quand tant de gens le souhaitent. »

(Mme DE SÉVIGNÉ.)

[1] Jacques-Louis de Beauveau, marquis du Riveau, enseigne des
gendarmes du Roi, fils de Jacques de Beauveau, marquis du Riveau,
capitaine des gardes suisses de Gaston de France, duc d'Orléans.

[2] Félix Vialar, évéque et comte de Châlons depuis 1640, pair de
France. Il mourut au mois de juin suivant.

DU MÊME A M. COLBERT DE CROISSY. *

A Stockholm , le 6 mars 1680.

Vous ne pouviez, Monsieur, donner part de vostre retour [1] à une personne qui en eust plus de joie ni qui soit plus aise de vous voir recueillir en repos les fruits des grands services que vous avez rendus. Vostre seul mérite me donneroit ce sentiment par l'amitié que vous me faites l'honneur de me tesmoigner, dont je vous demande instamment, Monsieur, la continuation.

Je suivrai ponctuellement tout ce que vous me prescrivez dans vostre lettre du 9 février, et ne mettrai que dans mes despesches ce qui regardera le service de Sa Majesté. Mais je vous demande la permission, Monsieur, et la consolation de pouvoir quelquefois vous écrire des lettres particulières sur ce qui touchera mes intérests, puisque ce n'est que par vous que j'ai espérance que Sa Majesté connoistra mes services. J'en userai avec retenue, dans la crainte de vous importuner, et serai avec une entière reconnoissance vostre très-humble et très-obéissant serviteur.

[1] M. Colbert de Croissy avait écrit à M. de Feuquières pour lui annoncer son retour de Bavière où il était comme envoyé extraordinaire, et sa prise de possession du portefeuille des Affaires étrangères.

DE M. LE MARQUIS DE PAS A M. DE FEUQUIÈRES.

A Paris, le 8 mars 1680.

Je respons, Monsieur, à vostre lettre du 10 février par laquelle vous me parlez du danger qu'il y
auroit de nommer à la cour le nom de survivance;
pour moy, je ne vois pas ce péril, et tout au contraire,
comme je ne vois pas le moyen d'améliorer vos affaires de 50 ou 60 000 escus, comme vous le pré-
tendez faire, je vois au moins que, tant plus nous
aurons de revenu, de quelque nature qu'il soit, tant
plus vos créanciers seront-ils sûrs d'estre payés,
puisque, n'ayant qu'une terre du nom, il faudroit
n'avoir rien au monde pour la laisser vendre. Mais,
pour revenir à cette amélioration, comment pré-
tendez-vous la pouvoir faire? C'est ce qui me fait
le plus souhaiter de vous voir, car assurément vous
avez sur tout cela de fausses vues qui vous man-
queront icy, où vous trouverez les choses sur un
pied si esloigné de celuy auquel vous les avez lais-
sées, que vous ne le cognoissez assurément pas. Je
n'attends que la fin de toutes ces sottes affaires et
le retour de la cour pour prendre des mesures
justes pour vous aller voir. J'en ay déjà parlé à
M. Colbert, qui m'a bien respondu, au prodigieux
froid près qu'il a pris en entrant dans le ministère,
aussy bien que son frère.

Ce que je vous ay mandé de vos affaires de Feuquières n'est que trop vray; elles ne sont point bien
gouvernées et vous vous trouverez court de ce
costé-là.

C'est ce soir que Monseigneur espouse, et la cour
sera de retour à Saint-Germain de demain en huit.

Je vois l'ambassadeur de Suède [1] et le verray toujours.

Pour revenir un peu à la Chambre des poisons,
dont je ne vous diray pourtant que peu de choses,
c'est qu'on leur a envoyé une ampliation de pouvoir pour cognoistre des impiétés, des avortements
et de la fausse monnoye; voilà de quoy la perpétuer. Ils reçurent hyer une lettre de cachet pour
que le procès de M. de Luxembourg soit en estat
lorsque la cour reviendra, mais pour qu'on ne le
juge pas qu'après le retour; vous jugerez aisément
ce que cela veut dire [2]. Pour moy, je vous ay desjà
mandé qu'il y a un arrest prononcé qui ordonne que je
serois confronté à ce coquin de Le Sage qui m'avoit
accusé, mais on ne me le signifie pas; c'est ce qui m'a
empesché de faire le voyage. Je ne sçais quand il leur
plaira de me le faire signifier; je sçais seulement que
je l'attends fort tranquillement. Bonjour, Monsieur;
croyez-moy pour vous comme je suis effectivement.

[1] M. Bielke.

[2] M. le maréchal de Luxembourg resta trois mois en prison. Après
son élargissement, il reçut ordre de partir pour ses terres, et ne fut
rappelé qu'au mois de juin 1681.

DE M. DE POMPONNE A M. DE FEUQUIÈRES.

A Paris, le 9 mars 1680.

Je vous escris plustost pour entretenir commerce que pour avoir rien à vous dire qui en mérite la peine : mon inutilité me met hors de toutes affaires et mesme presque hors des nouvelles. Je sçais seulement que la cour s'en va lundy à Fontainebleau et qu'elle ira au mois de juillet en Flandres. Pour moy, mes campagnes se bornent à Pomponne, où je fais estat de passer une grande partie de l'esté. C'est un nouveau genre de vie auquel il faut tascher de s'accoutumer.

Vous avez icy un nouveau correspondant en l'abbé [1], qui y est arrivé depuis peu de jours. Il y a trouvé l'affaire de M. de Luxembourg en bon estat ; le fripon qui l'avoit accusé s'est avoué luy-mesme faux accusateur et faussaire. Ainsy toute cette affaire s'esvanouit et sera apparemment bientost terminée à son entière satisfaction. Par-là vous devez estre tiré d'inquiétude pour vostre amy et pour M. vostre fils. Il faut rendre honneur à celuy-cy : il a agy avec beaucoup d'esprit, d'activité, de fermeté dans toute cette affaire, et a bien remply tout ce qu'il devoit à l'amitié de M. de Luxembourg.

[1] M. l'abbé de Feuquières, arrivé récemment à Paris de son abbaye du Relec en Bretagne.

Madame de Pomponne, pour ne pas multiplier les lettres sans nécessité, me charge de vous dire que les trois derniers mois de l'année passée de vos appointements ont été reçus. Elle en a fait acquitter une lettre de change de 1 000 escus, remis 1 000 livres au chevalier et 300 à la comtesse de Feuquières, qui est dans un très-grand besoin. On attend la signature de vostre ordonnance de 3 000 escus pour gratification ; si tost qu'elle aura eu lieu, on acquittera une lettre de change de 2 000 escus que vous avez tirée.

Je n'apprends de vos nouvelles que par les gazettes. Quand vous voudrez, vous pourrez m'en mander de plus particulières, sans toutefois vous demander le secret de l'Estat, auquel je renonce volontiers pour toujours. Adieu, je suis tout à vous.

————

DE M. DE FEUQUIÈRES A M. DE TOURMONT.

9 mars 1680.

Vostre billet du 16 février, Monsieur, me donne de la joie par l'espérance que vous demeurerez dans l'emploi. Je prie Dieu que ce soit avec tout l'avantage que vous méritez. Il me confirme aussi dans la résolution que j'ai prise de poursuivre Catillon en justice, afin que nous puissions nous servir des pièces qui nous sont nécessaires pour rembourser vos 8 000 livres et nous sortir entièrement

d'affaire, et vous estes trop équitable pour y trouver à redire. Je fais mon compte qu'elles sont entre
vos mains, parce que vostre précédent billet m'en
assure et que vous n'avez aucun sujet pour les
mettre dans les siennes. Vous verrez, par l'application que je donnerai à cette affaire que je viens à
vostre secours. Si j'avois d'autres moyens, vous
avez bien connu par mes précédentes que je les aurois volontiers employés. Je ne sçais pas quelles
sont les raisons qui empeschent ma belle-fille de
vendre la charge de sénéchal, mais il y en peut
avoir, quand ce ne seroit que celle de la mieux
vendre, et il est sûr, ayant les connoissances qu'elle
a, de la laisser faire.

Il eust esté meilleur pour moi que vous eussiez
trouvé à propos de m'avertir quatre mois plus tost
du divertissement que vous faisiez des 6 000 livres
de M. Bidal; je n'aurois pas fait de mauvais marché
par l'ignorance où j'estois de l'estat de mes affaires,
et mes amis ne se seroient pas tant aperçus de mon
chagrin. C'est tout ce que je vous en puis dire et
que je me console de tout par la confiance que je
prends en vostre amitié.

DE M. DE TOURMONT A M. DE FEUQUIÈRES.

A Villers-Cotterets, le 14 mars 1680.

Après tout ce que je me suis donné l'honneur de
vous escrire, Monsieur, au sujet de la charge de

M. vostre fils, j'avois cru vous avoir bien fait connoistre le véritable estat où est présentement cette
affaire ; mais je vois par la lettre dont vous m'avez
honoré le 10 février, ou que je me suis mal expliqué ou qu'enfin vous ne voulez pas voir tout à fait
les choses comme elles sont. Vous avez dû poser
pour principe que M. vostre fils n'estoit nullement
en estat de payer la récompense de cette charge,
lorsqu'elle luy a été donnée, et que M. le comte de
Gramont ne vouloit point absolument qu'il l'eust.
Toute la somme que M. de Rébenac pouvoit payer
d'abord estoit 13 000 livres, et le comte de Gramont
en vouloit 120 000 comptant. Il falloit donc trouver quelqu'un qui m'aidast ; j'ay trouvé Catillon, qui
l'a fait avec toute l'honnesteté[1] que l'on peut trouver
en un homme qui fait valoir son argent. Toutes les
conditions qu'il a voulu exiger de moy ont esté
que l'on luy payeroit l'intérest de son argent au denier huit, et que je fusse la caution de M. de Rébenac pour les 69 000 livres qu'il payoit pour luy à
M. le comte de Gramont. Sur la première condition,
je luy ay assez fait connoistre que je ne luy payerois
point de si forts intérests, mais qu'en fin de compte
je pouvois l'assurer que je luy donnerois satisfaction.
A l'égard de la seconde, comme j'estois desjà engagé pour 17 000 livres que j'avois fournies sur

[1] Voir la note de la page 91.

mon crédit, je ne voyois pas qu'il me fust possible de m'engager pour autres 69 000 livres. Sur ce refus, Catillon ne vouloit plus payer M. le comte de Gramont, et, après bien des allées et des venues, je l'engageay à le faire, à condition que je luy donnerois mon billet par lequel je luy promis de ne me point dessaisir du brevet de retenue et des provisions que de son consentement. Véritablement vous voulez tous que cet homme ait grand tort d'avoir exigé cette condition qui fait toute la sûreté de 69 000 livres qu'il a payées comptant, et moy je trouve qu'il a esté de bien légère créance de s'estre laissé persuader par moy sur une assurance aussy peu fondée que celle-là. Cet homme ne conçoit que trop présentement la sottise qu'il a faite, et j'ay à essuyer un peu trop souvent sa mauvaise humeur. Ainsy je suis hors d'estat présentement de le persuader de se dessaisir du seul gage qu'il peut avoir, et il ne peut assez me tesmoigner sa surprise que, dans toute la famille de M. de Rébenac, il ne se puisse trouver une seule personne qui depuis cinq mois ait voulu respondre que Catillon, en se dessaisissant des provisions et du brevet de retenue, sera payé dans deux, dans trois ou dans six mois. En cela, il a raison, je ne le puis condamner, mais en mesme temps je ne puis m'empescher de m'eslever contre l'injustice avec laquelle on veut qu'il remette le seul gage qu'il a entre les mains. Vous dites qu'en le retenant il oste le moyen de tirer les 40 000 livres; cela n'est pas tout à fait ainsy, car madame de Rébenac en a une copie collationnée qui luy peut servir à lever de l'argent; mais, quand cela seroit, pourquoy ne fait-on pas parler quelqu'un de la famille qui s'engage à Catillon, par-devant notaire, qu'en remettant le brevet, on l'assure que dans deux mois il touchera les 40 000 livres provenant du brevet? Voilà ce qu'il demande; mais au lieu de le luy accorder, on crie au tyran, à l'usurier et au juif. J'avoue qu'en mon petit particulier je suis navré de tout ce procédé, qui ne respond nullement aux espérances que j'avois données à un homme qui ne s'est engagé que sur ma parole, et que d'ailleurs je vois que l'on a eu une opiniastreté qui passe l'imagination à ne vouloir pas suivre mon projet lorsque l'on a vu l'affaire embarquée; quoique d'abord on m'en eust donné toutes les assurances possibles. On veut avoir trois charges à la fois, sans se soucier de tirer de la nasse ceux qui s'y sont embarqués.

Je continue toujours à travailler dans mon employ, quoique je n'aye point encore d'assurances positives pour l'avenir. Au nom de Dieu, Monsieur, faites que je sorte d'affaire avec Catillon, et je regarderay cela comme le plus grand bien que toute vostre famille puisse me faire, et qui me sera assurément considérable, car il est fascheux que je sois exposé comme je le suis.

DE M. DE FEUQUIÈRES A M. COLBERT DE CROISSY. *

A Stockholm, le 13 mars 1680.

Monsieur, je dois response à deux de vos lettres parce que l'ordinaire a fait un excès de diligence à m'apporter la dernière, qui est du 23 février. J'espère qu'il s'en fera une règle pour l'avenir que les jours seront assez longs. Ainsi je n'aurai plus que cinq fois à écrire avant que de recevoir response à la première; ce qui sera pourtant encore un assez grand inconvénient pour un homme qui a tant besoin d'instructions que moi.

Je vous rends grâces, Monsieur, de la nouvelle qu'il vous a plu de me mander du voyage du Roy pour un si bon sujet que celui de recevoir Madame la Dauphine. Vous sçavez mieux que moi s'il est autant utile au service de Sa Majesté qu'agréable à un ambassadeur de sçavoir de si bonne part ce qu'il y a de considérable. Faites-moi toujours, s'il vous plaist, l'honneur de me croire, Monsieur, vostre très-humble et très-obéissant serviteur.

———

DE M. LE MARQUIS DE PAS A M. DE FEUQUIÈRES.

A Paris, le 16 mars 1680.

Je responds, Monsieur, à vos lettres des 14, 16 et 21 février que j'ay reçues en mesme temps. Vous

aurez desjà sçu par mes précédentes que j'ay parlé
à M. Colbert au sujet du voyage dont vous me parlez. J'attends présentement le retour de la cour,
pour voir quelles mesures je pourray prendre avec
luy sur ce sujet, ayant depuis longtemps beaucoup d'impatience de vous voir. Je ne mèneray,
si j'y vais, que deux personnes avec moy et me
conduiray comme vous me le mandez, à moins
qu'à Amsterdam je ne trouve un vaisseau prest à
faire voile pour Gottembourg et que le temps soit
beau.

Je responds à celle du 21, et vous diray, au sujet
de mon affaire, que je n'ay jamais vu La Voisin, que
les accusations faittes contre moy sont des bali-
vernes sans fondement, dont je vous entretiendray
à fond et qui, en vérité, ne valent pas la peine
d'estre mises en chiffres, outre que cela ne se pourroit pas tout escrire en trois jours. Elles consistent
en deux chefs principaux, de sçavoir par qui j'a-
vois prié une femme, nommée Madame Vigoureux[1],
de me marier. Cette femme est morte à la question,
il y a près d'un an. Elle estoit une des hardies empoisonneuses. Je ne l'ay jamais vue qu'il y a peut-
estre deux ans qu'elle vint chez moy me dire que son
mary estoit tailleur pour femmes, qu'il servoit feu

---

[1] Marie Vandon, femme de Mathurin Vigoureux, tailleur pour
habits de femmes, condamnée à mort pour crime d'empoisonnement,
par arrêt de la Chambre de l'Arsenal, du 8 mai 1679.

ma mère[1] et que ce me seroit une grande charité si je

[1] « Antoine de Pas de Feuquières fut interrogé le 1ᵉʳ février 1680.
« Il avait été une fois chez Marie Vandon, femme de Mathurin Vi-
« goureux, tailleur de Madame de Feuquières sa mère, et il s'était
« trouvé chez la marquise du Fontet avec M. de Luxembourg, le
« jour que Le Sage y était venu. On lit dans l'*Histoire de Montmo-*
« *rency*, t. V, p. 56, la manière dont le maréchal présenta cette scène
« dans son interrogatoire. Son récit est un peu différent de celui de
« Madame du Fontet. « Interrogée le 28 janvier 1840, elle se renferma
« dans une dénégation presque absolue, et, le 6 mars suivant, elle
« déclara que, l'instruction que l'on faisait regardant le service du
« Roi, la considération du bien public l'obligeait de déclarer que
« M. le duc de Luxembourg et le marquis de Feuquières étaient ve-
« nus chez elle. M. de Feuquières, un moment après, vint lui deman-
« der du papier et de l'encre pour écrire un mot.... et ledit sieur de
« Feuquières retourna dans sa grande chambre, où ils écrivirent....
« « Peu de temps après, M. de Luxembourg, M. de Feuquières et un
« autre homme nommé du Buisson (*nom que prenait Le Sage*), mon-
« tèrent tous trois, avec un laquais qui portait un réchaud de feu,
« dans une chambre haute.... Ils firent sortir le laquais, ne demeu-
« rèrent pas longtemps dans cette chambre et sortirent ensuite sans
« parler à Madame du Fontet, et sans qu'elle ait su ce qui s'était
« passé chez elle. » Madame du Fontet ajouta que du Buisson (*Le*
« *Sage*) revint chez elle au bout de quelques jours et fut étonné de ce
« que ces Messieurs n'étaient pas revenus. Il était mécontent de n'a-
« voir reçu que dix pistoles. Madame du Fontet fit une nouvelle dé-
« claration le 12 mars suivant, de laquelle il résulte que M. de Feu-
« quières lui avait dit que du Buisson ou Le Sage était un escroc,
« qu'il lui avait fait enterrer de la cire et dix pistoles, lui promettant
« de lui faire retrouver une chose perdue, mais qu'étant retourné de-
« puis à cet endroit, il s'était aperçu que l'argent avait été enlevé. M. de
« Feuquières lui raconta enfin la mystification des billets brûlés, à
« peu près de la même manière qu'on la lit dans Désormeaux. »
Cette note, puisée dans les *Interrogatoires et déclarations* de Marie
de La Marck, femme du marquis de Fontet, mestre de camp d'un

voulois prendre pour laquais un petit garçon qu'elle
avoit avec elle et qu'elle disoit estre son fils et fil-
leul de ma mère. Mais, heureusement pour moy, je
le trouvay trop petit et n'en voulus point. Apparemment, comme elle se mesloit aussy de dire la
bonne adventure, elle leur aura dit quelque chose
qui les a obligés à me faire cet interrogatoire. Vous
voyez bien qu'il n'est pas considérable. L'autre est
le récit d'un billet bruslé en la présence de M. de
Luxembourg, de feu La Vallière et de moy, dont
un homme nommé Le Sage disoit qu'il nous rap-
porteroit la response dans trois jours, sans l'avoir
vu ; de quoy nous moquant, La Vallière emplit une
feuille de sottises, et puis on la brusla ; ce marault
dit qu'il y avoit là des choses de fort grande conséquence, et on me demanda ce que c'estoit.

Mais tout cela ne me corrigera pas du séjour de
Paris, qui est le plus beau du monde. Quant à M. de
Luxembourg, ne me demandez pas quelles sont ses
accusations, car nous ne les sçavons pas positive-
ment ; je sçais bien qu'il n'est pas empoisonneur.
Mais au moins, pour moy, soyez sans inquiétude.

Ce qui nous fit prendre 4 000 et tant de livres

régiment de cavalerie, et dans les *Manuscrits de l'Arsenal*, est de M. de
Monmerqué et se trouve, dans son excellente édition des *Lettres de
Madame de Sévigné*, au bas de la lettre où l'incrimination de M. de
Feuquières est mentionnée. Du reste, Madame de Sévigné fait bon
marché de cette accusation, en l'associant à une autre aussi vague :
« Feuquières et Madame Du Roure, dit-elle, toujours des peccadilles.»

de l'argent destiné à M. Bidal, fut que le comte de
Gramont s'étoit opposé à l'expédition des provisions de mon frère, si on n'achevoit de luy payer
17 000 livres restantes, et que, pour achever cette
somme, il nous manquoit 4 300 livres que, dans
la nécessité, nous fusmes obligés de prendre là,
parce qu'assurément, sans cela, l'affaire de mon
frère couroit fort grand risque; en effet, le comte
de Gramont, poussé par les Gassions, qui lui offroient 60 000 escus, ne cherchoit qu'un prétexte
pour faire voir au Roy que mon frère ne pouvoit
payer. Mais M. Bidal sera payé au premier jour; et
il a tort de se plaindre, puisque ce n'a esté que par
son consentement que nous nous sommes servis
de cet argent.

DE M. DE FEUQUIÈRES A LOUIS XIV.*

A Stockholm, le 20 mars 1680.

Sire, le roy de Suède a esté neuf jours à Stoc-
kolm sans sortir du chasteau, et ordinairement enfermé dans sa chambre. Je l'ai vu cinq fois, et
toujours trouvé mélancolique. Il n'a esté qu'une
fois au sénat. La pluspart des autres jours il a empesché l'assemblée en retenant auprès de lui les sénateurs qui le venoient saluer, et c'est l'unique plaisir qu'il a tesmoigné prendre dans sa capitale, si
ce n'est celui d'en sortir. Quand il venoit des dames

chez la reine, il se retiroit sans leur parler. Il a toujours esté habillé comme à la campagne. Il n'a pas
permis aux magistrats de la ville de lui faire la révérence, se retirant exprès, pour les éviter, par
des portes de derrière. Il n'a pas voulu assister à un
enterrement d'un sénateur, ce qui est contre la coutume, s'excusant sur ce qu'il n'avoit pas de carrosse, et cela a donné occasion à quelques-uns de
lui faire agréablement la cour en remarquant qu'en
cinq années il ne s'est pas servi une seule fois de
cette voiture. Il est parti à sept heures du soir, ne
voulant estre vu de personne, non plus qu'à son
arrivée; personne aussi ne s'en est empressé. La
reine, l'a accompagné jusques à Jacobsdal, c'est-
à-dire, lui à cheval et elle en carrosse, et le lendemain il a deslogé pour se rendre à Conseurc, où
l'on est persuadé qu'il n'a aucune affaire, si ce n'est,
comme ont dit de meschants plaisants, de se descharger du fardeau de la royauté et de pleurer sa
virginité. On a sçu pourtant que, bien loin de
pleurer, il a esté de bonne humeur dès qu'il s'est
vu hors de la ville, ce qui a donné occasion à d'autres de dire plus sérieusement qu'estant venu icy
contre l'avis de Guldenstiern, qui appréhendoit
cette épreuve, il se réjouissoit véritablement de
l'avoir soutenue au gré de ce ministre. Tout cela,
Sire, ne marque pas que ce prince soit aujourd'huy
les *délices du genre humain*. La reine, sa mère,

m'ayant demandé si je sçavois qu'il dust partir si brusquement, je lui ai respondu, Sire, que je m'en douttois, mais que je sçavois bien qu'il ne le falloit pas sçavoir, sur quoi elle a soupiré et est tombée, durant quelques moments, dans une tristesse visible.

DE MADAME DE POMPONNE A M. DE FEUQUIÈRES.

A Paris, le 21 mars 1680.

J'ay reçu, Monsieur, vostre lettre du 16 octobre. Je vous vois toujours fort en peine, quoy que je vous aye mandé, de sçavoir si j'avois payé les 6 000 livres de M. Bidal. Vous verrez par le compte cy-joint[1] que l'on ne peut apporter plus de soin que

Total de toute la despense jusques au dernier septembre 1679.

Cy....................................	191 925l	12s
Du 17 octobre, payé à M. Baix une lettre.....	3 000	»
Du mesme jour, payé à M. Baix une lettre.......	3 771	»
Du mesme jour, payé à M. Baix une lettre de....	300	
Du 19 décembre, payé à M. l'abbé Bidal.......	6 000	»
Du mesme jour, à l'ordre de M. du Pré, une lettre.	1 800	»
Du mesme jour, payé à M. le marquis de Pas sur sa pension, 1680.............................	1 000	»
Donné à M. le chevalier de Feuquières sur sa pension, 1680.................................	440	»
Payé pour les menus frais de l'argent reçu........	8	5
Donné à Mlle Barthélemy la rente de son frère, de 1679....................................	330	
Du 30 janvier, donné à M. le chevalier de Feuquières sur sa pension, 1680...................	560	
Payé à M. le marquis de Pas, sur sa pension, 1680.....................................	1 100	»
A reporter...................	210 234	17s

j'en ay eu à payer tout ce que vous deviez, dès que j'ay eu de l'argent, et que Messieurs vos enfants ne vous ont pas donné le temps de penser que j'avois

Report................	210 234	17 s
Du 6 février, payé une lettre de change à M. le major Anergrip...........................	360	»
Payé à M. le marquis de Pas sur sa pension de 1680	2 000	»
Donné à M. le marquis de Pas lorsque l'on croyoit qu'il feroit un voyage	1 220	»
Du 20 février, payé à M. Van Gangelt une lettre de .	3 000	»
Payé à Mamait, du 26 février, son mémoire de...	184	8
Plus je luy ay donné sur l'année courante par avance..	115	12
Du 18 mars, payé à M. Du Coudray à l'acquit de M. Aubert, que j'avois retenu de la pension de M. le chevalier de Feuquières, cy.....................	500	»
Du 22 mars, payé à M. l'abbé de Pas la pension de M. son frère le chevalier de Morcourt de	1 500	»
Plus deux lettres de change qui sont celles que vous avez tirées le 10 février, de	2 400	»
Plus j'ay rendu à Mlle Barthélemy, qu'elle dit que son frère vous a donné........................	600	»
Total de toute la despense...................	222 114	17
Toute la recette jusqu'à cejourd'huy 21 mars monte à	223 590	»
La despense à...............................	223 114	17 ¹
Partant, je n'ay plus à vous que...............	475	3 s

¹ Le total réel de la dépense, conne on le voit plus haut, par le calcul nêne de Madane de Pomponne, est de 222 114 livres 17 sous. Il y a erreur de 1 000 livres dans son second total et par suite dans la balance de la recette et de la dépense, à noins que ces 1 000 livres n'aient eu une affectation convenue entre M. de Feuquières et Madane de Ponponne, et qu'elle ne croyait pas devoir nentionner.

de l'argent à vous, car ils sont payés de toutes leurs pensions. Et, pour ce que M. de Tourmont vous a mandé que j'avois reçu 15 000 livres pour vous, vous avez vu le dernier compte que je vous ay envoyé. Quant à M. l'abbé Bidal, il estoit demeuré d'accord avec M. de Tourmont que l'on prendroit vos 6 000 livres pour trois mois seulement, pour les donner à Catillon. L'on vient de recevoir présentement 10 900 livres pour M. de Rébenac, que l'on luy a encore données; ainsy, l'on aura du temps pour le reste. Et pour l'abbé Bidal, il a desjà reçu 4 500 livres de ses 6 000 livres.

Vous verrez, par mon compte, en abrégé, que je n'ay plus à vous que 475 livres, et que, si je ne reçois pas bientost de l'argent pour vous, je ne pourray pas payer à M. de La Vie ses 1 500 livres; ce n'est pas que l'on m'a dit que l'on vous devoit bientost payer les trois derniers mois de l'année passée. Ainsy ce sera 7 900 livres que je pourray avoir à vous.

Jusques à cette heure l'on n'a point encore respondu à Monsieur vostre fils s'il vous iroit trouver ou non; cela me fait croire que l'on ne veut pas qu'il y aille. Ce ne sera pas par moy que vous recevrez des nouvelles, car j'en sçais très-peu. L'on parle d'un grand voyage qui sera bien long; lorsque l'on sera party, nous irons passer une partie de ce temps-là à Pomponne. Madame Le Vasseur m'a dit que son fils luy avoit mandé que vous estiez en peine de chercher quelqu'un pour recevoir vos appointements; il me semble que je vous ay mandé que j'avois toujours Gellin, et que je les ferois recevoir et donner à vos ordres à l'ordinaire; ainsy, mandez-moy comme vous voulez que j'en use à l'avenir, car, pour moy, cela ne me fait point de peine, et à l'espargne ils ont l'honnesteté de me faire avertir dès qu'il y a de l'argent ou pour vous ou pour M. de Rébenac. Adieu, Monsieur, je vois bien que nous ne nous verrons pas encore sitost. Tous vos enfans se portent bien, et, pour chez nous, l'on s'y porte parfaitement, Dieu mercy. M. de Pomponne a tousjours esté parfaitement bien traité les trois fois qu'il a fait en cour, et on luy a parlé avec toute l'honnesteté du monde[1].

DE M. DE TOURMONT A M. DE FEUQUIÈRES.

A Saint-Germain, le 23 mars 1680.

Est-il possible, Monsieur, que vous ayez pu m'escrire une lettre comme celle que je reçois présentement de vous du 16 février? J'en suis surpris à un point qui ne se conçoit pas; car je ne puis

[1] « Le Roi fit fort bien à M. de Pomponne, et lui parla comme à « l'ordinaire; mais d'être dans la foule après avoir vu tomber les « portes devant lui, c'est une chose qui le pénètre toujours. Ces de- « voirs-là, à quoi pourtant il ne veut pas manquer dans les occasions, « lui font une peine incroyable. » (Mme DE SÉVIGNÉ.)

pas concevoir que vous ayez pu prendre contre Catillon une résolution pareille à celle que vous me
marquez. J'ay eu l'honneur de vous dire plus de dix
fois que son affaire est la mienne, puisque je l'y ay
engagé. Nulle considération ne me le fera abandonner, et puisque vous avez donné des ordres à
M. Le Vasseur de le poursuivre, assurément je ne
remettray le brevet de retenue ni les provisions à
qui que ce soit que l'on n'ait fourny à Catillon une
caution suffisante pour ce qui luy est dû. Je suis
bien malheureux qu'après ce que j'ay fait on veuille
me jeter dans ces extrémités. Catillon, dans cette
affaire-cy, n'est ni un pirate, ni un juif, ni un arabe.
Véritablement il s'agit de récompenser une charge
et de donner 120 000 livres; M. de Rébenac a pour
toutes choses 13 000 livres ; il faut trouver le reste,
car sans cela l'on n'auroit jamais eu la charge;
Monseigneur et Madame de Pomponne en sont té-
moins, je fournis en mon particulier 17 000 livres;
je donne outre cela un billet de 21 000 livres, et je
vais trouver Catillon que j'engage à fournir le restant, sous l'espérance d'un intérest médiocre, et,
pour toute sûreté au monde, je luy donne mon
billet, par lequel je m'oblige de ne me point dessaisir du brevet de retenue et des provisions que de
son consentement ; le cas arrive que l'on en a besoin, Catillon dit qu'il le veut bien, pourvu qu'on
luy donne quelque autre sûreté; il s'offre de rece-

voir telle caution que l'on voudra luy donner, ou
de se contenter de ma parole; je ne veux point la
luy donner, parce que l'on m'a manqué une fois sur
celle que l'on m'avoit donnée de suivre mon projet;
à l'égard d'une autre caution, toute la famille entière de M. de Feuquières n'en peut ou n'en veut
point fournir depuis deux mois qu'on la demande.
Voilà le fait. Je demande qui a tort, ou de Catillon
qui a payé et qui veut avoir sa sûreté, ou de ceux
pour qui on a payé et qui la refusent. Vous ne voulez luy accorder aucuns intérests, je ne vois pas
comment vous pourrez vous en défendre; mais en
tout cas, je les luy paieray de mon propre argent,
puisque je luy en ay promis. Je crois que, sans
s'amuser à verbaliser, on auroit pu songer à des
expédients de sortir d'affaires; mais, au lieu de contribuer avec moy à finir toutes choses, on ne cherche qu'à m'outrer. J'ay cité, à la vérité, le péril
qu'a couru M. de Rébenac dans le Belt; mais je ne
suis pas assez ridicule pour croire qu'il en courre
un aussy grand dans le vin des Allemands : ainsy
ma famille et moy sommes en repos de ce costé.
Mais, Monsieur, j'ay assez fait connoistre qu'un
des hommes dont je chéris davantage l'amitié est
M. de Rébenac; tout ce mauvais traitement ne me
fera pas abandonner ses affaires; car je vous dis encore que je prends pour moy celuy que l'on fait à
Catillon, parce qu'il ne s'est engagé que par moy.

Je vais donc m'appliquer à trouver des moyens de
ne me point dessaisir des provisions ni du brevet
de retenue qu'il n'y consente. Je crois que M. de
Rébenac m'en fournit un en quelque façon par sa
dernière lettre, en me disant que l'on pourroit envoyer les provisions pour les faire enregistrer et les
faire revenir aussitost. Cet expédient se peut pratiquer; et, en ce cas, je ne feray point de difficulté
de donner ma parole à Catillon. Pour cela, je remettray les provisions entre les mains de M. Morel;
je l'obligeray à me donner un billet par lequel il
s'engagera de me les faire revenir aussitost qu'elles
auront esté enregistrées, et lorsqu'elles seront reve-
nues, je retireray la parole que j'ay donnée à Catillon. Si cet expédient ne se peut pratiquer que
par l'envoy d'un homme exprès, j'en feray la dépense; s'il ne se peut pratiquer, je songeray à quelqu'autre, comme pourroit estre celuy d'une lettre
de cachet par laquelle le Roy escriroit aux estats
que, M. de Rébenac estant détenu en Allemagne
pour son service, l'intention de Sa Majesté est
qu'ils luy accordent la donation faite à son prédécesseur. Pour celuy d'attaquer Catillon, je ne le per-
mettray en façon quelconque, parce qu'il est très-
injuste d'en user de cette manière avec un homme
à qui je soutiens que M. de Rébenac a la dernière
obligation, et sans lequel il n'auroit point eu la
charge.

Vous voyez, Monsieur, que cette affaire de Catillon me tient au cœur, parce qu'en vérité je ne
puis l'abandonner, après l'avoir engagée comme
j'ay fait, et luy ayant payé M. le comte de Gramont
avec toute la ponctualité que je pouvois souhaiter.
Au nom de Dieu, cessez de le regarder en cette affaire ni comme un arabe, ni comme un pirate, ni
comme un juif; mais aussy je crois que vous ne
pouvez pas prétendre qu'il ne luy soit point payé
d'intérests; car, par quelle raison M. de Rébenac
veut-il que cet homme luy ait fourny son argent sans
intérests, et en tirer luy-mesme de si considérables
de la charge dont il a fait le payement? Je suis avec
respect, Monsieur, vostre très-humble et très-obéissant serviteur.

DE M. DE FEUQUIÈRES A M. DE TOURMONT.

1er avril 1680.

Pour respondre, Monsieur, à vostre lettre de
Villers-Cotterets, du 14 mars, je vous dirai qu'il
faudroit que j'eusse la teste bien dure pour ne pas
comprendre l'affaire de mon fils. N'est-ce pas qu'il
ne peut pas vendre sa charge de Toul? qu'il en est
quasi de mesme de celle de sénéchal, à cause qu'on
y demande certaines attributions qui ne dépendent
pas de luy? qu'il ne peut pas se servir du brevet,
parce qu'il ne l'a pas, et qu'on y demande aussi

quelque changement ? N'est-ce pas encore que personne de la famille ne se propose pour suppléer, à ses despens, à tous ces défauts dans le terme de deux mois ? Qu'y a-t-il en tout cela, Monsieur, de quoy on se puisse plaindre d'un homme qui est à trois cents lieues de son pays ? Ce qu'il y a à faire, ce me semble, sans se disputer comme nous faisons, c'est de forcer Catillon à délivrer les provisions, avec quoi on trouvera dès cette année un fonds considérable. Qu'il prenne toutes les sûretés qu'il voudra pour recevoir tous les émoluments, on n'y trouve rien à redire, et il y a bien des expédients pour cela; mais il ne veut entendre à aucun, parce qu'il aime mieux jouir de son argent au denier huit que d'estre remboursé; c'est pourquoi je dis qu'il le faut forcer. Cependant on travaillera à vendre les charges et employer le brevet. Peut-estre arrivera-t-il quelque aventure qui bastera le paiement. C'est là, Monsieur, un chemin à suivre sans se tourmenter comme nous faisons. Du reste, Monsieur, je ne trouverai rien de mauvais en tout ce que vous ferez pour vous rembourser. Il est pourtant vrai que, si vous reteniez les appointements de l'emploi où est présentement mon fils, il se trouveroit bien embarrassé; mais n'importe, pourvu que vous ne nous querelliez pas.

M. DE TOURMONT A M. DE RÉBENAC.

A Saint-Germain-en-Laye, le 12 avril 1680.

Je commence, Monsieur, en respondant au billet que vous m'avez fait l'honneur de m'escrire le
27 du mois passé, par vous avouer que ce que vous
me dites m'a fait ouvrir les yeux, et qu'ayant bien
considéré les réflexions que vous me faites faire,
j'ay un extresme tort d'avoir escrit à Monsieur
vostre père en la manière dont je l'ay fait, puisque
l'on pouvoit donner un sens si malhonneste aux
termes dont je me suis servy. Je vous prie, au nom
de Dieu, de luy en demander très-humblement pardon pour moy, car à l'heure qu'il est, et voyant
bien effectivement le sens que l'on peut donner à
mes lettres, j'en suis si remply de honte, qu'assurément je ne me sens pas assez de force pour en escrire à Monsieur vostre père. Faites-le pour moy, je
vous en supplie, ou plustost envoyez-luy copie de
cette lettre, si vous n'aimez mieux l'envoyer en
original. Que je fusse capable, bon Dieu, d'avoir
présentement moins de respect et d'attachement
que je n'en ay eu cy-devant pour luy, et qu'on puisse
croire que je pourrois garder moins de mesure à
l'avenir pour vostre famille, il faudroit absolument
que j'eusse perdu l'esprit ou que je fusse un chien.
Mais vous connoissez mon cœur et vous jugerez,

je m'assure, que j'en suis incapable. J'ay voulu
seulement me plaindre de deux choses, l'une que
l'on n'eust pas suivy mon projet, après m'avoir
donné parole positive que l'on le feroit; la seconde,
que ce projet ayant manqué, personne de toute
vostre famille ne voulust assurer Catillon de son
payement, lorsqu'il permettroit que l'on envoyast
vos provisions et vostre brevet de retenue en Béarn.
Cela, dis-je, m'a jeté dans le désespoir; car enfin
n'étoit-ce pas vouloir me laisser seul dans l'embarras? Je dis donc et je soutiens toujours qu'en cet endroit j'ay lieu de me plaindre de vous, de Monsieur vostre père, et mesme, si je l'ose dire, de
Monseigneur et de Mme de Pomponne, qui ont vu toute
ma peine. Que hasardoient-ils de dire un mot, et
pourquoy Monsieur vostre pere n'a-t-il jamais
voulu donner ordre à quelqu'un de la famille ou de
ses amis de le faire? Je sçais fort bien que je le pouvois, puisque je suis obligé enfin de le faire; mais
de par tous les diantres, est-il honneste que vous
m'ayez réduit à cette nécessité? Mais il n'est plus
question de tout cela, il faut vous sortir d'affaires;
vous sçavez ce que j'ay desjà fait en envoyant les
provisions en Béarn, à condition qu'elles me seront
renvoyées après l'enregistrement; il faut cependant que Mme de Rébenac fasse tout ce qu'elle
pourra pour m'envoyer de l'argent et le plus qu'il
luy sera possible.

Je vous répète encore que je n'ay pas la force d'escrire à Monsieur vostre père ; au nom de Dieu, aidez-moy à faire mes excuses. Je ne crois pas en devoir faire sur ce que je me suis récrié contre la pensée de mettre Catillon en justice. Quel effet tireroit-on des poursuites que l'on feroit à un homme qui a presté son argent le plus honnestement, sinon de marquer beaucoup d'ingratitude, puisqu'il est certain que sans luy jamais vous n'auriez esté lieutenant général de Béarn ? Où auriez-vous eu un crédit ailleurs pour une somme au moins de 30 000 escus, les 10 000 autres estant fournis de vostre argent et de celuy que je vous avois emprunté ? Après avoir demandé pardon à Monsieur vostre père, je suis sûr qu'il voudra bien se ressouvenir des termes dont il s'est servy quelquefois à mon égard, et par lesquels il ne me traittoit pas avec la mesme bonté dont il m'a toujours honoré. Mais je sçais avec combien de respect je dois toujours recevoir tout ce qu'il me dira, puisqu'il n'y a personne au monde plus absolument que je ne suis à luy et à vous.

DU MÊME AU MÊME.

A Saint-Germain-en-Laye, le 12 avril 1680.

Au nom de Dieu, faites ma paix avec Monsieur vostre père, car de bonne foy j'avoue que j'ay tort, puisque l'on peut donner aux termes dont je me

suis servy un autre sens que celuy que j'ay eu dessein
qu'ils eussent. Je sçais que cela a pu le fascher; mais
sçavez-vous ce qui véritablement excite sa bile?
c'est l'entreprise que j'ay faite d'avoir disposé des
6 000 livres qui estoient à luy. Voilà le grand crime.
De cette somme il n'en est plus dû que 100 louis
d'or à M. l'abbé Bidal et je les payeray du premier
argent que je toucheray. La vérité est que M. vostre
père a cru que je luy escroquois pour vous ces
6 000 livres.

Le sieur Adam n'est arrivé que depuis trois jours;
il dit mille biens de vous, mais il ne m'a pas fort
édifié sur vostre économie : sur son rapport, vostre
maison et tout vostre domestique sont fort mal réglés. J'en ay de la douleur, car pendant que je tire
icy le diable par la queue pour vous sortir d'affaires, il est estrange que vous vous abandonniez
dans une pareille confusion. Cette prédication est
assez ridicule à vostre goust, mais je ne puis m'empescher de vous dire quels sont mes sentiments.

Vous ne sçauriez vous imaginer à quel point j'ay
lieu d'estre satisfait de la confiance que l'on prend
en moy. Adieu, Monsieur; personne au monde ne
peut estre à vous plus sincèrement que je n'y suis.

A Paris, le 15 avril 1680.

Je me donne l'honneur, Monsieur, de vous escrire de Paris, parce que je ne suis plus dans l'employ. On nous déclara enfin, il y a deux jours, que
le Roy nous donnoit des pensions, à sçavoir :
3 000 livres à M. Pachau, 2 000 à moy, et 1 000 à
M. Parère. L'on me tesmoigna en mon particulier
mille honnestetés, et enfin l'on m'assura que Sa Majesté m'employera dans les pays étrangers. Je vous
proteste, Monsieur, que j'aurois reçu cette nouvelle avec beaucoup de joie sans la réflexion que
j'ay toujours faite que c'est un malheur de n'estre
plus en estat de rendre service, et ce m'en est un
sensible de ne pouvoir plus dorénavant estre de
quelque utilité à vostre famille. J'ay fait mon devoir
jusques au dernier jour, et les dispositions sont telles
à vostre égard et à celuy de M. Rébenac que ni
l'un ni l'autre vous ne devez point songer à quitter
l'employ, mais plustost à profiter des sentiments
favorables que le Roy tesmoigne pour vous, en luy
demandant quelque grâce considérable pour vostre
famille, que vous obtiendrez assurément.

J'ay obtenu une gratification de 6 000 livres pour
M. de Rébenac, et, avec trois mois de ses appointements que j'ai reçus et que je n'ay pas voulu retenir

pour moy, j'ay fait un paiement de 10 000 livres à
Catillon; de manière que M. de Rébenac ne doit
plus en tout que 46 962 livres avec quelques intérests, sçavoir 37 900 livres à Catillon, 2 062 livres
à M. l'abbé Bidal et 7 000 livres à moy. J'ay obtenu
mesme de Catillon qu'il prendra dès à présent le
transport que M. de Rébenac luy fera des 14 000 livres de la gratification des estats de Béarn, au moyen
de quoy les intérests desdites 14 000 livres cesseront
du jour que je luy remettray le transport en moy.
Ce n'est pas peu, Monsieur, que d'avoir mis cette
affaire en cet estat-là, et si je ne m'estois donné autant de mouvement que je l'ay fait, nous ne serions
pas si avancés; car enfin les deux charges de sé-
neschal de Béarn et de lieutenant du roy de la province de Toul, ni le brevet de retenue, ne sont point
entamés. Et de bonne foy, Monsieur, pouvez-vous
croire que, si je n'avois retenu les cordeaux bien
courts, monsieur vostre fils eust fait toute l'espargne
que je l'ay nécessité de faire? Non assurément. A
l'égard des provisions que j'ay envoyées à l'insçu de
M. Catillon, Mme de Rébenac me mande qu'elle les
a reçues, qu'elle les alloit faire enregistrer et qu'elle
me les renverroit incessamment. Tout cela va le
mieux du monde et comme je le puis souhaitter. Je
vous supplie d'estre persuadé de mon profond respect et de la vérité avec laquelle je suis, Monsieur,
vostre très-humble et très-obéissant serviteur. ⬤

DE M. DE FEUQUIÈRES A M. DE TOURMONT.

A Cibu, le jeudi saint 1680.

Je vois, Monsieur, avec surprise et regret, dans vostre lettre du 23 mars, que vous estes fâché de celle que j'ai écritte à M. Le Vasseur. Je l'ai pourtant fait pour vous sortir de peine. Si vous pouviez revoir de sang-froid vos dernières et toutes les miennes, je suis assuré que vous y reconnoistriez partout cette mesme intention et que vous n'y verriez rien de moy contre Catillon qui ne soit fondé sur les vostres. C'est à quoi, sans vous importuner de redittes, je remets ma justification, laquelle je vois présentement sur ma table. Cependant je suis bien aise que Catillon admette à cette heure les expédients honnestes qu'il avoit rebutés, pour soulager mon fils. Qu'il prenne avec cela toutes ses sûretés, qu'il fasse valoir son argent à tel denier qu'il voudra, tout cela est dans l'ordre.

Je fais ce que je puis pour sortir d'embarras ; mais faudra-t-il que ma pauvreté et mon malheur me tiennent lieu de vices reprochables auprès de mes amis? Je les crois trop équitables, et je m'assure mesme qu'ils ne trouveront pas mauvais que j'emploie ma soumission à la volonté de Dieu pour soulager mon mal, sans l'augmenter par des lamentations inutiles. Voilà, Monsieur, ce que je dis, et je pense que c'est tout ce qui se peut dire.

DE M. COLBERT DE CROISSY A M. DE FEUQUIÈRES. *

A Saint-Germain-en-Laye, le 5 avril 1680.

Puisque vous souhaitez, Monsieur, connoistre
mes sentiments sur l'incertitude que vous me marquez des partis que vous avez à prendre, ou par
un plus long séjour en Suède, ou pour demander au
Roy vostre congé, je puis vous dire que je juge que
la satisfaction que le Roy tesmoigne de vos services
vous doit déterminer à les continuer. Il me paroist
que vous devez vous remettre à sa bonté pour vos
intérests particuliers, et je vous prie d'estre persuadé que je trouveray toujours bien de la joye à
pouvoir contribuer à vostre satisfaction. Si néantmoins ce que vous me marquez de la nécessité où
vous estes de donner vostre application aux affaires
de vostre famille, dont vous estes esloigné depuis
tant d'années, estoit telle qu'elle vous obligeast
absolument à souhaiter vostre congé, je ne doute
pas qu'en ce cas, et lorsque vous le demanderez à
Sa Majesté, Elle ne vous l'accordast. Ainsy, Monsieur,
vous ayant expliqué les dispositions qui me paroissent icy à vostre égard, vous voyez que vous estes
dans une pleine liberté du choix que vous aurez à
faire pour vous déterminer sur l'un ou l'autre
party. Je vous prie cependant de me croire, Monsieur, entièrement à vous.

DE M. LE MARQUIS DE PAS A M. DE FEUQUIÈRES.

A Paris, le 19 avril 1680.

J'ay fait voir à M. de Pomponne la lettre que vous adressez à l'Abbé pour Sa Majesté; on y a trouvé quelques termes à changer et on vous en renvoye un extrait pour cela, d'autant plus aisément que, quoyque la rage de La Reynie[1] soit extresme contre moy, sans que j'en sache d'autres raisons que celle qu'il est luy-mesme enragé de ne point trouver de criminels dans tout le vacarme qu'il a fait, il aura bien de la peine à faire prendre des résolutions à la Chambre qui me soient contraires. Il a encore, depuis peu de jours, fait tout son possible pour faire décréter contre moy; mais il n'a pu en venir à bout. Je vous ay mandé, l'ordinaire passé, que M. de Luxembourg se promenoit sur la terrasse de la Bastille; on nous fait toujours espérer que l'on travaillera à son affaire incontinent après Pasques.

La sortie des commis[2] vous aura sans doute sur—

---

[1] L'un des principaux commissaires de la Chambre de l'Arsenal, dans l'affaire des poisons.

[2] C'étaient MM. Pachau, de Tourmont et Parère, principaux commis de M. de Pomponne au ministère des Affaires étrangères. M. Colbert de Croissy, les trouvant sans doute trop attachés à son prédécesseur, jugea à propos de les renvoyer. M. Pachau, fut remplacé par M. Bergeret, avocat général au parlement de Metz. M. Mignon, qui avait été attaché au service de M. Colbert de Croissy pendant dix huit

pris, et celle de M. de Tourmont doit vous chagri-
ner par l'attache qu'il avoit pour les intérests de la
maison. Mademoiselle de Seignelay[1] est morte; son
père en profite de plus de 400 000 livres. M. de
Louvois part le 9 de may pour aller par Lyon en
Catalogne et de là revenir à Barèges, où j'iray aussy
dès que ces sottes affaires seront finies, parce que
ma santé est si mauvaise et mes incommodités si
grandes, qu'il faut de nécessité, avant toutes choses,
que je songe à me restablir. Je vous ay mandé desjà
que ces affaires-cy m'avoient ruiné; si vous pouvez,
Monsieur, me soulager, c'est une œuvre de charité
en ce point où je suis.

ans, succéda à M. de Tourmont. — « Vous sçavez sans doute que
« M. de Tourmont a esté choisy par M. de Louvois, pour servir le
« Roy sous luy, et qu'il a esté secrétaire des trois ambassades de M. de
« Pomponne. M. Parère, qui a servy sous MM. de Brienne et de
« Lyonne, aussy bien que sous ce dernier ministre, vient de pren-
« dre possession d'une charge de secrétaire du Roy, dans laquelle il
« a été reçu avec beaucoup de distinction. »

(*Mercure galant*, mai 1680.)

[1] Marie-Jeanne Colbert, marquise d'Aligre, fille de M. le marquis de Seignelay et de Marie-Marguerite d'Aligre. Elle mourut
en bas âge, deux ans après sa mère, et le marquisat d'Aligre
échut à Emmanuel d'Aligre, frère cadet du père de Madame de Seignelay.

DE M. LE COMTE DE RÉBENAC A M. DE FEUQUIÈRES.

A Berlin, le 26 avril 1680.

Je viens de recevoir vostre lettre du 6 de ce mois, et je vois avec peine ce que vous me mandez sur les équivoques dont on ne veut point donner l'éclaircissement. Il m'en arrive très-souvent de mesme; mais je m'en embarrasse moins que vous, parce que je ne me crois pas si responsable des fautes. J'ay soin de temps en temps de communiquer mes vues et mes pensées sur les affaires; il faut ou qu'on les condamne ou qu'on les approuve; le silence passe pour approbation, si bien que, dans l'exécution, je suis mon projet, et jette la communication que j'en ay donnée comme une autorité suffisante. Je suis persuadé que nous trouverons moins de douceurs dans nos emplois, mais peut-être aussi plus de solide et d'avantage au bout du compte[1]. Quand nous ferons de notre mieux, s'ils croyent que d'autres feroient davantage, qu'ils s'en servent.

[1] Il y a lieu de s'étonner que M. de Rébenac établisse une telle comparaison entre M. Colbert de Croissy et M. de Pomponne, sous le ministère de qui il avait trouvé, outre les douceurs dont il parle, les avantages les plus solides, ainsi qu'on l'a vu précédemment. La véritable expression de ses sentiments paraît se trouver plutôt dans sa lettre du 28 novembre 1679 (p. 10).

Je vous dis cela, parce que je me suis résolu à tous les événements. Je ne me flatte point du tout de l'avenir, et pourvu que le passé subsiste, j'auray tousjours un bon pis-aller; ce qui fait que je ne m'impatiente pas fort.

Tourmont et mon frère[1] me mandent que mes affaires vont assez bien. Ils sont si accoustumés à me dire le mauvais, et je suis si aise d'en apprendre quelque chose de bon, que je n'en demande pas d'éclaircissement et crois que tout va à souhait.

Vous aurez sçu que les provisions sont enregistrées, et, comme cela, nous sommes hors d'intrigue pour les donations[2]; car on m'assure fort qu'il n'y a rien à craindre pour moy dans ce pays-là où j'ay beaucoup d'amis. Ceux mesmes qui s'y estoient opposés commencent à parler un autre langage.

Je ne sçais rien du ménage de ma sœur[3], si ce n'est qu'elle est grosse et fort contente.

Mon frère aura, je crois, recours à vous pour quelque petit secours. Il a raison de dire qu'il a esté obligé à bien des despenses. Si je suis assez heureux pour le pouvoir aider, il sçait bien qu'il en sera le maistre absolu.

---

[1] M. le marquis de Pas.

[2] Les donations faites par les états de Béarn et auxquelles M. le comte de Rébenac prétendait comme lieutenant-général au gouvernement de cette province.

[3] Madame de La Vie.

Je tasche de profiter des bons advis que vous me donnez sur le retranchement de ma despense. Je n'ay qu'à vous dire, pour vous en faire paroistre un échantillon, qu'estant obligé de quitter la mai-son où je suis, j'offre 100 escus par mois d'une maison meublée, c'est-à-dire de tables et de lits : il est vray qu'on refuse. J'en ay arresté une autre à 600 escus par an; mais je suis obligé de la meubler presque tout entière. Messieurs mes collègues met-tent une telle cherté icy, qu'on n'y peut plus four-nir, et je vous jure que je despense, ou icy ou à Paris, ports de lettres et autres frais, plus de 16 000 escus. Je ne joue en façon du monde, et voicy mon train : un gentilhomme, un aumônier, un secrétaire, un maistre d'hostel, un cuisinier, un sommelier, un second cuisinier, un chasseur, qui sert de pourvoyeur, un sous-écuyer qui gouverne l'écurie, un valet de chambre, deux servantes, six laquais, trois palefreniers, un reste d'attelage de quatre chevaux de carrosse, sept chevaux de selle. J'attends un attelage de huit beaux chevaux que M. le duc de Zell me donne, et, jusqu'à ce que les neufs soient en service, je garderay mes quatre vieux. J'attends aussy un page dont je ne puis me passer du tout en ce pays-cy. Tout cela fait avec moy vingt-deux personnes et onze chevaux. Quand tout sera arrivé, j'auray dix-neuf chevaux et vingt-cinq personnes; je ne compte pas quelques marmitons. Il ne me paroist pas que j'en puisse avoir moins.

Ma table est ouverte sur le pied du bon ordinaire. C'est un grand plat, quatre petits et deux assiettes, relevés de rostis et entremets, tout d'un temps, et puis le fruit, qui monte haut. On ne boit point avec excès; mais le vin est excessivement cher, c'est-à-dire que la pinte de Paris revient à vingt-deux sous et demy. La viande et le pain sont assez bon marché; tout le reste hors de prix. Je pourrois, à la vérité, retrancher sur l'ordinaire; mais la bienséance m'engageroit, si cela estoit, à tant d'extraordinaire, que j'y perdrois beaucoup, et il m'arrive peu aussy d'adjouter à l'ordinaire. J'ay fait quelques repas d'éclat; je n'en feray que fort rarement. Enfin, je ne sçais comment il arrive que je n'ay jamais quinze jours devant moy et que j'en ay tousjours deux ou trois. Ce que je viens de vous dire, avec ports de lettres, habits pour moy, mais fort simples, pour livrées, louage de maison, payement de gages, gratifications, petites charités et enfin tout ce que je fais, ne va pas à moins de 16 000 escus. J'en suis estonné, en gros, et en détail je n'y trouve rien à redire; je crois mesme que vous ne trouverez rien à retrancher qu'un cheval de selle ou deux, et Monsieur le chasseur, qui est pourtant celui qui me sert le plus. Il me manque un carrosse et des harnois; je voudrois bien les avoir;

cela me dépare tout le reste; mais j'ay affaire à Paris à gens bien durs au déboursé.

J'apprends dans ce moment la disgrâce du pauvre Tourmont. Tous les commis de M. de Pomponne sont congédiés. Pachau a 4 000 livres de pension, Parère 3, et Tourmont 2[1]. Je reçus de celuy-cy, il y a deux jours, une lettre pleine de la faveur où il estoit et de la confiance qu'on avoit en luy. Il est bon de se fier aux caresses en ce pays-là! On dit que Mignon y entre et on ne sçait pas les autres. Je les trouve encore bien heureux de ce que, sçachant tout ce qu'ils sçavent, on ne les arreste pas!

Je voudrois bien pouvoir communiquer avec vous comme à l'ordinaire; mais il n'y a pas un mot qui ne doive estre chiffré.

J'ay beaucoup d'impatience que vous retourniez à Paris. La seule chose que j'en appréhende est l'honneur de vous relever, qui ne me flatte point.

Le changement de Tourmont marque bien le peu d'amour qu'on se sent pour les créatures du pré-

---

[1] On a vu par la lettre de M. de Tourmont (p. 127) le chiffre exact de ces pensions, savoir 3 000 livres à M. Pachau, 2 000 à M. de Tourmont, et 1 000 à M. Parère. Si M. de Pomponne avait prévu sa disgrâce, on peut croire qu'il aurait fait pour ses commis ce que font aujourd'hui, pour leurs secrétaires intimes, nos ministres, lorsqu'ils sentent leurs portefeuilles leur glisser des mains : il eût donné à chacun d'eux quelque bonne sinécure, comme fiche de consolation, et ne les aurait pas abandonnés à la chance, qui heureusement ne se réalisa pas, d'être arrêtés pour l'avoir bien servi.

décesseur. Pourvu encore qu'on en use honnestement avec nous et qu'on ne nous accuse pas d'a-
voir mangé le lard !

DÜ MÊME AU MÊME.

A Berlin, le 29 avril 1680.

Je vous escrivis hier si amplement[1], que ce billet
n'est que pour vous envoyer la response de Tourmont à une lettre que je luy avois escrite sur son
procédé et le style dont il se servoit quelquefois
avec vous, luy représentant que, dans la conjoncture des affaires, rien n'estoit plus aisé que de croire
qu'il vouloit se brouiller avec de vieux amis dont
il ne pouvoit plus espérer que de l'incommodité,
sans service ni faveur. Vous verrez par sa lettre
combien le fond de son cœur estoit bon. J'en ay
reçu une autre du lendemain de sa disgrâce :
il paroissoit assez satisfait ou du moins peu troublé.
Je luy sçais un gré particulier de ce que, le mesme
jour, il a fait beaucoup de pas et pris beaucoup de
peine pour moy. Enfin il me fait un compte par
lequel je suis en tout redevable sur ma charge de
46962 livres. Je n'ay jamais sçu qu'aujourd'huy

---

[1] La lettre de M. de Rébenac du 28 avril manque dans la collection; celle de M. de Tourmont dont il est question est sans doute la
lettre du 12 avril, par laquelle il se repent d'avoir écrit en termes trop
vifs à M. de Feuquières sur l'affaire du joaillier-usurier Catillon.

que l'abbé Bidal n'eust pas esté remboursé, comme
je le croyois; et je vous prie de croire que cela n'est
nullement de mon invention. On luy doit encore
2 062 livres, et Tourmont me mande qu'il en doit
ces jours-cy toucher 4 500, dont une partie sera
employée à son payement entier. Mettez-vous en
repos sur cela, je vous en supplie. Je compte donc
qu'avec les trois premiers mois de cette année, je
ne devray que 42 562 livres. Le reste de mes appointements est de 13 500; la donation de Béarn
14 000; pour les appointements du Roy, 1 800;
pour ceux de Toul, 1 800; ceux de sénéchal, 750;
cela fait en tout 31 850, qui, retirés de la somme
totale, la réduisent à 11 712, pour le payement desquels j'ay le revenu des biens de Béarn et tout le
brevet de retenue, qui est réglé et sur lequel on
trouvera l'argent, quand on le voudra. Nous n'eus-
sions jamais esté assez fous pour entreprendre le
payement des 40 000 escus en un an, si on nous eust
assurés que nous ne vendrions ni charge ni brevet
de retenue, et que M. de Pomponne seroit disgracié. Voicy donc l'encloueure. c'est qu'il est question de vivre jusques à la fin de l'année; les quatre
premiers mois sont passés, il en reste encore huit.
J'ay esté si bien aidé du bon Dieu, que, grâce à luy,
je ne dois encore rien; mais j'ay fait flèche de tout
bois, et ne prévois pas que j'aye un fonds d'un quart
d'heure. J'avois toujours cru à un présent d'où

vous seriez, je n'y crois plus et n'y compte point.
Madame de Rébenac m'enverra bien assurément;
mais les choses de ce pays-là sont si longtemps en
chemin, que, pour conclusion, et pour me guérir
l'imagination et la peur de la faim, je voudrois fort
en vérité que vous vissiez vos affaires, et aussy si
vous pouvez me laisser le maistre de 5 ou 6000 livres à Paris. Mes conditions sont qu'assurément et
sur ma parole je ne vous les devray pas trois mois,
et que le premier argent de Béarn les remplacera;
la seconde que peut-estre je n'en auray pas affaire;
car, s'il m'en vient de Béarn ou d'ailleurs, je ne m'en
serviray pas. Faittes-moy, je vous supplie, la grâce
de voir si cela se peut et de m'en rendre response
le plus tost que vous le pourrez.

Tourmont, depuis sa disgrâce, me mande que
je suis un fou à lier si je songe à sortir de l'employ,
parce qu'assurément j'y suis sur un très-bon pied.

DE M. DE FEUQUIÈRES A M. COLBERT DE CROISSY. *

A Halmstadt, le 5 mai 1680.

J'ai reçu, Monsieur, la response qu'il vous a plu
me faire à la lettre par laquelle je me remettois
entièrement sur vous du parti que je dois prendre
ou pour un plus long séjour en Suède, ou pour demander au Roy mon congé, et je me suis, Monsieur, déterminé par vostre conseil avant que d'en

avoir entièrement achevé la lecture. Puisque le Roy me fait l'honneur d'agréer mon service en Suède, je n'hésite point à le luy continuer autant qu'il plaira à Sa Majesté; et ce qui vous paroist, Monsieur, que je me dois remettre à sa bonté pour mes intérests particuliers, me mettra l'esprit en repos du costé de mes affaires, sçachant bien aussi qu'en quelque désordre qu'elles soient, Sa Majesté n'a qu'à vouloir pour les rétablir. Je suis véritablement, Monsieur, un peu pressé et par un extrême besoin et par un âge où, dans peu d'années, quelque vigueur qui me puisse rester, il est mieux séant, ce me semble, de souffrir la mauvaise fortune que de courir après une meilleure. Mais j'espère que la bonté du Roy me fera bientost grâce, et je ne suis pas moins assuré, Monsieur, que vous y contribuerez en représentant ces choses aux occasions à Sa Majesté, puisque je trouve en vous, avec une équité naturelle, toute la bonté et la générosité que je m'en estois promises. Assurez-vous, s'il vous plaist, Monsieur, que vous trouverez toujours en moi, avec tout le respect que je vous dois, toute la reconnoissance d'un homme véritablement touché de l'honneur que vous me faites et entièrement à vous.

P. S. Agréez, s'il vous plaist, Monsieur, que je vous adresse cette lettre que j'ay l'honneur d'escrire au Roy, pour la rendre, si vous le trouvez à propos.

C'est toujours pour vous tesmoigner que je me con-
fie plus en vous qu'en moi-mesme, et que je ne me
conduirai que par vos sentiments.

———

DU MÊME A LOUIS XIV.*

A Halmstadt, le 6 mai 1680.

Sire, mon ambition estant toujours de me sacri-
fier entièrement à vostre service, il me suffit d'a-
voir appris par une lettre de M. Colbert de Croissy
que Vostre Majesté me fait l'honneur d'agréer le
zèle que j'y apporte en Suède, pour me faire passer
par dessus toutes les difficultés d'un séjour dont on
se peut lasser en moins de huit années, et pour me
faire oublier les besoins que je pourrois avoir de
retourner en France. Et, s'il plaist à Vostre Majesté
de remédier à ces derniers, ce me sera, Sire, une
grâce surabondante qui me mettra mieux en estat
de m'acquitter de mes obligations. Tant s'en faut,
Sire, que je me serve de la liberté qu'elle me donne
de lui demander mon congé, que je lui offrirois de
bon cœur le reste de mes jours pour l'employer en
tous les lieux du monde, s'il ne lui estoit pas acquis.
C'est véritablement, Sire, peu de chose à un sexagénaire, mais je ne sens point encore les infirmités
de mon âge, et j'ai cette confiance que Vostre Majesté augmentera mes forces, en se souvenant de
moi dans les occasions qu'Elle fait naistre quand il

lui plaist, et desquelles mon esloignement et mon application continuelle à mon devoir m'ostent toute connoissance. Je suis, Sire, etc.

DE M. DE TOURMONT A M. DE FEUQUIÈRES.

A Paris, le 5 mai 1680.

J'ay reçu, Monsieur, la lettre que vous m'avez fait l'honneur de m'escrire le 6 du mois passé, et je vois que vous estes tousjours persuadé des mauvaises intentions de Catillon et que son dessein est de rejeter toute sorte d'expédients pour profiter plus longtemps d'un gros intérest. Je croyois vous en avoir pleinement désabusé, mais, pour le faire entièrement, je dois avoir l'honneur de vous dire qu'il se contente de toute sorte de paiement que je luy puis faire et qu'il a bien voulu mesme accepter un transport que je luy ay fait de tous les appointements de M. de Rébenac pour cette année. Je luy en feray encore un de la donation des estats de Navarre et Béarn, aussitost qu'elle aura esté réglée, et quoique ces sommes ne doivent estre payées de plus d'un an, les intérests néanmoins en cessent à l'esgard de Catillon du jour des transports. Ainsy, Monsieur, jugez par là, s'il vous plaist, si cet homme est aussy exigeant que vous vous l'estes imaginé. Mais enfin je vous rappelle encore que sans luy M. de Rébenac n'auroit jamais esté lieu-

tenant-général de Béarn. Moyennant les deux transports cy-dessus, nous ne devons plus en tout que
14 500 livres de principal et environ 3 000 livres
d'intérests, et, ce qui est au-dessus de l'imagination,
est que nous n'aurons vendu aucune des charges
ny touché au brevet de retenue. Voyez donc, Monsieur, si vous aviez grande raison de crier contre
nous et de vouloir mettre un homme en justice qui
a rendu à M. de Rébenac les plus grandes faveurs
qu'il puisse jamais recevoir. A l'esgard des intérests,
qui sont à 7 pour 100, je vous dis qu'ils ne mon-
teront pas à 3 000 livres, et, de bonne foy, y a-t-il à se
récrier, quand on considère qu'il a fourny d'abord
30 000 escus sans aucune sûreté que ma parolle?
Je m'assure que, lorsque vous aurez bien considéré
toutes ces choses, vous verrez peut-estre avec
quelque peine de m'avoir escrit en la manière dont
vous l'avez fait quelquefois, et peut-estre aussy
qu'un autre, moins passionné pour les avantages de
vostre famille et de M. de Rébenac en particulier,
auroit abandonné cette affaire. Je ne doutte pas
que vous ne vous récriiez sur ce transport des appointements pendant toutte l'année; mais il faut
une fois sortir d'affaires, et enfin ce sera à Madame
de Rébenac à pourvoir à la subsistance de M. son
mary, et à luy à mieux mesnager son fait qu'il n'a
fait les deux dernières années.

Je vois, Monsieur, par vostre lettre que vous

avez eu une véritable peine de l'audace que j'ay eue de disposer des 6 000 livres de M. l'abbé Bidal. Je l'ay réparée, mais en vérité j'ay esté surpris que vous m'ayez fait un reproche d'avoir eu recours à 2 000 escus de vostre argent pour Monsieur vostre fils, lorsque je me trouvois engagé de payer pour luy 54 000 livres.

Vous avez sçu, Monsieur, par plus d'un endroit que le lendemain que je sortis d'employ chez Monseigneur de Croissy, Monseigneur de Louvois me fit l'honneur de m'appeler à son service [1].

Je prends la liberté de me réjouir avec vous du bon estat où sont les affaires de Mgr de Luxembourg.

DU MÊME AU MÊME.

A Paris, le 16 mai 1680.

J'ay reçu, Monsieur, la lettre que vous m'avez fait l'honneur de m'escrire le 19 du mois passé, et j'y vois tousjours avec une extrême surprise que mes lettres puissent continuer à recevoir un sens tout autre que celuy que j'ay intention de leur donner. Catillon n'a nullement admis les expédients honnêtes que vous me dittes avoir proposés; il n'a jamais consenty que j'envoyasse les provisions en Béarn, parce que je ne luy donnois point d'autres sûretés pour son dû, et je n'ay pu luy en fournir,

---

[1] Voir la note de la page 131.

parce que jamais personne dans toute votre famille n'a seulement voulu venir à mon secours, mais n'a voulu m'entendre sur ce sujet. J'avoue que c'est ce qui m'a paru si estrange, qu'en vérité je ne crois pas qu'il y en ait d'exemple. L'on m'a donc forcé, contre tout ce que je devois attendre, à envoyer, à l'insçu de Catillon, ces provisions en Béarn, et à m'exposer, s'il l'eust découvert, à me faire condamner par les consuls à luy payer, en mon propre et privé nom, toute la somme qui luy estoit due. Voilà, Monsieur, l'estat où j'ay esté réduit; je vous l'ay marqué plus d'une fois, et je ne conçois pas comment vous pouvez me mander présentement que vous estes bien aise que Catillon ait admis les expédiens honnestes que vous aviez proposés et qu'il avoit rebuttés.

Je crois devoir me donner l'honneur de vous envoyer la lettre que j'escris[1], parce qu'elle vous fera voir l'estat de ses offres et que d'ailleurs elle vous justifiera la conduite de Catillon, qui ne m'a jamais paru dans tout cecy mériter les attributs que vous luy avez donnés. Je soustiens au contraire que vous luy avez une sensible obligation, puisque sans luy jamais M. de Rébenac n'auroit eu la charge de lieutenant-général de Béarn, qui fait l'establissement solide de sa fortune. Car enfin où aurois-je trouvé

---

[1] Cette lettre est celle qui suit.

un homme qui auroit pu comme luy nous avancer
80 000 escus, en recevoir le remboursement chiquette à chiquette, et enfin se contenter de 2 258 livres d'intérests depuis le mois d'octobre jusques
au 6 de celui-cy. Contribuez, s'il vous plaist, Monsieur, à faire en sorte que M. de Rébenac mesnage
mieux sa despense qu'il n'a fait jusques à cette
heure ; les 500 escus par mois que le Roy luy donne
luy devroient suffire présentement. Lorsqu'il aura
payé toutes ses dettes, qu'il fasse plus de despense,
à la bonne heure, mais à l'heure qu'il est, il faut
qu'il songe à sortir d'affaires. Je suis, avec respect,
Monsieur, vostre très-humble et très-obéissant serviteur.

DU MÊME A M. DE RÉBENAC.

A Paris, le 16 mai 1680.

Je vois, Monsieur, par la lettre que vous m'avez
fait l'honneur de m'escrire le 3 de ce mois que vous
n'avez pas esté autrement satisfait de la résolution
que Monsieur vostre frère et moy avons prise de
transporter à Catillon les trois derniers quartiers
de vos appointements de cette année. De bonne
foy, je ne vois pas quelle raison vous en avez, car
il me paroist que c'est un assez grand avantage pour
vous de faire cesser dès à présent les intérests de
cette somme, et que, d'ailleurs Madame de Rébe-

nac pourra pourvoir à vostre subsistance. Il faut
une fois examiner si vous voulez payer ou non. Si
cela est, il faut de nécessité que Madame de Rébenac
envoye de l'argent. Ne vaut-il pas mieux qu'elle
vous en envoye pour vostre subsistance, et que
nous profitions de la bonne volonté de Catillon
pour luy transporter cette somme de 13 500 livres
dont les intérests cessent dès à présent ? Aussitost
que la donation sera réglée par les estats, je la luy
transporteray de mesme, et comme je crois qu'elle
sera de 14 000 livres, nous ne luy devrons plus
qu'une somme médiocre.

J'ay compté avec luy le 6 de ce mois, qui a esté
le jour du transport. Nous luy redevions 37 900 livres, et tous les intérests, à compter du 21 octobre 1678 que j'ay traitté avec luy, se montent à
2 258 livres, ce qui n'est pas assurément excessif, car
il s'engagea d'abord pour nous à 30 000 escus, et le
premier payement que je luy ay fait de 24 000 livres
n'a esté qu'au mois de décembre. Ce que vous devez
donc présentement n'est que 24 500 livres de principal et 2 258 livres d'intérests, ce qui fait 26 758 livres, et lorsque je luy auray fait le transport des
14 000 livres de gratification, vous ne luy devrez
plus que 12 758 livres, avec quelques intérests de
cette somme de 26 758 livres depuis le 6 may jusques au jour que nous ferons ce second transport.
Il me paroist que ce n'est pas mal avoir arrangé vos

affaires, puisque, sans avoir vendu aucune de vos charges, vous serez bien près d'avoir acquitté celle de·lieutenant-général de Béarn. Il est vray qu'il faut que vous subsistiez, mais enfin il faut que Madame de Rébenac fasse de nécessité vertu; elle peut ménager sur ses revenus et faire quelques legers emprunts qu'il luy sera aisé de rembourser les années suivantes, et vous devez en vostre particulier estre plus mesnager que vous ne l'avez esté jusques à cette heure, car pourquoy diable dépensez-vous par mois au delà des 1 500 livres que le Roy vous donne?

Monsieur vostre frère vous mande la nouvelle de la sortie de M. de Luxembourg de la Bastille, mais l'ordre qu'il a reçu en mesme temps de se retirer dans une de ses terres, à trente lieues de la cour. Je suis, Monsieur, etc.

DE M·, DE FEUQUIÈRES A LOUIS XIV. *

A Halmstadt, le 19 mai 1680.

Sire, j'ai reçu mercredi la lettre du 3 de ce mois dont Vostre Majesté a eu agréable de m'honorer. Mais, comme la plupart des articles sont sur des sujets desquels j'ai desjà eu l'honneur de rendre compte à Vostre Majesté, et qu'à la vérité je suis, Sire, présentement trop ému du tour que Guldenstiern m'a fait contre sa parole, contre la justice et toute

honnesteté, pour parler d'autre chose, je supplie
humblement Vostre Majesté de me permettre que,
toute affaire cessante, j'emploie le peu de temps qui
me reste à la relation du mariage du roy de Suède [1],
duquel j'ai esté exclus, tant s'en faut qu'après les
déclarations que j'ai faites par ordre de Vostre Ma-

[1] En 1675, le roi de Suède Charles XI demanda en mariage Ulrique-Éléonore, princesse de Danemark, fille de Frédéric III et sœur
de Christian V. Mais cette alliance fut différée à cause des hostilités
survenues entre les deux couronnes. Des obstacles plus grands encore
semblaient s'opposer à cette union en 1676, par la demande que
l'empereur Léopold fit aussi de cette princesse, dont pourtant il ne
put obtenir la main. La paix, en 1679, ayant rétabli la tranquillité
dans le Nord, les deux cours ne tardèrent pas à s'occuper des arran-
gements préliminaires de ce mariage. Le roi de Danemark s'engagea
à fournir une dot de 100 000 riksdalers, indépendamment des bijoux
et autres présents de noces. La dot que Charles lui destinait et qui lui
fut accordée le lendemain du mariage, fut fixée à 32 000 riksdalers
annuels et à un douaire de 34 000. Dans le cas où la reine survi-
vrait au roi, et qu'elle voudrait alors quitter la Suède, elle aurait
232 000 riksdalers pour dédommagement. Ces articles une fois réglés,
J. Guldenstiern fut chargé d'aller chercher la jeune princesse et de
l'accompagner dans son voyage. Elle arriva le 4 avril 1680 à Elsimbourg, où la reine douairière et toute la cour se rendirent et se trouvèrent sur le port pour la recevoir. Deux jours après, le mariage
fut célébré à Skottorp en Halland. L'année suivante naquit la princesse Hedwig-Sophie, Charles XII le 7 juin 1683, et Ulrique-Éléonore en 1688, outre plusieurs princes qui moururent dans leur enfance. La reine mourut en 1692, emportant tous les regrets que lui
avaient mérités son esprit, sa clémence et surtout sa bonté, dont elle
avait donné des preuves en engageant ses bijoux durant la guerre
pour le soulagement des prisonniers suédois.

(LAGERBRING, Hist. de Suède.)

jesté, on se soit empressé de m'y convier, selon qu'Elle avoit juste sujet de le croire.

Pour ce qui est, Sire, des cérémonies, c'est si peu de chose, que, si je n'y meslois ce qui m'a em-pesché d'y assister, la relation seroit fort courte. Vostre Majesté a vu dans mes précédentes des 5, 8 et 12 de ce mois, que la reine de Suède estoit par-tie avec la maison du roy pour aller recevoir la princesse à Elsimbourg, qu'elles devoient revenir ensemble en deux journées à une maison du sieur Ornestett, nommée Skottorp, qui est à environ dix lieues de France d'icy, que, le jour mesme, le roy de Suède les iroit voir incognito et reviendroit coucher icy, et que le lendemain il devoit retourner au devant d'elles en cérémonie. C'étoit là, Sire, que j'estois disposé à l'accompagner à cheval ou en carrosse, selon le parti qu'il prendroit, ayant pré-paré l'un et l'autre, affin qu'en toutes manières je prisse le rang sur les ambassadeurs de Danemark, soit pour nos personnes soit pour nos carrosses.

Vostre Majesté a vu aussi que Ornestett et après lui J. Guldenstiern m'avoient laissé dans l'opinion qu'on chercheroit des expédients pour la cérémo-nie du mariage, desquels Vostre Majesté auroit satis-faction. Ils m'avoient les premiers fait une difficulté sur les rangs, et moi je n'avois parlé simplement que d'assister, esloignant autant que je pouvois toute question de compétence.

Le jour venu, Sire, où les reines devoient arriver à Skottorp, qui estoit jeudi, le roy de Suède sortit de grand matin, le nez dans son manteau, passa par une rue détournée, lui troisième seulement. Cela me fut rapporté bientost après, et je n'y fis pas d'autre réflexion, connoissant ses manières, et sçachant bien que, pour revenir le mesme jour, selon le projet, il n'avoit guères de temps à perdre. Néantmoins, Sire, sur les onze heures le maistre des cérémonies m'estant venu voir, et ayant affecté d'abord de me dire que le roy dormoit longtemps ce jour là, je me doutay de quelque finesse. Mais de partir sur une si foible conjecture, contre un projet qui avoit esté arresté, contre l'opinion de toute la ville, je n'y vis, Sire, nulle apparence. J'appréhendai aussi d'arriver trop tard ou de faire une équipée sur ce sujet. J'envoyai seulement un homme sur les lieux pour contenter ma curiosité. Il arriva sur les huit heures du soir, qu'on ne parloit encore de rien, et il vit seulement les ambassadeurs de Danemark qui prenoient la première audience du roy; sur les onze heures on commença à parler de nopces, et elles commencèrent à minuit. Les espousés estoient habillés de blanc. Le roy se mit à sa place et la mariée y fut menée par les deux ambassadeurs; la place estoit un pupître au milieu de la salle avec deux fauteuils, et un poesle dessus, le tout de brocard d'argent. La reine mère estoit dans un fauteuil, à main droite du roy; les ambassadeurs se tinrent debout du costé de la mariée. Toute la cérémonie dura environ une heure, après quoi on présenta des confitures, et chacun se retira. Le roy alla dans sa chambre, où il soupa avec le colonel de ses gardes et le maréchal de la reine mère; les deux reines dans celle de la reine mère, où elles soupèrent aussi. Les deux ambassadeurs soupèrent d'un autre costé avec Bent-Oxenstiern, Guldenstiern, le maréchal Aschemberg et quelques autres des principaux. On demeura ainsi séparé durant deux heures, sans danse ni autre musique que des tymbales. Et puis on coucha les mariés. Mon homme me rapporta tout cela sur les six heures du matin, et je partis, Sire, à neuf heures, envoyant devant moi un gentilhomme pour faire demander par le maistre des cérémonies audience au roy et aux reines.

Je rencontrai à la moitié du chemin Guldenstiern qui venoit icy; nos carrosses arrestèrent. Il faisoit le rieur d'une manière qu'à la vérité je trouvai choquante, disant qu'il avoit à me parler. Je lui dis: « Mettons pied à terre. » Il me proposa de retourner sur mes pas. Je lui demandai : « Est-ce que le roy vient? » Il répondit : « Je le crois. » Je répliquai: « Oh! vous le croyez! Fouette cocher! » Et nous nous séparâmes ainsi. Je ne l'ai pas vu depuis.

Estant, Sire, assez près d'arriver, je rencontrai

les ambassadeurs de Danemark qui venoient à
Hahnstadt. Nous nous saluâmes sans arrester. J'avois,
Sire, espéré que je les trouverois à Skottorp et que,
la maison estant petite, j'aurois aisément l'occasion
de les rencontrer et de prendre le pas sur eux ; mais
peut-estre qu'ils voulurent l'éviter ; car, quand mon
gentilhomme arriva, on ne parloit point encore
qu'ils dussent partir. Estant, Sire, arrivé, le maréchal du roy et le maistre des cérémonies me reçurent à la descente du carrosse et me menèrent à
la chambre du roy, à qui je fis le compliment que
Vostre Majesté verra cy-joint[1]. M. Bent-Oxenstiern,

---

[1] *Compliment de M. de Feuquières au roi de Suède.*

A Halmstadt, le 17 mai 1680.

« Sire, encores que je n'aie pas esté assez heureux pour assister à la
cérémonie du mariage de Vostre Majesté, selon l'ordre que j'en avois
du Roy mon maistre, que j'avois fait connoistre à Messieurs de vostre
conseil, néantmoins, Sire, ayant sçu jusques icy les sentiments de
Sa Majesté, je crois ne pouvoir manquer, en attendant l'honneur de
ses commandements plus exprès, d'assurer Vostre Majesté que cette
nouvelle lui sera très-agréable. Car, Sire, S. M. qui aime véritablement vostre personne, ne seroit pas entièrement satisfaite de vous
avoir fait rendre par ses armes tant de provinces et de places, si Elle
ne voyoit Vostre Majesté assurée, moyennant la grâce de Dieu, d'en
jouir plus longtemps dans la compagnie d'une princesse à qui il ne
manque rien du tout de ce qu'on peut désirer en une grande reine,
et de les laisser après soi à des princes qui ne pourront estre que très-
grands, estant issus d'un assemblage de toutes sortes de vertus. Cependant, Sire, je supplie très-humblement Vostre Majesté de me permettre de lui tesmoigner en mon particulier la double joie que j'en ai,
et comme vostre très-humble serviteur qui a essayé de vous tesmoi-

sans l'expliquer, fit la response. Il me dit pourtant un peu après qu'il l'avoit expliqué ; mais à tout hasard, j'ai, Sire, trouvé à propos depuis de le lui donner par escrit.

Au sortir de la chambre du roy, je, dis à mes conducteurs que je les suivrois partout, ne sçachant point encore le rang qu'on donneroit aux reines. Ils me menèrent inconsidérément chez la jeune ; ce qu'ayant reconnu, je leur dis qu'ils avoient donc réglé le rang des reines comme en Danemark ; ils répondirent que, tout au contraire, mais qu'ils avoient cru que j'aurois plus de curiosité de voir celle-là que l'autre ; il fallut, Sire, que je leur disse que je me deschargerois sur eux, si l'une des deux reines me sçavoit mauvais gré, sur quoi ils me firent retourner. Vostre Majesté voit par là comment chacun fait sa charge en cette cour, à commencer par le premier ministre. Je ne rapporterai point icy, Sire, les compliments que j'ai faits à ces deux princesses, parce qu'il n'y a rien de considérable.

Mais, pour revenir à l'autre, je n'ai pas cru, Sire, qu'après avoir déclaré que Vostre Majesté m'avoit commandé d'assister aux nopces, et qu'Elle ne doutoit pas qu'après cette déclaration, je n'y re-

gner son zèle en toutes les occasions, et parce que, en vérité, Sire, cet évesnement me paroist l'accomplissement du plus beau dessein du Roy mon maistre, en donnant la paix à l'Europe, et un véritable trophée de Sa Majesté. »

çusse toute satisfaction, je n'ai pas cru, dis-je, Sire, qu'après cela et après ce qui m'avoit esté dit, qui me donnoit lieu à croire qu'on y auroit esgard, je dusse passer sous silence la surprise qu'on m'a faite. Dans la suite de la conversation, le roy de Suède dit de lui-mesme qu'il s'étoit marié par le conseil de Vostre Majesté, qu'il avoit suivi la mode de France en ne faisant point de cérémonies et qu'il avoit voulu donner exemple à ses sujets pour éviter les despenses superflues. Je répondis seulement, Sire, que je croyois que tout ce qu'il faisoit estoit tousjours bien et demeurai dans le sérieux, sans donner aucune marque d'approbation ni de mécontentement qui pust faire juger auquel des deux sur mon rapport, pourroit incliner Vostre Majesté. J'observerai, Sire, la mesme conduite à cet esgard jusqu'à ce qu'il plaise à Vostre Majesté de m'honorer de ses commandements.

Je retournai, Sire, le mesme jour, qui estoit vendredi, en cette ville, ayant fait vingt lieues de France avec les mesmes chevaux. Hier, à neuf heures du matin, le roy de Suède arriva seul. Il falloit qu'il se fust levé de bonne heure, pour la seconde nuit d'un mariage, n'ayant esté couché que trois heures à la première. Ce n'est pourtant pas qu'on lui sçache aucune affaire. Les reines arrivèrent le soir, avec huit beaux carrosses et assez peu d'autre suitte.

On avoit dit que le roy iroit au devant d'elles ;
je pensois que les ambassadeurs de Danemark le
pourroient accompagner ; et, pour ne pas manquer
de m'y trouver, quoique sans estre prié ni averti,
car tout se passe en cachette de moi, j'estois sorti,
Sire, en carrosse avec des chevaux de main ; et je
me promenois, à costé du chemin, dans une
bruyère, ayant laissé des sentinelles à la porte de la
ville pour m'avertir si le roy ou les ambassadeurs
sortiroient, afin, selon cela, de me joindre à la
troupe, en carrosse ou à cheval. Mais ils ne sortirent point ; on a sans doute reconnu mon dessein ;
et il m'est bien difficile de surprendre les ambassadeurs, parce qu'ils m'évitent.

Je les vis hier chez eux après que, selon l'ordre,
ils m'eurent notifié leur arrivée. Ils ont fait une
prodigieuse despense, qui ne paroistra guère, ne
croyant pas qu'en toute la cour de trois testes cou-
ronnées·il y ait quatre cents personnes, compris
les valets. La suitte des ambassadeurs a esté si mal
réglée, qu'il n'y avoit pas de quoi faire souper tous
leurs gentilshommes le jour des nopces. Mais leur
plus grand chagrin touche, ce me semble, leur
princesse. Le roy de Suède, pour n'arriver trop
tost au rendez-vous, s'estoit arresté à chasser, au
lieu d'aller plus loin au devant d'elle, et chassa si
longtemps, quoiqu'à la vue de la maison, qu'il y
arriva une heure après elle. Il la trouva dans la

chambre de la reine sa mère; elle se baissa fort
bas, il la releva, la salua, fut un quart d'heure
avec elle, puis se retira dans sa chambre, monta
à cheval et alla voir ses troupes.

On parle de partir mardi ou mercredi, les ambassadeurs pour se séparer, le roy de Suède pour
aller en diligence voir les places du costé de Nord-
wège et les reines pour aller à Wasténa. Je ne sçais
pas encore, Sire, si je pourrai suivre le roy, qui va
tousjours en poste, ou si je prendrai ce temps-là
pour le rendez-vous que Vostre Majesté m'a commandé de prendre avec M. de Martangis.

Je viens, Sire, d'apprendre que le roy de Suède
et les ambassadeurs de Danemark avoient dessein
d'aller au devant des reines et qu'ils s'estoient pré-
parés secrètement, s'imaginant que je n'aurois pas
le temps de m'y trouver, mais qu'ayant sçu que
mes chevaux estoient sellés et mon carrosse attelé
dans ma cour, qui estoit pourtant fermée, ils
avoient changé de dessein. J'avois la pensée de ne
faire semblant de rien et de les laisser sortir, afin
de les surprendre, mais j'ai appréhendé qu'ils n'al-
lassent que jusqu'à la barrière, et de cette sorte je
n'aurois pas pu y arriver assez tost si mes gens
n'avoient pas esté prests. Il est difficile, Sire, de
parer de tels coups contre deux nations qui s'entendent contre moi et qui ne combattent que par
leur absence.

On m'a dit aussi, Sire, que Guldenstiern commence à faire réflexion sur le manquement qu'il m'a fait, qu'il prétendoit tourner en raillerie. Il n'y avoit rien de si aisé que de faire toute la cérémonie sans marquer la primauté de Vostre Majesté, quelqué soin que j'eusse pu prendre de la marquer, parce que les ambassadeurs de Danemark, qui furent tousjours du costé gauche m'auroient laissé la droite sans difficulté, et que le personnage qu'ils y faisoient ne me touchoit de rien, parce que ce n'estoit que celui de père de la mariée, qui se représente de la mesme sorte dans les mariages de la noblesse. Et en effet, quand la princesse eut à dire *oui*, elle se tourna du costé des ambassadeurs, pour leur en demander la permission par une révérence; Vostre Majesté n'auroit pris aucun intérêt à cela; en tout le reste, il n'y eut ni danse ni repas commun; enfin il n'y avoit que trop d'expédients, pour peu qu'on se fust aidé; et c'estoit ce qui me faschoit; ce premier ministre ne s'est avisé d'aucun, ou bien a voulu exprès desservir Vostre Majesté. Il en est blasmé icy tout ouvertement.

J'apprends aussi, Sire, qu'hier il a fait signer au roy le projet de tous les changements qu'il a faits dans tout le royaume, et qu'avant qu'ils s'exécutent, il tiendra ce prince en des marches continuelles, afin qu'aucun sénateur ne le puisse aborder. Je suis, Sire, etc.

DE LOUIS XIV A M. DE FEUQUIÈRES. *

A Fontainebleau, le 6 juin 1680.

M. le marquis de Feuquières, vostre lettre du 12 may dernier m'a appris l'arrivée du roy de S. à Halmstadt et les assurances que Guldenstiern vous a données du désir qu'il a de faire une étroite alliance entre moy et le roy son maistre. Je m'assure que de si bons sentiments luy auront fait trouver les moyens de vous donner à la cérémonie des nopces le rang qui est dû à vostre caractère, et que, comme il a vu luy-mesme que le roy de Danemark n'a pas hésité à contenter sur ce point le sieur de Martangis, le roy de Suède n'aura pas fait aussy de difficultés de vous donner en présence de l'ambassadeur de Danemark la place qui vous est due. Je seray bien aise d'apprendre par vos premières lettres tout ce qui se sera passé en cette occasion, à laquelle il estoit de mon service que vous fussiez présent; mais à l'avenir, dans les parties de divertissement ou de retraite que pourra faire le roy de Suède, vous ne devez le suivre qu'autant qu'il l'aura agréable, et il suffira que vous fassiez vostre séjour dans les villes les plus proches de sa demeure, pour vous rendre auprès de ce prince et l'entretenir toutes les fois que les affaires dont vous estes chargé le pourront requérir.

Je désire que vous ménagiez la bonne disposition où Guldenstiern se trouve à présent, en lui faisant entendre que tout ce qu'il vous a dit m'a pleinement persuadé qu'il entre dans les véritables intérests du roy son maistre, et que, pour luy marquer l'estime que je fais de luy, je suis bien aise que vous contribuiez, autant qu'il pourra dépendre de vous, à affermir son crédit et augmenter la confiance que le roy de Suède prend en luy. Appliquez-vous à bien reconnoistre de quelle manière le commerce se pourroit establir entre mon royanme et la Suède, pour le rendre utile et commode à mes sujets, en sorte qu'ils en puissent tirer autant ou plus de profit que les Hollandois, quoique ceux-cy soient plus voisins de la Suède, et plus œconomes. Il faut aussy sçavoir à quel prix se vend le sel de Portugal en Suède, si celuy de France ne s'y pourroit pas débiter à plus haut prix, qu'est-ce que le roy de Suède peut faire pour favoriser ce commerce et celuy des vins de France, quels droits se lèvent sur le vin qu'y portent les sujets des Provinces-Unies, et généralement tout ce qui se peut stipuler de ma part dans un nouveau traité, pour diminuer la répugnance qu'ont mes sujets à la navigation du Nord et leur y faire trouver un peu plus d'avantages.

Je reçois présentement vostre lettre du 19 may, qui m'informe de tout ce qui s'est passé à la cérémonie des nopces du roy de Suède et me fait voir qu'on n'y a point pris d'autre expédient, pour ne pas manquer au rang qui est dû à vostre caractère, que celuy de faire ce mariage secrètement et de ne vous en pas avertir. Quelque extraordinaire que soit ce procédé, il ne me donne pas lieu d'en tesmoigner aucun ressentiment, puisque, le roy de Suède n'ayant appelé que les personnes absolument nécessaires à la célébration de son mariage, et en ayant mesme retranché tous festins, danses et autres divertisse-mens, je n'aurois pas raison de trouver mauvais qu'il ne vous y eust pas invité, outre qu'il ne peut jamais y avoir de compétence entre moy et le roy de Danemark. Ainsy vous avez bien fait de ne pas tesmoigner que vous en ayez esté offensé, et vous devez vous conformer aux désirs de ce prince de la manière dont je vous l'ay ordonné par mes pré-cédentes dépesches. Sur ce, etc.

DE MADAME DE SAINT-CHAMOND A M. DE FEUQUIÈRES.

A Séméac, le 8 juin 1680.

Je reçois présentement vostre lettre commencée du 1er de may et achevée le 5e, par où je vois com-bien vous avez pensé juste, mon cher frère, sur tous les procédés de M. de Tourmont. Je suis persua-dée qu'il est honneste homme, et il a paru bon amy en tout ce qui s'est passé ; mais, comme nous l'avons

bien cru, l'appréhension de s'estre engagé un peu
hors de propos luy a fait faire des choses dont il
pouvoit bien se passer. Et ce qui m'en fasche, est
que je le crois la cause de la petite aigreur que je
vois en vos enfants pour mon frère, pour avoir re-
dit certains discours auxquels ils ont voulu donner
tout le sens le plus sinistre qu'ils ont pu, et que le
comte de Gramont n'a jamais pourtant faits que pour
suivre ses manières ordinaires de railler et de faire
sa cour; ainsy, par exemple, dans l'envie qu'il
eut, me venant voir, de me porter quelque nouvelle
qui me seroit agréable, il pressa le Roy de luy accorder la permission de mon retour à Paris, et, pour
l'y obliger, luy exagéra combien tous les Feuquières
m'obsédoient, que j'en estois enthousiasmée et qu'estant aussi éloigné de moy qu'il estoit, il couroit
risque de perdre ce qu'il en pouvoit espérer; et sur
ce sens il a pu dire quelque raillerie, ce qu'il soustient pourtant n'estre pas, que vostre fils, en qui
j'ay recognu une naturelle antipathie contre luy et
le nom de sa mère, a reslevée, ce qui m'afflige véritablement, cela n'estant point bien, puisque nous
debvrions tous estre unis comme une mesme chose;
et cela sera pour peu qu'il le veuille, ayant fort
mis le comte de Gramont dans cette disposition;
vous sçavez qu'il est bon et que vous avez toujours
vescu comme de véritables frères. Travaillez donc de
vostre costé à rendre vos enfants raisonnables là-

dessus. Le comte veut entreprendre avec chaleur de disposer les choses à faire qu'en temps et lieu M. de La Vie[1] puisse avoir la survivance de son père[2]. Vous ne pouvez me faire un plus grand plaisir, mon cher frère, que de bien travailler à les réunir; il peut, et il le voudra, leur rendre toujours quelque bon office, maintenant toujours ses manières libres avec le Roy et les ministres[3]. Un des plus considérables, qui est monseigneur de Louvois, a couché cette nuit icy où il a trouvé la maison si à son gré, qu'il ne pouvoit se lasser de le dire et de s'y promener. Nous luy avons fait bonne chère et il se loue fort de ma réception. Je le trouvay si humain et si honneste, que je ne l'avois jamais vu de mesme, et d'une grande gayeté, à quoy contribue, je crois, la guérison qu'il a trouvée à Baresges. Nous avons eu,

---

[1] Gendre de M. de Feuquières.

[2] M de La Vie, premier président du parlement de Navarre.

[3] M. le comte de Gramont était alors déjà fort bien en cour; dans la suite sa faveur, ou du moins celle de sa femme (*Élisabeth Hamilton*) s'accrut au point « que le bel air de la cour, écrivait Madame de Sévigné, « étoit d'aller a la jolie maison que le Roi avoit donnée à la comtesse « de Gramont dans le parc de Versailles (*la maison des Moulineaux*). « Le comte disoit que cela le jetoit dans une si grande dépense, qu'il « étoit résolu de présenter au Roi des parties de tous les diners qu'il y « donnoit; c'étoit tellement la mode que c'étoit une honte de n'y « avoir pas été. La comtesse alloit tous les jours dîner à Marly, et, le « soir, revenoit dans sa jolie maison vaquer à sa famille. Il étoit cer- « tain que le Roi l'avoit traitée à merveille; c'en étoit assez pour que « le monde se tournât fort de son côté. Mais le monde est bien plaisant! »

sur ce qui me regarde, une conversation assez bonne, que l'occasion a fait naistre et nullement le dessein......

———

DE M. DE TOURMONT A M. DE FEUQUIÈRES.

A Fontainebleau, le 24 juin 1680.

Celuy qui a succédé à ma commission des Affaires estrangères est un M. Mignon[1] qui estoit secrétaire de M. de Croissy, mais à qui il est défendu bien expressément d'escrire à aucun ministre du Roy au dehors.

Je travaille présentement chez M. de Louvois, et j'ay lieu d'estre extresmement satisfait de la manière dont il me traitte, et de la confiance qu'il veut bien prendre en moy. Le travail auquel il m'a destiné ne m'oblige point encore à estre toujours auprès de luy; ainsy je crois que je ne le suivray point dans le voyage que le Roy va faire. Je suis, Monsieur, avec tout le respect possible, vostre très-humble et très-obéissant serviteur.

———

DE M. LE MARQUIS DE PAS A M. DE FEUQUIÈRES.

A Paris, le 21 juin 1680.

J'ay reçu vostre lettre du 27 may, à laquelle je vas respondre en vous disant, Monsieur, qu'il est difficile de juger des impressions qui peuvent estre

[1] Voir la note de la page 131.

restées, que, par ce qui nous paroist, M. de Luxembourg est pleinement justifié, et cependant il est
disgracié; cela marque que les préoccupations que
des gens ont données sont fortes. Ne croyez pas
que j'aye eu une fierté nuisible, je n'ay eu que le
procédé d'un homme qui, se sentant fort innocent,
reçoit avec hauteur toutes les calomnies et y respond avec force : tous les juges sont contents de
moy; il n'y a que les seuls Besons et La Reynie qui
ne le peuvent estre, parce que, comme ils sont les
rapporteurs et les gens qui vouloient trouver des
coupables, ils sont fort fâchés quand, au lieu de
cela, ils trouvent des innocents; ce qui leur a encore déplu en moy, c'est que, quelques insinua-
tions qu'on ait pu me faire, quelques terreurs
qu'on ait voulu me donner, on n'a pu me contraindre à m'absenter, ce qui eust esté fort nuisible
à mes amis et à mon honneur. Voilà, Monsieur,
ce que je puis vous mander qui voüs marque le
plus ce que ç'a esté que cette affaire; la Gazette de
France n'en dit rien du tout.

Je me suis aussy bien gardé de me faire une affaire de la conservation de ma pension entière, je
ne l'ay seulement point voulu demander que tout
cecy ne fust finy, et j'ay mis un petit mot de l'estat
de vos affaires, causé par nos services à tous. Mon
placet a esté respondu bon pour 1 500 livres; ainsy
voilà 1 500 livres de plus J'attendray cet hyver

pour voir s'il se présentera quelque occasion favorable de demander. On vous informe mal quand on vous dit que le jeu me ruine[1]. Je pars incessamment pour les bains, je croyois mesme partir aujourd'huy, mais j'attends des nouvelles de Fontainebleau, où est mon oncle[2], pour sçavoir si je partiray sans voir M. de Louvois, qui est de retour de Baresges, ou si j'iray à la cour pour cela.

Il ne faut point songer aux bons partis de la ville; ils veulent compter et aiment beaucoup mieux un conseiller riche qu'un homme de qualité. J'avois eu sujet, depuis dix jours, de croire l'affaire du président[3] faite; mais, entre vous et moy, MM. les princes n'en ont point bien agy dans le fond, avec pourtant de belles apparences extérieures; ainsy je crois mesme la chose rompue. Je me console aisément de tout ce qui me manque par le mariage, estant fort convaincu que, quelque grand qu'il soit, un honneste homme doit trembler lorsqu'il s'engagé pour le reste de ses jours, et que c'est une cruelle condition que celle d'un homme marié lorsqu'il ne trouve point une humeur douce. Enfin, Monsieur, sur cela je crois que vous ne me contraindrez pas ainsy, n'estant pas assez riche pour ne

---

[1] Voir l'Introduction du t. IV, p. xxxiv et xxxv.

[2] M. l'abbé de Feuquières avait suivi la cour à Fontainebleau.

[3] On ne trouve point ailleurs dans cette correspondance le nom du président dont parle ici M. le marquis de Pas. On voit qu'il s'agit d'un mariage manqué.

chercher dans une femme que son esprit et son corps. Ne me pressez sur rien jusqu'à ce que je trouve un party dont l'extresme richesse puisse me consoler des deffauts qu'il pourroit avoir. Je crois que voicy la dernière lettre que vous recevrez de moy de Paris, au moins escritte du jour du courrier.

DU MÊME AU MÊME.

A Paris, le 1er juillet 1680.

Je respons, Monsieur, à vostre lettre du 9 juin. M. de Luxembourg est toujours à Piney[1], attendant fort tranquillement et comme un homme tel qu'il est, quelle sera l'issue de son affaire; son quartier commence aujourd'huy, et c'est M. de Duras qui continue; cela n'est pas tout à fait mauvais qu'on n'ait rien décidé avant son quartier, mais aussy dans tout cecy est-il bien difficile de faire un bon jugement. Quant à moy, quoiqu'on n'ait rien négligé pour me perdre et que l'acharnement de La Reynie ait esté outré, il n'a pourtant pas pu venir à bout de me faire du tort dans le monde, et plusieurs gens qui ne me cognoissoient que par mes ennemis, ont esté détrompés des caractères qu'on me donnoit et qu'on n'a pas trouvés en moy. Je ne sçais qui peut vous avoir mandé que ma conduite

---

[1] Bourg situé en Champagne, près de Troyes, érigé en duché-pairie en faveur de M. le maréchal de Luxembourg.

n'avoit pas esté bonne dans ma défense ; un homme innocent et calomnié peut avoir une conduite différente de celle d'un coupable suppliant, et, pour moy, j'ay paru devant ces messieurs comme un homme au-dessus de la calomnie, par la netteté et la tranquillité de mon intérieur. Ainsy, Monsieur, quoique je ne doute pas que La Reynie, qui est un fol enragé, ne donnast la moitié de son bien pour que je fusse coupable, il faut le laisser faire et, sans rien dire, ne se guère soucier de ce qu'il pourra faire, c'est là comme j'en ay usé jusques à cette heure, et souvenez-vous que je vous dis qu'il a par ses noirceurs calomnié et fait pousser trop d'honnestes gens pour qu'un jour on ne luy sache pas fort mauvais gré des pas auxquels il a engagé des gens qui ne sont pas à s'en repentir.

J'ay pris congé du Roy et de Monseigneur de Louvois pour mon voyage de Baresges, pour lequel je partiray après demain matin. C'est à vous, Monsieur, à qui j'ay l'obligation de le pouvoir faire ; vostre secours m'a esté d'une utilité extresme et sans cela j'estois fort embarrassé, ayant esté obligé cet hyver à des choses que je ne pouvois me dispenser de faire en honneur. Je suis, Monsieur, pour vous comme je dois estre.

DE MADAME DE SAINT-CHAMOND A M. DE TOURMONT.

A Séméac, le 8 juillet 1680.

Je ne puis croire, Monsieur, que, pour avoir
changé de condition, vostre cœur ne soit toujours
le mesme, et qu'il n'ait les mesmes inclinations à
obliger et à bien faire qu'il a toujours eues; j'ose
me promettre dans cette vue que vous voudrez bien
que je m'adresse à vous pour une affaire où je prends
un véritable intérest. Vous sçavez, Monsieur, que
j'ay donné par contrat de mariage à ma nièce de La
Vie 10 000 escus d'argent comptant, que M. le comte
de La Blache avoit à moy pour me les donner au
premier ordre; ce bon gentilhomme, plein d'honneur et de probité, n'a pas manqué de compter cette
somme à Lyon le 23ᵉ février à un nommé M. de
Vaux, que l'on dit estre payeur des troupes, et personne très-solvable, pour qu'il la payast, à Paris,
à l'ordre de M. le premier président de Navarre,
à qui j'en avois fait ma cession pour m'acquitter de
ma parole, et qui a voulu qu'elle luy fust comptée à
Paris. Ce M. de Vaux, après s'estre fait demander
assez souvent cet argent, est tombé malade, est
enfin mort, et ses effets ont été saisis, à ce que l'on me
mande, par le Roy. C'est un coup plus sensible pour
moy que je ne sçaurois vous le dire, non pas par
la crainte de perdre cette somme, qui m'est tous-

jours fort assurée sur M. de La Blache, mais par le
désagrément de voir M. le premier président inquiet
sur l'inexécution d'une parole sur laquelle il fon-
doit, car je le puis dire avec beaucoup de raison, je n'en ay jamais manqué à personne; cela,
joint au retardement du payement des 10 000 escus
de M. de Feuquières[1], m'afflige au dernier point,
et vous né sçauriez nous rendre à tous un service
plus important et plus agréable qu'en employant
vostre crédit et sçavoir-faire pour que mes 10 000
escus donnés par M. de La Blache à M. de Vaux se
retrouvent le plus promptement qu'il se pourra, et
qu'estant reçus par M. le premier président il ne
puisse pas s'imaginer qu'on ne luy ait promis que
des feuilles de chesne, lorsque je luy ay donné ce
que j'avois de plus sûr et de plus comptant, comme
il n'a que trop paru. Cette affaire me tient autant
à cœur que s'il y alloit de ma vie; ainsy trouvez bon
que je vous demande, Monsieur, d'agir dans cette
affaire comme vous sçavez si bien faire dans toutes
celles que vous entreprenez avec quelque chaleur;
je vous en seray sensiblement obligée, et j'ose
mesme espérer que M. de Louvois[2] ne m'y sera
pas contraire, si vous luy faites connoistre la justice de ma cause, et combien je seray sensible aux

[1] Ces 10 000 escus étaient une partie de la dot de Mademoiselle
Catherine de Pas.

[2] On a vu plus haut que M. de Tourmont était alors au service
de M. de Louvois.

bontés qu'il aura pour moy en cette rencontre.
J'attendray de vos nouvelles avec impatience, aussy
bien que les occasions de vous prouver mon estime
et le désir que j'ay de vous rendre mes services.

DE LA MÊME A M. DE FEUQUIÈRES.

A Séméac, le 21 juillet 1680.

Je reçois présentement la nouvelle de la couche
de nostre fille, qui me surprend et m'inquiète
beaucoup; elle n'estoit que dans son septiesme par
tous les calculs qu'on a pu raisonnablement faire,
et se portoit très-bien, sans qu'elle ait eu ni chûte
ni accident; il est vray qu'un petit voyage qu'elle
fit en chaise à Rébenac, pourroit bien avoir es-
branlé son enfant; enfin elle a fait une fille cette
nuit à une heure, et l'on me l'est venu dire ce matin à mon lever; son mary qui estoit venu icy dire
adieu à la comtesse, et y accompagner le marquis
de Feuquières[1], s'en alla, la nuit de devant, sur
l'avis de quelque mal de reins et d'un peu de fièvre
qu'avoit eus sa femme, et par-là il luy a donné la
consolation de se trouver à ses couches. Le pauvre
premier président pleuroit comme un enfant, ne
l'ayant jamais quittée d'un moment. J'ay encore
plus connu que je ne faisois ma tendresse pour cette

[1] M. le marquis Antoine de Pas, appelé quelquefois *marquis de
Feuquières.*

pauvre petite femme, dans la lecture de ce que l'on
m'en mande, et, si j'en avois eu la force, je serois
partie dès ce soir pour l'aller trouver. Une espèce
de choléra-morbus que j'ay eu depuis quatre jours
en suite d'un crachement de sang, qui commence,
par parenthèse, à venir fréquemment, me met dans
une assez grande foiblesse pour n'estre pas en estat d'entreprendre de faire six grandes lieues, dans
un temps de canicule où nous avons de si grandes
chaleurs, que j'ay peine à souffrir que mon neveu
aille à Baresge, où, bien que ce soit un pays de neige,
il ne laisse pas, quand il fait chaud, d'y en faire un
très-grand. Il se porte très-bien, et j'ay eu beaucoup de satisfaction de l'entendre parler de toutes
ses affaires et de celles de M. de Luxembourg; il
a bien servy celuy-cy, et a donné en cette rencontre bien des marques de son esprit, de son
cœur et de sa générosité. Je ne me souhaiterois à
Paris, mon cher frère, que parce qu'il me semble
que personne n'agiroit comme je ferois dans cette
affaire qui est sur le tapis, qui le regarde. Ce n'est
point tant l'habileté et l'esprit qui font réussir les
choses, qu'un certain soin, affection et chaleur,
qui font qu'on ne perd pas un moment du temps si
nécessaire à faire réussir un dessein; il faut le tout
remettre entre les mains de Dieu, mon cher frère,
qui sçait mieux que nous ce qui nous est nécessaire.

La comtesse de Gramont vient de partir tout à
l'heure pour s'en retourner à la cour ; il me semble
vous avoir desjà dit que j'en estois très-contente.
J'espère qu'il y aura à l'advenir une très-bonne
union parmy vostre fils et eux ; ils sont les uns et
les autres, ce me semble, sur ce pied-là, et je suis
fort persuadée que vous les y maintiendrez, et que
vous conserverez au comte de Gramont l'amitié
qui a esté tousjours entre vous deux. Vous me demandiez, par vostre dernière lettre, des nouvelles
de madame l'abbesse[1] ; elle s'en retourna, comme
je vous l'ay dit, quinze jours après l'arrivée icy de
mon frère et de ma belle-sœur ; mais ce qui vous
surprendra est que nous nous sommes séparées
assez mal pour croire qu'il n'y peut plus avoir que le
christianisme et la bienséance qui nous obligent
à maintenir seulement un commerce ; je ne puis
vous en dire d'autre cause qu'une bizarrerie d'humeur que j'ay essuyée dans tous les temps sans vouloir me rebuter ; elle a voulu colorer ses ridicules
manières d'une tendresse particulière pour M. le
comte de Gramont ; mais je crois qu'ils ont esté
assez clairvoyants, (au moins je respons de la comtesse), pour connoistre que ça esté plus le tempérament qui l'a fait agir que l'amitié ; enfin elle auroit
bien voulu que je me fusse despouillée, ou pour le

---

[1] Madame l'abbesse de Saint-Ausony, sœur de Madame de Saint-
Chamond.

moins assez liée pour n'estre plus maistresse de ce qui est si véritablement à moy; mais je me suis dispensée de cet estat si désagréable, ce qu'elle a trouvé assez mauvais pour faire cent choses si pauvres à dire, que je ne sçaurois vous en entretenir.

La petite fille a eu baptesme et l'on croit mesme qu'elle vivra.

P. S. de M. le marquis de Pas. Je suis icy, Monsieur, depuis quelques jours, et je compte, en cas que ma sœur se porte bien, m'en aller demain à Baresges, où je seray tout le plus longtemps que je pourray. S'il arrive quelque chose icy de nouveau, je vous le manderay. En attendant croyez-moy toujours pour vous comme je dois estre.

———

DE M. DE FEUQUIÈRES A LOUIS XIV. *

A Stockholm, le 31 juillet 1680.

Sire, les affaires de la Chambre de l'Arsenal font depuis six mois un bruit en Suède duquel j'avoue que la considération de mon fils qu'elle persécutoit m'a empesché de parler avant qu'il se fust justifié, de peur qu'il ne semblast que je voulusse l'aider en une occasion où il lui suffisoit de son innocence. Mais j'esprouve bien, Sire, combien il est desgoustant, lorsqu'on est touché de la gloire de la patrie,

de la voir décrier par un vilain sujet. La plus favorable interprestation qu'on donne à celui-cy est de
le comparer aux sorciers de Suède[1]. Il y a cinq ans
qu'en Suède, pour deux ou trois criminels qui
avoient esté autrefois convaincus, chacun croyoit
que la pluspart des gens alloient au sabbat ; et encores
qu'il n'y eust aucune réalité dans la multitude des
accusations, c'estoit pourtant un moyen pour satisfaire des passions particulières, et une semence de
divisions, qui n'ont pas peu contribué aux malheurs qui sont arrivés depuis. On s'imagine, Sire,
qu'il en est de mesme en France ; on en tire le
mesme augure, et il se rencontre que, par négligence ou par malice, les gazettes qui ont publié
le mal avec exagération, parlent foiblement de la
guérison. Vostre Majesté jugera, s'il lui plaist, ce qui
peut en cela toucher son service. Pour moi, Sire,
si la suspension de quelque estime, dont il me sem-
bloit que Vostre Majesté pouvoit honorer mon fils,
m'avoit cruellement affligé, je suis présentement
consolé sur la témérité que Vostre Majesté a reconnue dans les délations ; et je me flatte que la souf-
france de mon fils en cette occasion, ne faisant pas
moins de pitié à Vostre Majesté que celle de sés
blessures[2], puisqu'elle est injuste et plus grande,

[1] Voir la lettre de M. de Feuquières au Roi, du 26 avril 1676,
t. III, p. 474.

[2] Après la bataille de Saint-Denis, où il avait été grièvement blessé,

tout cela ensemble, joint à une fidélité inviolable et héréditaire d'un nombre un peu extraordinaire de générations, pourra enfin lui tenir lieu de quelque mérite qui esclairera le public. Vostre Majesté distribue la gloire à qui il lui plaist par les marques qu'Elle donne de son estime, et l'honneste ambition ne consiste plus qu'à la mériter. Si mon fils en avoit quelque autre moyen que ceux qu'il a employés jusques icy, il ne les espargneroit pas davantage qu'il a fait. C'est, Sire, tout ce que j'aurai l'honneur de dire à Vostre Majesté sur son sujet, espérant qu'Elle aura la bonté d'excuser la tendresse d'un père en une occasion si délicate. Je suis, Sire, etc.

DE LOUIS XIV A M. DE FEUQUIÈRES. *

A Valenciennes, le 7 août 1680.

Monsieur le marquis de Feuquières, j'ay reçu vostre lettre du 17 juillet, avec le mémoire que vous y avez joint touchant le commerce des métaux de Suède, et du sel et vin de mon royaume.

Quoique le sieur Bielke se soit rendu auprès de moy, il n'a rien dit jusques à présent qui marque plus d'empressement de conclure une alliance qu'il n'en a témoigné du vivant de Guldenstiern [1], et, comme

---

* M. le marquis de Pas fut obligé de prendre le repos et les soins nécessaires à sa guérison, qui fut lente et difficile.

[1] J. Guldenstiern, principal ministre de Suède, était mort quelques semaines auparavant.

il y a bien de l'apparence que le roy de Suède n'a pas révoqué jusqu'à présent l'ordre que cet ambassadeur a cy-devant eu d'agir de concert avec celuy de Danemark, il seroit inutile de luy faire aucune proposition ni ouverture jusques à ce que tous deux ensemble fassent connoistre qu'ils veulent traitter sincèrement, et qu'ils s'expliquent plus clairement qu'ils n'ont fait, des conditions que les rois leurs maistres désirent.

Il y a lieu de croire que les nouveaux ministres de Suède reconnoistront mieux que le précédent de quelle importance il est au roy leur maistre de renouveller avec moy une alliance dont la Suède s'est toujours bien trouvée[1], et, jusqu'à ce qu'ils en soient persuadés, vous ne devez témoigner ni trop de chaleur à les rechercher ni trop d'indifférence sur les avances qu'ils vous pourroient faire, mais bien autant d'estime de ma part pour l'alliance de cette couronne qu'elle me témoignera de sincérité à préférer la mienne à toute autre.

Puisque le roy de Suède a toujours tant d'attachement à la vie solitaire et qu'il aime mieux vous aller voir que de vous permettre de vous rendre auprès de luy, vous pouvez vous conformer à son humeur et traitter les affaires dont vous estes chargé en la manière qu'il désire.

---

[1] Voir l'Introduction du t. IV, p. xxxj, et la note.

La foiblesse du roy d'Angleterre augmente tous les jours. Les efforts éclatants qu'il a faits pour empescher dans Londres l'élection de deux échevins déclarés depuis longtemps contre le gouvernement, n'ont servy qu'à faire concourir tous les suffrages en leur faveur et à faire mépriser l'autorité royale par tout le peuple avec tant de fureur, qu'à peine le maire et les échevins qui ont voulu agir en faveur de cette cour, ont-ils pu éviter le ressentiment des plus emportés. Vous pouvez vous servir de cet avis, sans affectation, auprès de ceux qui s'imaginent que cette couronne me puisse donner quelque embarras[1]. Sur ce, je prie Dieu qu'il vous ait, Monsieur le marquis de Feuquières, en sa sainte garde.

DE M. LE MARQUIS DE PAS A M. DE FEUQUIÈRES.

A Pau, le 25 août 1680.

Je respons, Monsieur, à vostre lettre du 17 juillet, et, pour le faire par article, je vous diray que j'ay toujours estimé le mariage une fort bonne chose, pourvu qu'elle le fust par les advantages qu'on en retire, et il faut qu'ils soient grands pour en équivaloir les embarras et les chagrins; sur ce pied-là vous pouvez compter que je ne négligeray pas une bonne affaire, lorsque je la trouveray, mais aussy

---

[1] Un traité de ligue offensive et défensive avait été conclu, le 20 juillet précédent, entre l'Angleterre et l'Espagne, inquiétées par l'ambition de Louis XIV.

que je ne me hasteray pas d'en faire une médiocre.

Madame de Pomponne m'a suffisamment aidé
pour mon voyage, dont je vous suis très-obligé ;
j'en ay aussy un grand besoin par les raisons que je
vous ay mandées qui m'avoient mis mal dans mes
affaires.

Vous m'obligez beaucoup de me marquer vostre
sensibilité au regard de l'affaire qui m'a esté faite ; je
sçais fort bien que le manque de fermeté et la foiblesse auroient nuy à mon amy, à qui seul dans le
fond on en vouloit ; car l'on ne m'a embarrassé que
pour aggraver son affaire par ce qui pouvoit venir de
moy, mais on n'a pas trouvé ce qu'on désiroit et
je n'ay pris aucun des partis qu'on eust bien voulu
que je prisse. J'ay mis en détail ma véritable histoire à l'égard de la Vigoureux et de Le Sage ; mon
interrogatoire est conclu par un petit raisonnement
sur les deux accusations qui m'ont esté faites, par
lequel je fais voir non-seulement la fausseté de ces
accusations, mais mesme comme quoy elles ont esté
mendiées par les commissaires, et leur affectation à
me faire une affaire sans fondement. Mais, comme
cet escrit n'a esté vu de personne, que je ne l'ay
fait que pour m'en servir en temps et lieu, et
qu'outre cela il est assez long, voyez si vous voulez
que je hasarde de vous l'envoyer (pour cela, il
faudroit qu'il passast sous quelque enveloppe de
marchand, afin qu'il courust moins le risque d'estre

intercepté) ou si je le garderay pour le temps où j'iray vous voir, auquel temps quelqu'un des autres accusés aura sans doute aussy fait quelque escrit sur son affaire. Ordonnez sur cela. Ce que je sçais bien est que je donnerois beaucoup d'argent pour que vous pussiez avoir tout cecy sûrement.

Il est vray que le comte de Gramont, malgré tout ce que ma tante a pu luy dire, n'a pas esté plus tost de retour à Paris, que, sans doute par l'instigation de l'abbesse, qui haist un peu plus que le diable tout ce qui s'appelle Feuquières, et cela sans qu'on en sache d'autre raison que la peur qui luy a pris que ma tante ne nous donnast quelque chose, il a, à ce que me mande M. l'Abbé, commencé à se déchaisner contre moy avec les manières du monde les plus fortes et en disant qu'il avoit fait au Roy un portrait au naturel de moy, où il luy faisoit cognoistre toutes mes mauvaises qualités. Vous jugez bien quel temps favorable c'est prendre ; je n'ay pourtant rien respondu à cela, sinon qu'il m'avoit fait plaisir et que je le remerciois si le portrait avoit esté au naturel. Je cognois le personnage et ne puis me scandaliser de tout ce qu'il fera, y ayant plus de dix ans que personne ne s'en doit scandaliser que comme on fait des enfermés des Petites-Maisons.

Je conviens que c'est une chance malavisée, mais aussy faut-il que vous conveniez d'une chose, quoique vous ne la voyiez pas de près, que tout est si

cruellement changé, qu'on n'y comprend plus rien ;
cela augmente la nécessité qu'il y a que nous nous
voyions, et dès que je seray de retour à Paris, ce
qui sera pour la Toussaint, je prendray mes mesures pour pouvoir faire ce voyage. Vous serez sûrement surpris et aurez peine à me croire quand je
vous feray cognoistre le monde comme il est.

Le duc de Gramont tient les estats de Navarre
et sera icy dans huit jours pour ouvrir ceux de
Béarn.

Ma sœur est tout à fait guérie; elle n'est point du
tout marquée; au contraire, il se trouve que la petite vérole luy a diminué le nez; je crois qu'elle
vous escrit aujourd'huy. Vostre belle-fille me charge
de vous assurer de ses respects. Je vous souhaitte,
Monsieur, autant de santé qu'à moy, à cela près que
je seray, je crois, tousjours incommodé aux changements de temps, mais au moins je crois estre
bientost en estat de monter à cheval.

DE LOUIS XIV A M. DE FEUQUIÈRES.

A Dammartin, le 30 août 1680.

Monsieur le marquis de Feuquières, vostre lettre
du 1er de ce mois m'informe des raisons que vous
avez de demeurer à Stockholm, et celle qui me paroist la plus forte est l'assurance qu'on vous donne
que le roy de Suède y establira dans peu son sé-

jour; car, s'il estoit toujours esloigné de deux journées de sa ville capitale, j'aurois peine à croire
qu'en vous y arrestant vous pussiez insinuer à ce
prince tout ce qui seroit du bien de mon service, et
réussir dans les négociations dont vous seriez chargé
auprès de luy.

Je vous ay déjà éclaircy par mes précédentes dépesches sur le consentement que j'avois donné à ce
qu'il fust remis de ma part quelque projet de traitté
entre les mains des ambassadeurs de Suède et de
Danemark. Et comme la cause du retardement que
j'y ay apporté subsiste toujours, qui est le peu
d'empressement que l'un et l'autre tesmoignent
pour ce traitté d'alliance, il faut que les rois leurs
maistres leur envoyent ordre de commencer la négociation, s'ils désirent que de ma part on fasse les
mesmes diligences. Vous pouvez tesmoigner néantmoins à ceux qui vous en parleront que le sieur
Hœughe[1] a toujours demeuré à Paris, et que, encore
que le sieur Bielke m'ait suivy une partie de mon
voyage, néantmoins il n'a parlé d'aucune affaire.
Je veux bien néantmoins que vous assuriez ledit
roy et ses ministres que, quand il recherchera mon
alliance, j'y répondray aussy par des marques effec-
tives de l'estime particulière que je fais de la sienne.

Je suis satisfait du compte que vous me rendez de
tous les changements que le roy de Suède fait dans

[1] Ambassadeur de Danemark en France.

son conseil, et je m'assure que ceux qui le composent sont mieux intentionnés que Guldenstiern n'a
tesmoigné l'estre.

Je seray bien aise que vous m'informiez par vos
premières dépesches des desseins que vous me tes-
moignez que ces ministres pourroient avoir et des
circonstances dont vostre lettre fait mention. Comme
il ne se passe rien présentement qui me doive faire
envisager une guerre prochaine, vous ne devez pas
songer à demander que mon ambassadeur ait voix
dans le conseil de guerre, d'autant plus que l'alliance
que vous proposez a pour principal objet le maintien
de la paix.

Je vous envoie un escrit[1] qui a esté depuis peu
répandu dans Londres au sujet de l'alliance nouvellement faite entre l'Espagne et l'Angleterre, qui
peut encore beaucoup servir à faire voir au lieu où
vous estes qu'on n'en doit attendre que la ruine des
affaires du roy d'Angleterre, aussy bien que celle du
party d'Espagne en Angleterre. Sur ce, je prie Dieu
qu'il vous ait, Monsieur le marquis de Feuquières, en
sa sainte garde.

---

[1] Cet écrit ne se trouve ni aux Affaires étrangères, ni dans la collection de Madame la duchesse Decazes.

DU MÊME AU MÊME.

A Versailles, le 6 septembre 1680.

Monsieur le marquis de Feuquières, j'ay reçu vostre lettre du 4 aoust par laquelle vous m'informez des raisonnemens qu'on fait à la cour où vous estes sur les desseins que je puis avoir tant en Angleterre que dans l'Empire, et des conséquences qu'on en tire d'une guerre prochaine.

Ce que je crois devoir estre de plus réel dans ce que contient vostre dépesche est la protestation que vous m'escrivez avoir esté faitte par Bent-Oxenstiern contre le retardement d'une alliance avec moy; et les assurances que vous me donnez des bonnes intentions de ce ministre me donnent tout lieu de croire qu'il aura envoyé des ordres au sieur Bielke de tesmoigner plus d'empressement qu'il n'a fait jusques à présent pour l'avancement du traitté.

Cet ambassadeur et celuy de Danemark firent mesme hier des instances à ce qu'il leur en fust donné un projet de ma part, dont ils s'expliquèrent que le fondement devoit estre une estroitte union entre ma couronne et celles de Suède et de Danemark, et une obligation réciproque de s'entr'aider envers et contre tous ceux qui les voudroient troubler dans la possession des pays et droits dont elles jouissent à présent. Et quoyque la froideur avec laquelle ils ont négocié par le passé me donne un juste sujet d'attendre qu'ils dressent eux-mesmes les articles et conditions qu'ils désirent, de la part de leur maistre, néantmoins, si je vois qu'ils continuent à vouloir traitter sérieusement, je pourray bien prendre la résolution de leur en faciliter les moyens par le projet qu'ils demandent, et vous en serez aussytost informé. Sur ce, je prie Dieu qu'il vous ait, Monsieur le marquis de Feuquières, en sa sainte garde.

DE M. SIMON DE PAS A M. DE FEUQUIÈRES.

A Toulon, ce 10 septembre 1680.

J'ay reçu hier vostre lettre du 17 juillet qui m'a donné beaucoup de joye d'apprendre que vous vous portez bien; mais je ne sçaurois me consoler de voir que vous n'estes pas si tost prest à revenir. Ma douleur n'est pas si intéressée que vous le croyez; je sçais fort bien que vous pouvez agir pour moy de loin comme de près, et je ne suis fasché de vostre absence que parce qu'elle m'oste le plaisir de vous voir, qui m'est très-sensible, et qu'on ne peut jamais estre sûr de vostre santé par le long temps qu'on est à recevoir de vos nouvelles.

Je suis fort embarrassé à vous donner les instruc-tions pour me faire capitaine. A vous parler fran-chement, par les voies ordinaires, mon temps n'est pas encore venu; par mon mérite, je n'y dois point prétendre; n'en ayant encore donné aucunes marques particulières; il n'y a au monde qu'une grande faveur, vos sollicitations auprès du Roy, qui puissent me faire réussir; en un mot, je ne le pourray que par un coup de fortune. Pour ce qui est de la lieutenance, il seroit honteux que vous vous employassiez pour cela, on ne sçauroit me la refuser, à moins de vouloir me chasser de la marine; et je l'eusse obtenue dès l'année passée si quelqu'un en eust ouvert la bouche à M. de Seignelay; mais malheureusement M. l'abbé de Feuquières n'estoit pas pour lors à la cour, et qui que ce soit ne parla pour moy.

Je ne sçais pourquoy vous désespérez de la pension; je ne la demande point comme officier de vaisseau, c'est comme cadet d'une bonne maison, mais peu aisée et qui a toujours bien servy. Ce sont là les raisons sur lesquelles je me fonde et que je dis au Roy l'année passée; il me respondit de manière que j'espéray beaucoup, et tous ceux qui avoient entendu sa response croyoient mon affaire faite; pour moy, je vous avoue que c'est un bon endroit, et celuy qui me paroist le plus solide.

J'aurois bien eu mon congé plus tost, comme vous me mandez, mais, outre que la cour n'aime pas trop qu'on s'absente des ports l'esté et qu'on paroîsse ne s'attacher point au service, c'est que je n'avois point d'argent pour vivre à Paris.

Pour ce qui est de mes supérieurs dont vous voulez sçavoir les noms, je vous diray que ce qu'il y a de capitaines et subalternes des plus honnestes gens et des plus apparents, c'est-à-dire la haute volée, est assurément tout de mes amis; à l'égard des officiers généraux, ceux qui servent dans ces mers, sont M. Duquesne, avec qui je suis fort bien, il m'a mesme souvent offert son appuy, je perds beaucoup qu'il n'ait point de crédit[1]; les autres, sont le chevalier de Tourville et le marquis d'Amfreville, qui tous deux me tesmoignent beaucoup d'amitiés et d'honnestetés; voilà tout ce que je vous en peux dire; du reste, je ne sçaurois vous respondre; M. le comte d'Estrées, je le cognois très-peu, ayant toujours servy en Levant et luy en Ponant; je ne l'ay jamais vu qu'il y a deux ans à Saint-Germain où il m'a toujours fait beaucoup d'honnestetés, me donnant mesme des conseils pour ma conduite auprès de M. de Seignelay. Je pars demain en poste pour aller en Béarn, jusques vers la Toussaint que j'iray m'establir à Saint-Germain-en-Laye.

[1] « Duquesne fut mal récompensé, parce qu'il était protestant. « Louis XIV le lui fit sentir un jour. « Sire, lui répondit Duquesne, « quand j'ai combattu pour Votre Majesté, je n'ai pas songé si elle « était d'une autre religion que moi. » Son fils, forcé de s'expatrier « après la révocation de l'édit de Nantes, se retira en Suisse, où il « acheta la terre d'Eaubonne. Il y porta le corps de son père, qu'il « avait été obligé de faire enterrer en secret. On lit sur son tombeau : « *La Hollande a fait ériger un mausolée à Ruyter, et la France a refusé* « *un peu de terre à son vainqueur.* » (VOLTAIRE.)

DE MADAME DE SAINT-CHAMOND A M. DE FEUQUIÈRES.

De Pau, ce 17 septembre 1680.

Je commence cette lettre par vous dire. mon cher frère, n'en avoir jamais vu pour le sujet une si belle, si raisonnable, ni si fière que la vostre à l'égard de cette Chambre de l'Arsenal. Vous y dites tout ce qui s'y peut dire, et elle m'a donné un plaisir à lire que je ne sçaurois vous exprimer; j'avoue avoir grande envie de voir l'effet qu'elle aura, et que vous puissiez nous venir rendre une petite visite en ce pays; l'air en est très-bon au marquis, qui veut encore, après la fin des estats, s'aller baigner quelques jours à Bagnères, où je pourray bien aller aussy; car, bien que générallement l'on défende les eaux minérales à ceux qui craignent le mal de poitrine, je suis persuadée que le mien vient plustost de chaleur d'entrailles que de cet endroit-là; je serois morte il y a longtemps, si cela estoit; j'aurois une fièvre lente et d'autres accidents que je n'ay pas, et je crois que, si je pouvois trouver quelque chose qui me rafraîchist bien, sans gaster l'estomac, ma santé reviendroit très-bonne. La pauvre *Pimbesche*[1] est encore un peu maigre, mais sa pe-

---

[1] Sobriquet donné par Madame de Saint-Chamond à Mademoiselle Catherine de Pas dans son enfance, et qui lui était resté, dans sa famille, après son mariage.

tite vérole ne luy a fait aucun mal, et elle a le teint comme si elle n'avoit point eu cette maladie.

Mes 10 000 escus sont, je crois, comptés présentement aux gens de M. le premier président, ce qui auroit esté fait dès le commencement d'aoust si on les eust voulu recevoir à Lyon. Vous advouerez qu'il faut que M. de La Blache soit un honneste homme et bien régulier, puisque, après avoir perdu la mesme somme, il n'y a que deux mois, pour l'avoir envoyée à Paris par un homme à qui il se confioit, il n'a pas laissé d'en chercher une autre et de nous la donner aussy ponctuellement qu'il fait. Je ne doute point que vous n'ayez du chagrin de n'estre pas en estat de donner promptement ce que vous avez promis, comme je ne doute point aussy que M. de Tourmont n'employe le vert et le sec pour se tirer d'affaires sur ce qu'il a avancé ou fait avancer pour M. de Ré-benac; je l'ay connu bien aspre, sans rime ni raison, sur tout cela, et si j'en avois le temps et la force, ayant un rhume effroyable depuis quelques jours, je vous compterois comme il n'auroit pas tenu à luy de nous brouiller tous, mais vous sçavez que là où je puis avoir intérest l'on ne se brouille jamais; je vous ay mandé comme la comtesse de Gramont s'en estoit retournée, et que j'en estois contente, l'ayant trouvée et plus raisonnable et plus solide qu'elle n'estoit.

Nos estats finiront, s'il plaist à Dieu, bientost,

et je m'en retourneray, je vous assure, avec joye
à ma maison, où je prétends mener vostre fille
avec moy pour quelque temps, pourvu que M. le
premier président, qui est fort aise de l'avoir auprès de luy, le veuille bien, voulant qu'elle pré-
fère tousjours son devoir à toutes choses. Adieu,
mon cher frère, donnez-moy de vos nouvelles le
plus souvent que vous le pourrez.

DE M. LE MARQUIS DE PAS A M. DE FEUQUIÈRES.

A Pau, ce 17 septembre 1680.

Je respons, Monsieur, à vostre lettre du 31 juillet
qui m'a esté envoyée par mon frère l'abbé avec une co-
piè de ce que vous avez escrit au Roy sur mon sujet,
en quoy je ne suis point du sentiment de Rébenac,
la trouvant fort bien. J'ay fait un petit mémoire
touchant mon affaire, dans lequel je fais d'abord
ma véritable histoire de la cognoissance que j'ay
eue du Sage et de la Vigoureux; après je fais le récit
de mon interrogatoire, et puis je finis par quelques
petites réflexions; quoique cela soit escrit en petit
caractère, il ne laisseroit pas d'y avoir plus d'une
main de papier; voyez si vous voulez que je vous l'envoye; mais, si vous le voulez, donnez-moy, je vous
prie, une enveloppe autre que la vostre, pour que
ce paquet vous soit rendu sûrement; envoyez-moy
cette adresse du vieux chiffre, et, comme cela, j'y

adjousteray encore quelque chose de plus qui vous donnera une entière cognoissance de toutes les affaires ; mais prenez bien vos mesures pour la sûreté du paquet, car je serois un homme perdu s'il venoit à la cognoissance de certaines gens.

Je fais mon compte de vous aller voir à la fin de l'hiver, n'osant pas entreprendre auparavant un si grand voyage. Il est difficile de vous advertir du temps de demander des grâces, vous estes si loin, qu'il est passé quand vos lettres arrivent, et que souvent mesme les affaires sont changées de face. Lorsqu'on prendra mon oncle l'abbé pour homme de bonne volonté, on aura raison, mais, dès qu'on luy donnera une affaire à gouverner, il la gastera toujours. Toute la famille d'icy est à cette heure en bonne santé, et moy, Monsieur, pour vous comme je dois estre.

M. DE COLBERT DE CROISSY A M. DE FEUQUIÈRES.

A Versailles, ce 27 septembre 1680.

La fiebvre prit à Monseigneur lundy dernier[1] et elle ne l'a point quitté jusqu'à présent; mais elle est beaucoup moins violente, et, quoyque la ma-

---

[1] « Monseigneur tomba malade dans le temps que Madame la Dau- « phine étudioit un ballet; il fut à l'extrémité. La Reine étoit quasi « tous les jours dans sa chambre, où il n'entroit personne : en l'état « où il étoit, tout le monde l'incommodoit. » (*Mémoires de Mademoi- « selle de* MONTPENSIER.) — « Monseigneur a été guéri, écrivait le

ladie d'une personne si précieuse à l'Estat donne
toujours de grandes inquiétudes, néantmoins il y
a lieu d'espérer qu'il en sera bientost quitte et que
je pourray vous apprendre sa guérison par le premier ordinaire. Je suis, Monsieur, entièrement à
vous.

───────

DE M. LE MARQUIS DE PAS A M. DE FEUQUIÈRES.

A Pau, ce 28 septembre 1680.

J'ai reçu, Monsieur, vostre lettre du 28 aoust, et,
pour y respondre, je vous diray qu'il ne paroist
plus du tout que ma sœur ait eu la petite vérole.
Pour ce qui est de ses 10 000 escus, son mary a envoyé
sa quittance à Madame de Pomponne pour en toucher la rente; il attendra bien encore un an sans
peine, pendant lequel temps vous pourrez prendre
vos mesures, et en attendant, si vous estes en estat
d'en donner une partie, cela seroit admirable et
feroit voir au premier président que vous ne le né-
gligez pas.

Quant à vostre retraite j'en prévois présentement
le temps esloigné. Je m'en retourne à Bagnères dès
que les estats seront finis, il n'y a que cela qui

───────

7 octobre, Madame de Sévigné, par le remède de *Philippe;* que de-
viendra la Faculté? » Le remède du sieur Philippe était alors fort à
la mode; il paraît que le quinquina, découvert depuis un petit nombre
d'années, entrait pour la plus grande partie dans sa composition; on
le nommait aussi *le remède anglois.*

me tienne icy, estant, ce me semble, bon de mettre les donations sur le bon pied pour mon frère,
ce que je ne crois pourtant pas devoir souffrir la
moindre difficulté. Je me baigneray donc encore
quinze jours, et puis, après m'estre un peu remis et
reposé, car ces bains-là fatiguent beaucoup, je
reprendray le chemin de Paris où je compte estre
entre la Toussaint et la Saint-Martin; après quoy je
prendray mes mesures pour vous aller voir, ce que
je ne pourray pourtant pas faire plus tost qu'au mois
de mars, supposé que le Roy commence dans ce
temps-là le grand voyage qu'on prétend qu'il fera
l'année prochaine; je verray aussy si je pourrois
ménager que le voyage ne me coustât rien.

Je n'ay pas vu Madame de Saint-Ausony en venant, elle s'en retournoit par un costé chez elle pendant que je venois de l'autre; c'est elle qui fait la
diablessse contre tout ce qui s'appelle Feuquières,
pour lequel nom elle a une horreur si grande, qu'elle
ne sçauroit l'entendre prononcer sans la faire paroistre. Je ne sçais cela que de mes sœurs et de ma
tante mesme; ces deux sœurs s'escrivent présentement, mais il ne faut pas compter qu'elles se voient
jamais; elles ne peuvent compâtir ensemble. Je ne
me destourneray pas aussy pour la voir, car sa
haine pour moy a esté jusques à l'éclat.

Ce qui me paroist de bon pour mon frère en ce
pays-cy, c'est qu'on le souhaite, en présence mesme

du gouverneur, dont on n'est point du tout content. Aussy a-t-on un peu de raison : il n'est pas
propre à ces manéges-cy, et a fait deux autres pas
de clerc qui luy feront du tort dans les suites. Il vit
fort bien avec moy et avec mes sœurs ; nous n'avons
en nostre particulier qu'à nous en louer. Je suis
toujours pour vous, Monsieur, comme je dois
estre. Mes sœurs me chargent de vous assurer de
leurs respects.

DE M. SIMON DE PAS A M. DE FEUQUIÈRES.

A Séméac, ce 6 octobre 1680.

Selon ce que je vous manday il y a quelque
temps, vous croyez peut-estre que je suis arrivé depuis longtemps, il n'y a pourtant que quatre jours.
Je ne suis party de Toulon que dix ou douze jours
après vous avoir escrit ; de plus je croyois n'estre
que trois jours en chemin en prenant la poste, et
je n'en ay point trouvé ; ainsy, j'ay esté onze jours,
encore avec beaucoup d'incommodités ; j'ay toujours esté sur de fort mauvais chevaux de louage,
exposé à la chaleur du soleil, qui a esté si cruelle
dans ces pays-cy, que j'estois obligé de descendre
de cheval à tous les arbres que je trouvois, pour m'y
rafraîchir un moment à l'ombre ; enfin je suis arrivé
en fort bonne santé, il y a cinq jours, tout à propos
pour voir le duc de Gramont, qui achevoit de

tenir les estats; ils finirent avant-hier par un bel
endroit, en faisant à Rébenac la mesme donation
qu'ils faisoient à M. le comte de Toulongeon. Le
duc de Gramont est party le mesme jour, et Madame de Saint-Chamond le lendemain, qui estoit
hier, pour venir icy où elle a voulu que je l'accom-
pagnasse. Je l'honorois beaucoup avant de la connoistre, mais depuis que je l'ay vue, c'est tout
autre chose; je n'ay jamais vu une si aimable
femme, et pour nous autres surtout, car elle aime
tout ce qui s'appelle Feuquières d'une tendresse
extraordinaire. Toute nostre famille béarnoise est,
je vous assure, aussy fort aimable; Madame de Rébenac est la meilleure femme que Dieu ait créée; je
l'ay laissée à Pau avec mon frère aisné; ils seront,
je crois, icy demain, pour de là aller prendre les
eaux à Bagnères, qui n'est qu'à trois lieues. M. de
La Vie le fils est aussy un fort honneste homme, bien
tourné et qui a de l'esprit beaucoup; sa femme
l'aime tout ce qui se peut; enfin, tout est fort bon,
et je n'ay rien vu dont vous ne fussiez très-content.
Ma sœur vient icy dans peu de jours, pour y rester
jusqu'à ce que son mary soit revenu d'un petit
voyage qu'il va faire à Bordeaux; elle a bien de la
peine à se remettre de sa maladie qui a esté fort
grande. Voilà tout ce que je vous puis dire du Béarn,
qui me paroist fort sauvage et habité par des gens
féroces et fort mal aisés à vivre. Je crois que ma

sœur en a tiré tout ce qu'il y avoit de bon pour homme, et Rébenac ce qu'il y avoit de bon pour femme.

Je ne sçais quand je partiray pour. m'en .aller à Paris, ou pour mieux dire à Saint-Germain , car de séjour à Paris, je crois que je n'y en feray guère, cela dépendra du temps que mon frère restera aux eaux; nous nous en irons ensemble; je crois que cela ne passera point la. fin du mois. Je vous ay écrit ce que je croyois de mon avancement, j'attends vostre résolution là-dessus. Si vous croyez n'avoir pas assez de ce que je vous ay mandé estre nécessaire pour le saut que je voudrois faire[1], gardez-vous bien d'écrire pour la lieutenance, il seroit honteux que vous employassiez vostre crédit pour si peu de chose, le mien suffit; on vous feroit valoir pour grâce une chose qu'on ne sçauroit me refuser, et que je devrois avoir dès l'année passée, et cela sans grâce. Quoy que vous en disiez, je ne sçaurois m'empescher de souhaiter vostre retour avec ardeur.

DE M. DE FEUQUIÈRES A LOUIS XIV.

A Stockholm, le mercredy 23 octobre 1680.

Sire, ma response à la lettre du 7 de ce mois dont il a plu à Vostre Majesté de m'honorer, se

----

[1] Voir la lettre de M. Simon de Pas du 10 septembre, p. 186.

trouvera meslée dans le compte cy-dessous de toute la semaine, parce qu'avant de l'avoir reçue, j'avois commencé à traitter les mesmes affaires.

Ma dernière, Sire, marquoit qu'il avoit esté fait mention très-honorable de Votre Majesté dans l'ouverture de la Diette. J'en fis, le lendemain, compliment au roy de Suède et il commanda à M. Bent-Oxenstiern de me donner des extraits de la harangue et de la proposition[1]. Les voicy, Sire, en original avec la traduction; M. l'ambassadeur pourra dire si elle est fidèle. Cependant, Sire, j'assurerai

---

[1] *Extrait de la harangue de M. le comte Bent-Oxenstiern à l'assemblée des estats, le 5 octobre* 1680.

« L'amitié du Roi Très-Chrestien et l'assistance qu'il a donnée, en vertu de l'alliance, ont aussy esté d'un très-bon effet, tant dans le cours de la guerre que dans la négociation de la paix; c'est pourquoi Sa Majesté ne se contente pas d'en conserver le souvenir avec reconnoissance, mais Elle veut encore en faire mention dans cette assemblée générale des estats de son royaume, affin qu'ils en fassent aussy le cas et l'estime qu'ils doivent. »

Extrait de la proposition de Sa Majesté aux estats du royaume.

« Sa Majesté, en faisant mention de tout cecy et du bon succès qu'ont eu les traittés de paix qu'on a conclus l'un après l'autre, ne peut s'empescher de témoigner l'estime que mérite la constance avec laquelle le Roy Très-Chrestien a soutenu ses intérests, l'ayant aidé autant qu'il estoit possible et comme un fidèle allié, à surmonter les difficultés qui s'opposoient à une paix honneste et raisonnable, et n'ayant point voulu mettre les armes bas que Sa Majesté n'ait aussy esté en estat de le faire avec sa satisfaction. »

Vostre Majesté que le sens qui y paroist est le sentiment général que les Suédois tesmoignent avoir, et que je ne crois pas pouvoir rien faire de plus agréable à tous ceux qui l'ont sçu, que de le remarquer, et d'en donner connoissance à Vostre Majesté, n'y ayant aucun qui ne juge très-important à la nation que Vostre Majesté se la croye éternellement obligée, à l'exception peut-estre de quelques personnes dont on me donne du soupçon.

Vostre Majesté aura vu aussi dans ma mesme lettre que j'avois pris la droitte sur l'ambassadeur de Danemark, qui estoit arrivé le premier à la tribune. Cela, Sire, fut remarqué avec estonnement par tous les assistants, qui pensoient qu'au moins l'ambassadeur ne le pouvant éviter, se retireroit. Et j'ay dit seulement à ceux qui m'en ont parlé que je m'estonnois de leur estonnement, vu qu'il n'y a jamais eu que le seul Guldenstiern qui fust capable de s'imaginer que les ambassadeurs de Danemark eussent de la répugnance à céder ouvertement aux vostres.

J'ai, Sire, remarqué en cette occasion que quelque conséquence qu'on en puisse tirer contre les ambassadeurs de Suède en faveur des vostres, à cause que la Suède se déclare esgale au Danemark, et quelque alliance qu'il y ait entre ces deux couronnes, néantmoins on n'a pas esté fasché de voir l'ambassadeur mortifié. Et en effet quantité de

dames qui se trouvèrent sur mon chemin et en la
place où elles jugèrent que je voulois estre, firent
avec empressement tout leur possible pour m'aider
(parce que la presse estoit grande en cet endroit),
entre lesquelles les comtesses Konigsmark et Oxenstiern se signalèrent, et me prièrent sur le champ de
les nommer à Vostre Majesté, ce que j'avois omis
dans ma précédente; ce qui ne m'empeschera pourtant pas, Sire, de mettre le mari de cette dernière de
ces deux dames, à la teste de l'exception dont j'ay
parlé cy-dessus, puisqu'il rebat dans le sénat les mesmes raisons avec lesquelles on contrarioit autrefois
vostre alliance. Véritablement, Sire, la compagnie
s'y oppose fortement et unanimement; le comte Jean
Stenbok a fait un escrit contre lui de six feuilles
de papier, qui est généralement approuvé. Il ne me
revient pas non plus que, ni dans le sénat ni ailleurs, il y ait personne qui parle comme Bent-Oxenstiern, ni approchant, si ce n'est quelquefois les
Wachtmeister, Ruider-Crantz et peut-estre Or-
nestedt, qui m'est un peu suspect; ainsi, Sire, je ne
crains nullement qu'il change l'esprit du roy ni du
sénat ni des estats; mais il est à la teste des affaires,
et Vostre Majesté a vu comme quoi le seul Guldenstiern, estant dans ce poste, sans se déclarer trop
ouvertement contre la France, n'a pas laissé, au
préjudice de la bonne intention générale, de gaster
beaucoup de choses.

Je ne voudrois pas, Sire, faire un jugement téméraire de celui-cy, mais on remarque qu'estant
entièrement ruiné il entretient sa maison avec splen-
deur et fait bastir sans emprunter; cela joint aux
discours qu'il tient dans le sénat, ce n'est pas, ce
me semble, sans sujet que Vostre Majesté s'en méfie
et que je dois l'observer de près.

Dans ce temps de Diette où il s'agit de questions
délicates pour l'authorité royale [1], je m'abstiens de

---

[1] « L'abus que faisoit la noblesse de ses privilèges, l'excès de l'au-
« torité que s'arrogeoit le sénat, et les différents moyens dont s'étoient
« servis les seigneurs pour s'emparer peu à peu de tous les domaines
« de la couronne, avoient excité la jalousie des ordres de l'État. On
« prétend que le baron J. Guldenstiern en prit occasion de suggérer
« au roi Charles XI l'idée de profiter de la disposition des esprits
« pour augmenter le pouvoir royal et pour abaisser celui du sénat
« et de la noblesse. Guidé par ses conseils, le roi convoqua, en 1680,
« les estats du royaume à Stockholm. Une accusation fut portée à la
« diète contre les ministres qui avaient géré les affaires pendant la
« minorité du roi. On leur attribua les malheurs et les pertes de l'État
« et on les en rendit responsables. Le sénat fut aussi inculpé; on lui
« reprocha des abus d'autorité, et l'on proposa à l'examen des états
« la question si l'autorité que le sénat prétendoit avoir étoit conforme
« aux lois du royaume. Les estats déclarèrent, le 10 décembre 1680,
« que le roi n'étoit tenu à d'autre forme de gouvernement qu'à celle
« que lui prescrivoient les constitutions du royaume, que le sénat ne
« présentoit ni un cinquième ordre ni un pouvoir intermédiaire
« entre le roi et les états, qu'il ne devoit former que le simple con-
« seil du roi et n'avoir qu'une voix consultative.

« Un collège de réunion fut établi dans cette même diète, à l'effet
« de rechercher tous les domaines donnés, vendus, hypothéqués ou
« échangés par les précédents rois, soit en Suède soit en Livonie,

voir fréquemment mes meilleurs amis, de peur de les commettre et moi aussi d'un costé ou d'autre, mais je leur détache les sieurs de la Piquetière et Le Vasseur en qui ils ont confiance et ne suis pas mal averti de toutes choses.

Les instructions de Gabriel Oxenstiern ne sont pas encore résolues. J'en ai, Sire, parlé en termes généraux au roy de Suède, et, selon la réponse qu'il m'a faitte, j'ai lieu de croire qu'elles seront raisonnables; mais, Sire, le danger ne seroit pas tant en ce qu'elles contiendroient à la lettre qu'aux additions verbales et secrettes de son oncle.

Celles de Snolsky sont expédiées, et il dit qu'elles sont bonnes. C'est un bon homme. Il est pauvre, et cette dernière raison, jointe à sa persuasion en faveur de vostre alliance, le pourroit peut-estre aisément attacher aux sentiments de M. de Verjus avec un peu de gratification secrette. L'occasion de la Diette, où chacun s'applique, retarde tous ces en-

« avec ordre, de la part de la couronne, de rembourser aux proprié-
« taires les sommes qu'ils en avoient originairement payées. Cette opé-
« ration augmenta considérablement les revenus du roi. Une diète
« subséquente, celle de 1683, renchérit encore sur celle de 1680.
« Elle statua que, s'il avoit été enjoint au roi de gouverner le royaume
« suivant les lois, cela ne lui ôtoit pas le pouvoir de changer ces mê-
« mes lois. Enfin la diète de 1693 déclara que le roi étoit maître ab-
« solu et seul dépositaire du pouvoir suprême, sans estre responsable
« de ses actions à qui que ce soit sur la terre, et qu'il avoit la faculté
« de gouverner le royaume selon son bon plaisir. » (Косн, *Tableau
des révolutions de l'Europe, période* VII.)

vois, et, sans cela aussi, ils tiennent beaucoup à l'argent.

L'ambassadeur de Danemark m'a baillé copie des projets que Vostre Majesté a fait donner aux ambassadeurs des deux couronnes. Quant à lui, il espère que le contre-projet du roy son maistre finira bientost l'affaire.

J'ai mis, Sire, le roy de Suède sur ce discours, pour lui faire connoistre qu'il ne tient pas à Vostre Majesté que le traitté ne se fasse, et que les ambassadeurs avoient desjà laissé passer quinze jours sans rien répondre. Il n'a pas tesmoigné estre surpris de ce retardement, disant seulement qu'il envoie présentement un fondé de pouvoir à son ambassadeur pour conclure. Je ne suis pas, Sire, entré dans le détail des conditions, parce que je feignois les ignorer et qu'il ne m'en spécifioit aucune.

Ce prince me parla de lui-mesme de la conclusion apparemment prochaine des affaires de Monsieur de Gottorp, comme d'une obligation qu'il aura à Vostre Majesté. La reine sa mère m'en a parlé dans les mesmes termes : et en effet, Sire, on ne doute point que ce ne soit un augure certain du dessein que le roy de Danemark a d'entrer sincèrement dans vostre alliance, qui solidera celle qu'il a avec la Suède, sans quoi il ne se soucieroit guères de Monsieur de Gottorp.

Dans la mesme conversation, Sire, le roy de

Suède parla avec regret du retour de Monsieur de
Béthune. Cela vient des rapports avantageux que
Lillieuck fait, du crédit de Monsieur de Béthune
en Pologne et des bons offices qu'il a rendus à la
Suède, lesquels Guldenstiern avoit la pluspart dis-
simulés.

Il ne me paroist pas, Sire, qu'on fasse grande
réflexion sur les pratiques du prince d'Orange en
Allemagne, ni que Warwick, envoyé d'Angleterre, ait
fait des propositions qui y aient du rapport; mais
pourtant, Sire, comme je crois l'affaire plus délicate que je ne le dis aux Suédois, se pouvant faire
un commencement de plus grande ligue contre
vostre service, je ne négligerai rien pour estre
averti, et il sera difficile qu'il se produise quelque
chose au delà de cet envoyé et de Bent-Oxenstiern
sans que je le sache bientost après.

Vostre Majesté ne doutera pas, s'il luy plaist, que
je n'avertisse soigneusement tous ses ministres de
ce qui peut toucher leurs commissions, ainsi qu'ils
me font la grâce de m'avertir de ce qui touche la
mienne.

Le marquis del Monte, envoyé de la reine Christine, prétend qu'il est dû à cette princesse plus
d'un million d'escus. On propose de lui donner la
jouissance du duché de Brême, en payant préala-
blement les garnisons et les charges ordinaires; et
la principale difficulté est en la valeur du revenu,

qu'on doute qui soit assez grand. Le roy de Suède y auroit de l'avantage par les contributions extraordinaires qu'on dit qu'il pourroit tirer des domaines qui luy reviendroient.

Les principaux points de la proposition que le roy de Suède a faitte aux estats sont des despenses qu'il convient faire pour le restablissement du royaume, lesquels excèdent 3 000 000 d'escus. Les estats tesmoignent là-dessus, sinon tout le pouvoir présent, du moins la bonne volonté possible, mais ils sont choqués de plusieurs innovations qui leur sont suspectes.

Ce prince pensoit qu'en demandant une grosse somme, les estats proposeroient d'eux-mesmes la réduction avec tous les excès dont il a esté parlé, qui seroient capables de ruiner entièrement tout ce qu'il y a de grand dans le royaume, sans exception d'aucuns des héritiers de ces hommes si signalés par leurs services, si ce n'est peut-estre les Konigsmarks, qui ne perdroient qu'environ la moitié de leur bien. Mais il y a tant d'autres gens au-dessous de ceux là, intéressés dans cette affaire, que jusques icy les estats n'y paroissent nullement disposés, et tesmoignent bien plus d'envie de demander par récrimination la punition de tous les désordres passés dont ils accusent principalement les Guldenstiern et les secrétaires.

Les innovations qui sont suspectes aux estats

sont que le roy a nommé d'authorité leurs commissaires, au nombre de soixante, des trois premiers
corps également, les paysans n'ayant pas accoustumé d'en donner, lesquels commissaires doivent
traitter directement avec luy, au lieu qu'autrefois
les estats les nommoient et qu'ils traittoient par
l'entremise du sénat.

Les estats admettent pourtant les commissaires
avec un tempérament par lequel il paroist qu'ils les
ont nommés par complaisance, mais sans conséquence, et avec cette condition qu'ils ne traitteront
avec le roy que des affaires estrangères, qui doivent
estre secrettes, et nullement des affaires du dedans
du royaume, pour lesquelles ils n'auront aucun pouvoir de conclure. Le sénat de son costé ne dit rien
là-dessus, mais il ne faut pas douter qu'il n'agisse
sous main dans les estats.

On a admis dans la convocation des estats ceux de
Schone et de Bléking, en vertu de la séparation que
Guldenstiern avoit faitte de son gouvernement du
corps du royaume.

On rase Elsimbourg et Christianstadt, sans l'avis
des estats, qui est une autre innovation qui les choque quant à la forme, encore que l'effet ne leur en dé-
plaise pas. Mais une innovation qui les choque beaucoup, c'est le régiment des gardes de 2000 hommes, au lieu qu'il ne souloit estre en temps de paix
que de 400, et 200 trabans qu'on n'avoit jamais

vûs en temps de paix, qui coustent beaucoup au pays par les exactions.

Et ce prince qui pourroit faire passer ces innovations par adresse et en se faisant aimer, puisque sa force n'est pas suffisante, se rend inaccessible, enfermé ordinairement seul ou en mauvaise compagnie dans sa chambre; ce qui fait dire à tout le monde qu'il suit les pratiques de Guldenstiern et les fausses manières qu'il lui insinuoit pour les faire réussir, ce que lui-mesme n'auroit pas voulu, n'ayant eu autre dessein que de faire révolter le royaume pour ses fins particulières. Il n'y a pourtant aucune apparence jusques icy à une révolte, mais c'est autant par le peu de cas que les estats font de ces innovations et de ces projets qu'ils prétendent anéantir quand ils voudront, que par reste d'amour et appréhension de violence. Je suis, Sire, etc.

DE LOUIS XIV A M. DE FEUQUIÈRES.

A Saint-Germain-en-Laye, le 5 décembre 1680.

Monsieur le marquis de Feuquières, continuez à m'informer exactement de tout ce qui se passera dans la Diette, et de toutes les résolutions qui y seront prises. Taschez aussy de sçavoir le nom de tous les François de la religion prétendue réformée qui se sont retirés à Stockholm, et mesme de leurs qualités, arts et mestiers, et envoyez-m'en un estat.

Je seray bien aise aussy d'apprendre quelle fin pourroient avoir les difficultés que fait à présent le résident d'Hollande, de faire l'eschange des ratifications du traitté de commerce avec la Hollande.

Je reçois encore dans ce moment vostre lettre du 13 novembre par laquelle vous m'informez des raisonnements dont se servent Bent-Oxenstiern et d'autres ministres pour faire voir qu'il seroit plus avantageux au roy de Suède de se joindre à la ligue opposée à mes intérests, ou de demeurer neutre, que de renouveller l'alliance avec moy. Cependant il est certain que, si je n'estois retenu par les esgards et l'affection que j'ay tousjours eus pour cette couronne, j'aurois desjà inséparablement détaché de ses intérests tous ceux qui peuvent profiter de la ruine de la Suède, et qu'en leur laissant suivre leur propre mouvement, il ne me seroit pas difficile de mettre cette couronne en estat de ne se pouvoir jamais opposer à mes desseins. Enfin si le roy de Suède veut ouvrir les yeux, il reconnoistra facilement que ses ennemis ne désirent rien plus passionnément que de rompre la bonne intelligence qu'il y a tousjours eu entre ma couronne et celle de Suède, et que du moment qu'ils luy auront fait perdre mon appuy, rien ne les empeschera plus de reprendre sur elle tout ce qu'ils prétendent leur appartenir.

La rétention de Wismar en est une preuve assez convainquante. Et si le roy de Suède y fait de justes réflexions, il jugera bien que, s'il eust tesmoigné plus de chaleur et d'empressement à conclure l'alliance avec moy, le roy de Danemark ne luy auroit pas donné ce desplaisir.

Continuez de m'informer de toutes les difficultés qui se forment à la diette, et des suites qu'elles pourront avoir. Sur ce, je prie Dieu, etc.

DE M. JULES DE PAS A M. DE FEUQUIÈRES.

A Paris, le 20 décembre 1680.

Je ne vous ay rien mandé, ce me semble, qui dust vous donner de l'inquiétude pour le chevalier de Pas[1] qui, je crois, doit à cette heure estre arrivé à Constantinople, au moins les dernières nouvelles qu'on a eues estoient de Céphalonie, qui n'est pas loin de là; les vaisseaux qui ont péry estoient sur l'Océan.

Je ne suis pas si modéré que vous croyez, mais, ma foy, c'est que je n'y vois point de lieu; ils se sont mis en teste mille magnificences pour le régiment qui cousteront beaucoup, et dont l'argent se prendra sur la vente des charges. Ainsy je ne m'en

---

[1] Simon de Pas. On distingue plus sûrement les différents membres de la famille des Feuquières par les prénoms que par les titres, dont ils changeaient fréquemment.

trouveray pas mieux et·vous assure que je doutte
fort que j'aye lieu d'estre content d'estre icy. Il y a
beaucoup de bénéfices vaquants; je voudrois bien
tascher de trouver lieu d'obtenir une pension sur
quelqu'un, mais du tout je n'espère guère à rien,
n'ayant personne icy qui m'aide ni mesme qui
puisse me conseiller les moyens de rien faire.

Post-scriptum de M. l'abbé de Pas. — M. Le Vasseur vous aura dit mes sentimens sur l'évesché
d'Amiens; si Monsieur l'évesque venoit plus souvent à Paris, je pourrois le ménager plus aisément;
mais comme il n'y a encore rien qui presse, nous
prendrons des mesures plus justes à vostre retour.
En attendant, je tascheray de l'avoir pour président de ma première thèse, que je feray à peu
près dans le temps où nous espérons que vous
viendrez. Le fils de Rébenac est mort, je crois qu'il
en sera fort affligé. J'ay esté taxé cette année à près
de 1 600 fr. de décimes; j'espère pourtant trouver
des moyens pour les faire diminuer, car je monstre
plus clair que le jour que je n'en devrois payer que
6 ou 700 tout au plus; la peine sera de me faire
escouter; j'ay un exemple d'un homme qui en est
venu à bout hautement, et je pense mesme qu'il se
fit restituer le passé. M. Baclez est encore en Bourgogne où il travaille à cela et à d'autres affaires.

DE M. DE FEUQUIÈRES A LOUIS XIV. *

A Stockholm, le 15 janvier 1681.

Sire, la reine Christine n'est pas contente de ce qu'on ne la rembourse point de ses revenus qu'on a pris durant la guerre, et son envoyé se plaint fort, ce qui fait de la peine au roy de Suède. Ce prince veut retirer d'elle l'isle d'OEland, qui vaut 20 000 escus de rente, et Wachmeister[1] fait estat d'y establir pour ce prix 2 000 matelots; mais on doute qu'il s'en trouve autant qui veuillent pour 10 escus changer de demeure, sans estre assurés d'estre employés toute l'année à leur mestier. Le malheur de la flotte de Suède est, Sire, à ce qu'on dit, qu'il n'y a pas assez de commerce en temps de paix pour entretenir suffisamment de matelots, car du reste on n'y manque point de soldats, mais de matériaux pour faire des vaisseaux.

J'ai vu, Sire, une invention qui me paroist belle et importante. V. M. en aura le mémoire[2], dont j'ai

[1] Amiral de Suède.

[2] MÉMOIRE POUR L'EAU DESSALÉE.

(*Joint à la dépesche de M. de Feuquières du 7 mai.*)

« Il y a dans le vaisseau *Carolus*, dont le maistre s'appelle Bastien Peterson, et qui doit décharger à Rouen chez Thomas Legendre le jeune, correspondant de Pierre du Flon (*banquier*) de Stockholm, deux caves adressées à M. Colbert de Croissy, l'une marquée B et

gardé l'original signé de l'inventeur. L'expérience
qu'on a faite devant moi n'a pas esté avec de l'eau
de mer, parce que le vent du nord empesche pré-

l'autre O. En la première, il y a une bouteille de l'eau de la mer Bal-
tique, dans laquelle eau on avoit adjousté beaucoup de sel; et les
onze autres bouteilles ont été extraites d'une semblable eau, le 14
janvier dernier; elles sont toutes marquées B. En la seconde cave,
il y a une bouteille de l'eau de l'Océan, prise auprès de Mastrand,
laquelle, ayant esté deux mois en chemin, se trouve présentement
extremement puante. Comme il n'y avoit pas assez d'eau, on n'en a
pas pu dessaler davantage que pour emplir neuf bouteilles. Une autre
bouteille est de l'eau commune, qui servira à faire voir la différence
que le temps y apportera d'icy à ce qu'elle soit arrivée. Le tout est
marqué O.

« Je trouve présentement à ces deux eaux dessalées un pareil goust,
quoique le goust de celles dont elles sont extraites fust extresmement
différent, la première B estant beaucoup plus salée, à cause du sel
qu'on y avoit adjousté, et la seconde O estant extresmement puante.
M. Durier trouve que ce goust tient du minéral et l'estime fort sain.
L'inventeur dit que ce goust vient des ingrédiens et de la façon,
et qu'il durera toujours sans aucun changement. En effet, je le
trouve toujours de mesme en l'eau B, que je garde depuis près de
quatre mois. J'ai observé que l'eau, en sortant du fourneau, n'est
presque que tiède, et qu'on peut touscher le fourneau quasi partout
sans se brusler, ce qui marque qu'il ne faut pas beaucoup de feu. J'ai
observé aussi qu'à mesure que l'eau entre dans le fourneau par le haut,
il en sort autant par le bas par deux ouvertures, par l'une desquelles
il passe la dixième partie de l'eau dessalée, et que les neuf parts qui sor-
tent par l'autre ouverture sont un peu plus salées qu'en entrant. Cela
marque aussi qu'il ne faut pas beaucoup de temps pour faire beaucoup
d'ouvrage, à proportion de la grandeur du fourneau. Et l'inventeur
soutient toujours qu'un fourneau proportionné au feu ordinaire des
vaisseaux fournira à tout l'équipage. J'en ai gardé à laquelle j'ai meslé
de l'eau commune, pour voir si l'une aidera à conserver l'autre.

sentement qu'elle ne monte, mais avec une eau qui n'estoit pas moins salée. Cependant il en est sorti environ une cinquième partie d'eau douce en fort peu de temps, et si peu de feu, qu'on souffroit aisément la main dans l'eau en sortant du fourneau. M. Durier, qui est un excellent médecin, demeure d'accord de toutes les bonnes qualités que l'inventeur attribue à cette eau, après l'avoir esprouvée. J'envoie quérir de l'eau à la mer pour faire une seconde expérience, et je la garderai en divers lieux pour voir si elle se corrompra. V. M. croit bien que ce homme-là s'est proposé l'honneur et l'avantage de lui offrir un ouvrage de vingt années qu'il a employées à cette recherche. J'attendrai, Sire, l'honneur de vos commandemens. Il dit que les Hollandois n'ont pas voulu traitter avec lui pour deux raisons, l'une par ménage, ne voulant pas faire seuls une despense qui pourroit devenir profitable à tout le monde, et l'autre qu'ils voudroient que le commerce devinst généralement plus difficile pour en exclure les autres nations, s'assurant qu'en quelqu'estat qu'il soit, ils conserveront toujours leur avantage.

L'inventeur persiste à dire qu'on peut s'en servir dans tous les vaisseaux, sans découvrir le secret qu'à un seul homme dans tout le royaume.

« Il semble à propos que les caves soient portées par eau de Rouen à Paris, et surtout qu'elles ne soient point renversées. » (Fait le 5 mai 1681.)

Des gens, Sire, de la première qualité de Suède, desquels MM. Bannier sont du nombre, m'ont demandé si je pensois que V. M. eust agréable de leur faire l'honneur de recevoir le service de leurs enfants dans la Grande Escurie; sur quoi je n'ai fait que leur proposer la difficulté de la religion, sans leur faire d'autre réponse [1]. Il y a un jeune Bannier qui aura l'honneur d'estre présenté à V. M. par son cousin, vostre pensionnaire, qui est encore icy et fort impatient de terminer ses affaires pour se rendre à son devoir.

La religion, Sire, est en tel estat en Suède que, sans les lois pénales, à quoi les prestres tiennent la main, il ne seroit peut-estre pas difficile de la faire changer à beaucoup de gens; et présentement les prestres sont mal voulus de la noblesse et ne le sont guères bien du peuple, en ayant mal usé envers l'un et l'autre en la Diette, avec ce qu'ils sont fort intéressés et ignorantissimes. L'*Exposition* de M. de Condom et le *Préjugé* de M. Arnauld mettent une bonne disposition et sont de recherche; je crois que, s'ils estoient traduits en latin, ils seroient de grand usage.

Mon dernier fils, Sire, sert depuis quatre ans dans la marine, où il est enseigne. J'espère que

---

[1] Voici la réponse de Louis XIV à cet article : « Le nombre des « pages de la Grande Escurie estant à présent beaucoup plus nom- « breux qu'il n'estoit cy-devant, je ne juge pas à propos de l'aug- « menter. » (Dépêche du 6 février. — Archives des Aff. étr.)

V. M. aura la bonté de me permettre d'avoir l'honneur de la supplier très-humblement de le faire monter, s'il en est digne, et d'excuser la liberté que je prends d'allonger cette lettre pour un si petit sujet. Je suis, Sire, etc.

DU MÊME A M. COLBERT DE CROISSY. *

À Stockholm, le 22 janvier 1681.

J'ai, Monsieur, suivi vostre conseil le plus long-temps qu'il m'a esté possible, mais enfin, mes affaires me pressant, je suis résolu à demander mon congé. Vous voulez bien, Monsieur, que je compte sur vos bons offices en cette occasion, et que je me tienne assuré que vous ferez valoir la bonne intention que j'ai eue de rendre au Roy des services agréables? Je sçais bien que le tour que vous y sçaurez donner sera ce qu'il y aura de meilleur pour moi; c'est dont je me repose sur l'amitié dont vous m'honorez et sur la générosité qui vous est naturelle. Outre la satisfaction que j'aurai de revoir mon maistre et ma famille, après neuf années d'absence, j'envisage encore, Monsieur, comme un plaisir très-sensible d'avoir l'honneur de vous assurer moi-mesme avec combien de reconnoissance je suis, etc.

DU MÊME A LOUIS XIV. *

A Stockholm, le 22 janvier 1681.

Sire, il a paru icy un météore fort extraordinaire.
C'estoient comme trois soleils, avec quatre arcs-en-
ciel bien formés et bien colorés, et plusieurs por-
tions d'autres arcs. Il y en avoit un, le plus beau de
tous, qui estoit adossé contre le plus grand, et tout
cela se voyoit du mesme costé que le soleil, contre
l'ordinaire des arcs-en-ciel, qui sont toujours opposés au soleil. La ville de Stockholm a eu le plaisir, une heure durant, à commencer à midy, 17 de
ce mois, que le soleil estoit à quatorze degrés ou environ sur l'horison, de voir le chiffre de son roy dans
le ciel.

Il y a, Sire, plusieurs années que l'estat de mes
affaires et le besoin que ma famille avoit de ma présence m'avoient fait souhaitter la fin de mon emploi. J'en avois, Sire, écrit à M. de Pomponne et
ensuite à M. de Croissy; et ce qui me retenoit de
demander à V. M. la grâce de mon congé, estoit
que je me croyois toujours à la veille d'une heureuse conclusion des affaires de vostre service. Présentement, Sire, que je ne puis pas si tost espérer
ce plaisir, à cause de la lenteur de la négociation [1],

¹ Cette négociation avait pour objet de renouveler l'alliance de la

et que cependant mes affaires pressent un peu, je supplie très-humblement V. M. de me permettre de retourner en France, pour essayer de réparer les désordres d'une absence de neuf années. Et, si j'ose dire mon sentiment, peut-estre que la retraite de vostre ambassadeur dans cette conjoncture donnera icy plus d'empressement. Je m'estimerois, Sire, bien heureux si, mon séjour ayant esté inutile à V. M., je me pouvois au moins flatter de l'avoir servie en me retirant. Je suis, Sire, etc.

DU MÊME A M. COLBERT DE CROISSY. *

A Stockholm, le 12 février 1681.

Vous sçavez, Monsieur, que la reine Christine écrit au roy de Suède en françois[1]. Vous aurez icy la

France et de la Suède, et d'y comprendre le Danemark. Le Danemark seul devint notre allié, et la Suède se rangea du côté de nos ennemis.

[1] *Copie de la lettre de la reine Christine au roy de Suède.*

« Monsieur mon frère et nepveu, je suis dans un extresme estonnement de voir que le marquis del Monte, premier gentilhomme de ma chambre et mon envoyé extraordinaire auprès de Vostre Majesté ait passé tantost six mois dans vostre cour, sans avoir pu avancer ses négociations. Je m'estois promis de la générosité et justice de Vostre Majesté depuis longtemps une favorable expédition, qui respondist dignement à la justice de mes prétentions et à tant de promesses, si souvent réitérées, de Vostre Majesté. Mais voyant que jusques icy les dispositions ne me sont pas si favorables que je me l'estois promis, jugeant que ledit marquis, par trop de retenue ou de respect, n'a pas

response de ce prince en la mesme langue; plust à Dieu qu'il la parlast de mesme! Je suis, Monsieur, avec beaucoup de respect, etc.

représenté assez fortement à Vostre Majesté les puissants motifs qui doivent vous obliger à me rendre justice au plus tost, c'est ce qui m'oblige d'importuner Vostre Majesté de nouveau, et de vous prier d'escouter favorablement les plaintes que ledit marquis a ordre de vous faire de ma part sur une lenteur qui me devient insupportable, priant Vostre Majesté de vouloir bien escouter mes justes plaintes et d'ordonner que je sois satisfaitte d'une manière digne de Vostre Majesté, qui s'est obligée si souvent, par des promesses si solennelles, de me satisfaire. Et c'est à présent que j'en attends les effets de vostre justice et générosité, pour pouvoir continuer dans le dessein que j'ay fait d'estre toutte ma vie, Monsieur mon frère et nepveu, vostre bonne sœur et tante.   C. A.

« A Rome, le 28 décembre 1680. »

Response du roy de Suède à la reine Christine.

« Madame ma très-chère mère, j'ay reçu celle du 28 décembre que Vostre Majesté m'a fait l'honneur de m'escrire. Et parce qu'Elle y tesmoigne quelque desplaisir de ce que les choses que son envoyé extraordinaire, le marquis del Monte, a eu ordre de me proposer, n'ont pas encore eu tout le succès que Vostre Majesté désire, croyant que ledit marquis ne m'avoit pas assez fortement représenté les motifs qui m'avoient pu obliger à une résolution plus prompte, il faut que je luy donne ce tesmoignage que la faute n'a pas esté à luy, et, quoiqu'il ait usé de la civilité que Vostre Majesté présume, il n'a pourtant pas laissé de me parler bien souvent et de pousser les intérests de Vostre Majesté avec beaucoup de soin et de fidélité. Mais, comme il a vu luy-mesme les occupations que la Diette m'a causées, et le peu de loisir que j'ay eu de prendre une information entière des droits et des prétentions de Vostre Majesté, je ne doute nullement qu'il n'en ait fait rapport à Vostre Majesté et donné à connoistre l'inclination très-particulière que j'ay de la rendre satisfaitte autant qu'il me sera possi-

DE MGR L'ÉVÊQUE DE METZ A M. DE FEUQUIÈRES[1].

A Metz, le 21 février 1681.

Monsieur, j'ay receu la lettre que vous m'avez fait l'honneur de m'escrire du 11 du mois passé, et je me vois obligé de vous tesmoigner la part que je prends en la perte que vous venez de faire de madame d'Orthe[2], vostre sœur. Je puis vous assurer, sans aucun compliment, que j'y suis très-sensible; car j'honorois particulièrement son mérite, qui estoit connu de tout le monde. J'avois aussy reçu beaucoup de tesmoignages de ses bontés depuis que je suis en ce pays, ainsy que de toute la parenté que vous y avez, pour qui j'ay un respect

ble. Il en a desjà tiré des preuves de temps en temps; et j'ay mesme mis ordre d'expédier au plus tost ce qui reste, tellement que j'espère qu'après les comptes vuidés de part et d'autre, Vostre Majesté sera contente de la dépesche entière que ledit envoyé extraordinaire de Vostre Majesté obtiendra. Cependant je prie Vostre Majesté d'éstre persuadée de la tendresse que j'ay pour sa personne aussy bien que des considérations justes que j'auray toujours pour ses intérests, comme, Madame ma très-chère mère, vostre bon et très-affectionné fils. CAROLUS.

« A Kongsor, le 24 janvier 1681. »

[1] Georges d'Aubusson de La Feuillade, archevêque d'Embrun, puis évêque de Metz, mort en 1698.

[2] Madeleine de Pas de Feuquières, sœur de M. le marquis Isaac de Feuquières, femme de Louis, baron d'Orthe. Née protestante, elle éeut et mourut protestante, comme sa mère Anne Arnauld.

particulier, avec une extresme douleur du malheur
de la religion où elle est fortement attachée. Madame vostre niepce a tout à fait de la conduite et
de la vertu, et elle est encore louable par le respect
qu'elle témoigne pour nous. Faites-moy donc,
Monsieur, la grâce de croire que personne n'est
plus solidement que moy votre très-obéissant serviteur.

DE M. DE MARTANGIS A M. DE FEUQUIÈRES.

A Copenhague, le 22 février 1681.

J'ai reçu, Monsieur, la lettre que vous m'avez
fait l'honneur de m'escrire du 6 de ce mois.

Les Danois sont tousjours fort en peine du retardement qu'on apporte en Suède au départ du sieur
Lillihrot, et cela leur fait croiré que l'on n'y est pas
aussy porté à l'avancement d'un traitté que l'on
l'avoit voulu faire croire.

Il est arrivé icy, Monsieur, il y a quelques jours,
un colonel polonois nommé le colonel Bernig, soy-
disant envoyé de Pologne en Suède, qui a esté jetté
dessus les costes de Falster, proche de cette isle,
voulant aller à Malmoë; il m'a paru fort honneste
homme et je l'ay régalé pendant deux jours. Mais
comme vous sçavez, Monsieur, que les ministres
du Roy nostre maistre n'ont d'argent que pour
eux et leurs amis qu'ils connoissent de longue

main, je n'ay pas trouvé à propos de l'accommoder d'une somme d'argent dont il souhaittoit que je l'assistasse. Je vous donne, Monsieur, cet avis, affin que, s'il vous porte une estocade, vous y soyez préparé, à charge d'autant lorsque l'occasion s'en présentera. Je vous supplie toutesfois, Monsieur, de n'en rien tesmoigner.

On parle encore du voyage de Norwège, et le roy de Danemark fait préparer douze vaisseaux pour l'y conduire. L'on ne croit pas que la reine soit de la partie, de peur qu'elle ne se trouve incommodée d'un aussy grand voyage. Comme je ne quitte point Sa Majesté Danoise, je me prépare à l'y suivre. Je ne puis estre plus véritablement que je suis, Monsieur, entièrement à vous.

Mes amitiés, s'il vous plaist, à M. de La Piquetière.

DE MADAME DE POMPONNE A M. DE FEUQUIÈRES.

A Paris, le 5 mars 1681.

J'ay reçu vostre lettre du 29 juin, où vous me répondez à une grande lettre. Vous devez en avoir reçu encore une plus grande, où je vous parle fort de toutes vos affaires. Celle-cy est pour vous témoigner la peine que je prends à vostre douleur d'apprendre en mesme temps la mort de madame d'Orthe et de M. son fils aisné. S'ils étoient morts tous deux

dans nostre religion, il y auroit lieu de se consoler;
mais en vérité quelque sentiment qu'ils ayent fait
paroistre dans la leur, l'on ne peut que l'on ne
soit touché lorsque l'on y pense. Croyez, Monsieur,
que personne n'est plus sensible à tout ce qui vous
touche que moy. Je ne vous en diray pas davantage sur ce sujet.

Nous sommes plus près que vous, et nous ne sçavons pas si l'on vous a accordé vostre congé; ainsy
je ne puis dire si nous vous verrons bientost. Comme
messieurs vos enfans sont tous à Paris et qu'ils me
disent qu'ils vous mandent toute chose, je ne vous
en parleray pas.

Pour vos affaires, je vous diray que j'ay reçu
les 17 000 liv. qui vous étoient dues de l'année
passée; dans le moment j'ay payé toutes les pensions, la lettre de change de 6 000 liv., celle de
1 200 liv.; j'ai accepté celle de 6 000 liv., et
payé à Marie Randon, sœur de vostre sommellier,
600 liv. Enfin, par tous mes comptes, je ne puis
avoir à vous que 15 à 1 800 livres. Vostre fils, le
chevalier de Feuquières, qui est dans les Gardes,
demande un extraordinaire pour un voyage qu'il
va faire; je pense luy donner 50 pistoles, dont il
sera content; ainsy, vous n'avez rien à faire là-
dessus davantage.

Je ne vois point du tout M. vostre fils en estat de
faire un voyage comme celuy de vous aller trouver;

il souffre des maux de ses blessures, qui ne se peuvent comprendre, et il me le disoit encore ce matin; ainsy ne faites pas vostre compte de le voir. Il vous respond à l'égard des mesures que vous luy marquez; je ne crois pas que l'on les puisse prendre justes de si loin, car il faut connoistre bien des choses qui sont changées depuis neuf années que vous estes party. Ainsy il faut attendre la réponse que l'on vous fera, et ce que l'on fera pour vous, afin de vous conduire, car l'on ne vous peut rien dire de si loin.

. L'on m'a dit que l'on payoit plus d'une année à messieurs les conseillers d'Estat; je crois que vous en pourriez dire un mot dans vostre despesche, et mander à M. de Croissy, en lui faisant voir combien il vous est dû d'années, que l'on vous feroit un grand plaisir de vous en faire payer plus d'une.

Je vois que c'est M. de La Vie le père qui presse le remboursement; car, pour M. vostre gendre, il ne compte point du tout que vous le remboursiez, pourvu que vous luy payiez les intérests bien régulièrement; c'est M. vostre fils qui me l'a dit. Dès aussitost que j'auray reçu vostre ordonnance, je ne manqueray pas de la luy faire tenir.

Adieu, Monsieur, je vous souhaite une parfaite santé.

Pour nouvelles d'aujourd'huy, vous sçaurez que

M. d'Omboisle, fils de M. d'Ormesson, qui avoit
espousé Mademoiselle Le Maistre, veuve de M. Le
Roy, est veuf; sa femme est morte en couche ; elle
laisse trois enfans. M. de Tallart, fils de Madame de
La Baume l'est aussy; sa femme accouchée de
deux enfants, est tombée en apoplexie et est morte
ce matin.

———

DE M. DE FEUQUIÈRES A LOUIS XIV. *

· A Stockholm, le 12 mars 1681.

Sire, je n'ai pas reçu cette semaine l'honneur
de vos commandements, à cause que l'ordinaire
n'estoit pas arrivé à Hambourg. Le roy de Suède est
allé plus loin que Conseure (*Kongsor*), chasser des
ours[1], et les reines, qui sont icy, ne l'attendent
que dans huit jours. Il n'a avec lui qu'un secrétaire.
M. de Konisgmark l'est allé trouver.

Il est arrivé icy un courrier extraordinaire du roy
de Pologne, qui se nomme Bernig. Il m'a montré
un pouvoir qu'il a de traitter plusieurs affaires. Il

———

[1] Le roi de Suède, Charles XI, avait pour cette sorte de chasse
une passion que les périls semblaient augmenter en lui, loin de la
diminuer. Le 8 janvier précédent, M. de Feuquières mandait à
Louis XIV : « Le roy a couru un grand hasard contre un ours d'une
« prodigieuse grandeur. Il l'avoit blessé légèrement d'un coup d'ar-
« quebuse qui n'avoit fait que l'irriter. Il lui tira encore un coup du
« pistolet qu'il avoit à sa ceinture. Et l'animal, s'étant levé sur les
« deux pieds, alloit commencer un combat fort inégal, sans deux
« chiens qui arrivèrent. Ce prince étoit seul et à pied. » (Aff. étr.)

m'a rendu aussi une lettre de ce prince et une de MM. vos ambassadeurs, par lesquelles ils me le recommandent. Toutes ses affaires ne paroissent pourtant que la répétition de quelques sommes que le roy de Suède doit à des Polonois, du nombre desquels il prétend estre.

J'ai vu, Sire, M. Oxenstiern et tous les ministres qui sont en cette ville, tant suédois qu'estrangers, et n'ai rien du tout appris d'eux qui mérite que V. M. se donne la peine de l'entendre, ce qui me donne beaucoup de confusion de l'inutilité des services que j'essaye de lui rendre. Je suis, Sire, etc.

DU MÊME AU MÊME.

A Stockholm, le 23 avril 1681.

Sire, le roy de Suède accorde 12 000 escus de rente d'augmentation à la reine Christine, deux années de la disposition de tout son revenu après sa mort, et un comptant de 60 000 escus en deux paiements, pour des dédommagemens. Avec quoi le marquis del Monte s'en retournera bientost fort satisfait.

La ratification du traitté de Hollande paroist plus éloignée que jamais. Les affaires de l'envoyé d'Angleterre n'avancent point. Celui de Pologne commence aujourd'huy ses conférences. Il demande des secours contre le Turc; et il dit que Vostre Ma-

jésté s'est déclarée par ses ambassadeurs d'en vou-
lóir donner ùn considérable, qu'il ne spécifie pourtant pas. Il demandé aussi quelques liquidations dé
vieux comptes.

Le roy de Suèdé retournerà dans peu de jours
à Conseure. Il parle de faire bientost un plus grand
voyage, qui sera le long de la mer, depuis Calmar
jusques en Norwège, et après dans les pays du Nord.
Je me prépare, Sire, à le suivre; croyant que c'est
vostre volonté et vostre service; mais ce n'est pas
sans difficulté, et j'avoue; Sire, que je n'ai guères de
satisfaction en Suède, depuis que vostre service ne
me donne plus assez d'occupation pour m'empescher de songer à mes affaires, lesquelles, après
avoir esté fort gastées à Verdun, je trouve empirées
de 50 000 escus par mon absence. Si cette vérité
n'estoit un peu pressante, je supplie très-humblement Vostre Majesté de croire que je la supprime-
rois très-volontiers, et que je ne la meslerois jamais
avec celle de me dire, Sire, de Vostre Majesté, le
très-humble, etc.

DE LOUIS XIV A M. DE FEUQUIÈRES. *

A Versailles, le 15 mai 1681.

Monsieur le marquis de Feuquières, comme
j'ay trouvé juste la demande que vous m'avez faite
de revenir auprès de moy, après les longs et agréa-

bles services que vous m'avez rendus à la cour où vous estes, et que je feray partir dans peu de temps celuy qui doit vous succéder, il ne sera pas nécessaire que vous vous prépariez au voyage que le roy de Suède a dessein de faire, et il suffira que vous attendiez au lieu où vous estes celuy que j'honoreray de vostre employ.

Sur ce, je prie Dieu, etc.

DE M. LE COMTE DE RÉBENAC A M. DE FEUQUIÈRES.

A Berlin, le 28 mai 1681.

Nous sommes aussi embarrassés d'un méchant petit voyage que nous allons faire que si nous avions une longue campagne à essuyer. M. l'Électeur luy-mesme est incertain s'il ira à Pyremont, si de là il ira à Clèves, s'il reviendra sur ses pas; enfin personne n'y peut rien comprendre, ni luy non plus. Cependant on ne trouve pas un chariot de louage, et il faut avoir le plaisir d'achepter tous ses chevaux comme à la guerre. Je n'en suis pas peu embarrassé, aux secours que je tire de France, dont assurément je ne puis me vanter de voir arriver un sol; il est vray que, faute de ressources, je me suis mis à jouer ces jours-cy, et j'ay gagné 1 200 escus qui m'aident beaucoup et me feront sortir de Berlin. Si à cela je pouvois joindre de quoy subsister, je serois bien, attendant le boiteux.

Les Polonois nous veulent donner de l'inquiétude et menacent de guerre. Je crois pourtant que c'est une alarme qu'on prend sans fondement. Il y a icy un envoyé de Danemark qui est M. de Boukvald; il prend le party de tous les ministres de Danemark, qui est de parler beaucoup sans entrer en rien, faute d'ordre, et pour faire la guerre à l'œil. On dit qu'on vous donne M. de Vilars pour successeur; je suis du moins bien aise que ce ne soit pas moy.

***

DU MÊME AU MÊME.

A Berlin, mai 1681.

Il est malaisé que je vous fasse une description bien juste des affaires d'Allemagne, parce qu'elles consistent en négociations secrètes et que je ne suis pas, comme vous sçavez, dans le conseil du roy; mais, pour obéir à vos ordres, je vous en feray le plan selon mes petites lumières et vous donneray part de la cognoissance que j'en puis avoir.

L'Empire paroist divisé en trois intérests différents. Tous ont des vues particulières, mais tous se servent du mesme prétexte, c'est la conservation du repos public; les seuls moyens d'en establir la sûreté font la différence qui se trouve aujourd'huy entre ces intérests et les chefs de ces intérests. Le roy a son party et l'Empereur le sien. Il y en a un autre qui, sans se déclarer partial ni mesme se dé-

couvrir, penche vers celuy à qui il croit le plus de
bonne foy et le moins d'envie de recommencer la
guerre. Tout cela néantmoins se gouverne encore
par des ressorts secrets, et personne jusques icy n'a
fait paroistre ses véritables sentiments par des démarches publiques. Il faut, avant d'entrer dans
le détail, vous dire en peu de mots ce qui fait agir
les esprits et quelles sont les raisons de part et
d'autre.

L'Empereur a suivy la maxime ordinaire de sa
maison, et, se croyant dans la dernière guerre au-
dessus des affaires, a profité de sa puissance, de la
foiblesse et de la désunion des princes pour establir une authorité absolue; il a opprimé les foibles,
et les a donnés en proye aux plus forts, qu'il amor-
çoit par de petites contributions et quartiers dans le
temps qu'il les ruinoit effectivement par une guerre
infructueuse sur le Rhin et contre la Suède. Le peu
de conduite de ses ministres et la fierté avec laquelle
il en usoit dans les occasions ont ouvert les yeux aux
intéressés, et, pour éviter une ruine infaillible, de
part et d'autre les esprits se sont tout d'un coup
déterminés à la paix, c'est ce qui a formé les traittés
de Nimègue et autres lieux. Mais la jalousie qu'on
avoit conçue des desseins de l'Empereur subsistoit
encore, et tout se jettoit entre les bras de la France.
Lorsque le Roy a voulu qu'on lui fist justice sur ses
prétentions en Alsace, il ne s'est pas accommodé

des chicanes qu'on luy fait sur ce point depuis le traitté de Munster, et a jugé de la raison et de sa dignité de se mettre en possession de ce qui luy appartenoit si légitimement[1]. Comme cette possession n'a pu se prendre sans violence, qu'il a fallu des troupes, entrer dans les terres de ceux qui s'y opposoient, et qu'on a vu mesme que les prétentions du Roy n'estoient pas bornées et pouvoient s'estendre à des pays entiers, les princes de l'Empire ont eu de l'inquiétude et ensuitte en ont conçu une véritable jalousie. L'Empereur en a profité et l'a augmentée encore par ses émissaires dans toutes les cours d'Allemagne; il a proposé la levée d'un corps pour la sûreté de la paix et la conservation des limites; il y mesloit des mots captieux de dignité de l'Empire, et autres propres à luy donner la disposition entière de ce corps. C'est ce qui fait encore la grande affaire de la Diette. Le Roy a voulu donner une preuve convaincante de sa modération, en soubmettant ses intérests à ce qui seroit décidé dans une conférence de commissaires de part et d'autre, et s'est engagé cependant à surseoir à ses exécutions. L'Empereur a fait naistre plusieurs difficultés sur le lieu et les préliminaires de cette conférence dans le temps qu'il a porté les esprits de la Diette à consentir à l'armement. On en est là dessus. Le collége des villes consent à la levée de 30 000 hom-

---

[1] Voir la note de la page 272.

mes; il y a des princes qui en veulent 60 000; les
électeurs sont plus modérés et ne se détermi-
nent pas encore; on y joint beaucoup de restric-
tions et de mesures contre le mauvais usage qu'on
en pourroit faire. Il y a bien de l'apparence que
l'exécution recevra de grands obstacles, mais il y
en a aussy qu'on les surmontera petit à petit, et que
ce sera toujours un corps plus ou moins fort, mais
du moins contre nos intérests.

Il y a des princes puissants par eux-mesmes qui
s'opposent de bonne foy à un armement qui rend
les plus foibles esgaux à eux; ceux-là ne peuvent
point s'opposer à la pluralité des voix, se réser-
vant pour l'exécution des moyens qu'on proposera;
mais il sera facile de les satisfaire par des ayan-
tages particuliers, soit par le commandement de
ces troupes ou autres qui seront à leur bienséance;
si bien que, sans entrer dans tous les raisonnements qu'on fait pour persuader l'inutilité de cet
armement, je crois, entre vous et moy, que c'est
une affaire d'une très-dangereuse conséquence pour
nous. Elle peut, dans les irrésolutions, estre contraire aux entreprises de l'Empereur, mais celuy-cy
y trouvera ses avantages.

Il me reste, ce me semble, à vous nommer les
princes qui paroissent les plus déterminés à un
party. Le Roy compte sur M. de Brandebourg, sur
le duc de Zell et Wolfenbuttel, l'évesque de Munster,

l'électeur de Cologne. Il devoit compter sur Bavière,
mais je ne crois pas ce dernier si sûr, qu'il ne se laisse
éblouir par le commandement d'une des armées de
l'Empire et par d'autres vues inspirées par son conseil
entièrement autrichien. On peut compter encore sur
le mécontentement des sujets des Pays héréditaires,
ils sont portés à la révolte et il n'y a pas un seul
Estat qui n'ait ses députés en différentes cours, ce
que vous pouvez croire sur ma parole. L'Empereur
compte sur la grande jalousie qu'on a de la France,
sur la pluralité des voix à la Diette, sur son authorité
à faire exécuter les résolutions et en particulier sur
Saxe, Trèves, Palatin, Wirtzbourg, Saltzbourg,
enfin presque toutes les voix ecclésiastiques et petits
princes enclavés ou voisins de ses Estats. Il compte
encore sur toutes les puissances de l'Europe, du
moins croit-il estre assuré de leurs souhaits contre
la France. A cela il faut diminuer quelque chose.
Premièrement Saxe, sur qui il compte absolument,
n'est pas si sûr qu'il se l'imagine, et je le crois
plustost dans le party neutre, dont il faut dire quelque chose pour finir le petit plan que j'ay entrepris.
Il paroist composé de l'électeur de Mayence, de
Wurtemberg, de Munster, si on le laisse suivre son
inclination, et d'une infinité d'autres, lorsqu'ils ver-
ront de la sûreté à s'y attacher; je crois mesme que
c'est le plus fort, à moins que les avantages particuliers n'en retirent beaucoup de membres. Les

Hollandois sous main favorisent ce party, quoyqu'ils souhaitent l'armement de l'Empire, comme
une bride aux entreprises de l'un et de l'autre. Je
ne parle point des couronnes du Nord, parce que
c'est à vous d'en respondre ; ce que je puis seulement
vous en dire est que je ne les démesle pas, peut-
estre à cause qu'elles sont prudentes et cachées, ou
peut-estre parce qu'elles ne sont encore détermi-
nées à rien ; mais leurs démarches publiques et secrettes changent si souvent, qu'il est impossible de
juger de leur véritable pensée. Je sçais du moins
que les Danois font force propositions contre la
Suède, et, quand on veut les approfondir, ils biai-
sent et ne concluent rien ; la politique n'en est pas
bonne, puisqu'elle est reconnue, et qu'ils ne décou-
vrent rien, parce qu'on est en garde.

On peut joindre à tous ces partis un nombre de
princes qui croyent demeurer neutres, non pas
pour conserver la paix, mais pour profiter du besoin que l'un et l'autre auront d'eux, se faire donner de bons quartiers et s'attirer insensiblement
l'arbitrage des différends. Le duc de Hanovre est
le seul qui jusques icy se découvre dans cette pensée ;
il espère y joindre le reste de sa maison ; mais
c'est un party qui, n'ayant aucun avantage présent
et estant exposé comme il l'est aux événements qui
décideront d'un costé ou de l'autre, n'a pas beaucoup de partisans ; il se soustient néanmoins, et

plus on le recherche, plus il se confirme; la suitte
apparemment le pourra désabuser, aussy bien que
moy qui escris trop longtemps sur une matière
dont je n'ay que des cognoissances bien confuses
et qui, hors certains points dont je puis parler avec
certitude, ne parle des autres que sur des conjec-
tures incertaines; j'espère aussy qu'après les avoir
lues tout seul, vous voudrez bien leur faire l'honneur
de les jetter au feu, parce qu'ils ne sont bons qu'à
estre bruslés.

DE M. DE MARTANGIS A M. DE FEUQUIÈRES.

A Copenhague, le 9 juin 1681.

Le long temps qu'il y a que je n'ay receu de vos
nouvelles me donne sujet de me plaindre que vous
m'ayez oublié. Il est vray, Monsieur, que le voyage
de Gottembourg a un peu interrompu nostre commerce. Je n'ay pourtant pas laissé de vous informer du peu de chose que l'on y a fait. Vous voyez
que les grands desseins du Danemark ont abouty à
une petite forteresse que le roy de Danemark fait
faire sur le Veser, où nous devons retourner dans un
mois, après avoir visité toute la cavalerie danoise.

On se plaint un peu icy de ce que les ministres
de Suède qui sont en France appuyent fortement
la prétention que le duc de Gottorp a de fortifier
une place dans son pays, J'ay vu en repassant ce

bon prince à qui le Roy a la bonté de continuer sa protection.

Je sçais, Monsieur, que vous pressez vostre retour; mais comme il n'y a point encore de successeur nommé, j'espère que vous ne passerez à Copenhague qu'à mon retour d'Oldembourg et que vous aurez la bonté de vous rafraischir, je vous le demande en grâce.

Trouvez bon, je vous supplie, que j'assure icy MM. de La Picquetière et Le Vasseur de mes services.

J'ay trouvé le bon homme Bidal et sa femme en grande inquiétude d'une querelle qu'on leur a dit que le baron a avec un homme de la cour de Suède, qui se nomme, si je ne me trompe, Spaar, et qui est dans les Gardes du roy. On dit mesme qu'il y a eu desjà quelques paroles portées. Si vous pouvez, Monsieur, assoupir ou accommoder cette affaire, vous obligeriez sensiblement toute cette famille que vous connoissez fort officieuse.

———

DE M. DE BARRILLON[1] A M. LE MARQUIS DE FEUQUIÈRES.

A Londres, le 20 juin 1681.

L'affaire de Fitz-Harris[2] a fait tant de bruit icy, que je crois, Monsieur, vous en devoir rendre compte.

[1] Ambassadeur de France en Angleterre.

[2] Fitz-Harris, Irlandais catholique, s'était insinué dans la confiance de la maîtresse du roi Charles II, la belle duchesse de Port-

Elle s'est jugée hier : il a esté condamné comme coupable de haute trahison; il s'est fort mal deffendu; il a dit seulement qu'il avoit escrit et montré à Everard qu'il avoit dessein de découvrir par là une conspiration contre la personne de Sa Majesté Britannique, qu'il avoit esté prévenu par Everard qui l'avoit accusé, mais qu'il n'estoit point coupable, et qu'il avoit agy en cette occasion et en beaucoup d'autres par ordre, et avec la participation du roy d'Angleterre; que madame de Portsmouth et une fille qui est à elle, nommée mademoiselle Wall, sçavoient qu'il avoit eu de l'argent pour des services secrets. Madame de Portsmouth a esté entendue à Westminster; elle a dit qu'elle ne sçavoit point que Fitz-Harris eust eu aucun argent de Sa Majesté Britannique pour des services secrets ni pour aucunes intelligences particulières, mais qu'elle recognoissoit avoir parlé au roy pour luy faire donner de l'argent par charité, et qu'en effet Sa Majesté Britannique luy en avoit donné plusieurs fois comme à

smouth, en l'informant des libelles des wighs et des desseins formés contre elle et contre la cour, et il avait obtenu du roi, par son intermédiaire, un présent de 250 livres sterling. S'étant abandonné ensuite aux conseils d'un intrigant, nommé Everard, il composa contre le roi, le duc d'York et toute l'administration, un écrit dont son perfide ami s'empressa de donner connaissance à la cour. Livré à la justice, Fitz-Harris recourut au parti populaire, seul en état de le protéger et qui était comme l'arbitre de tous les procès de cette nature; mais ses révélations sur une prétendue conjuration papiste, moyen alors à la mode pour flatter l'opposition, ne purent sauver sa tête.

un homme de condition qui estoit fort pauvre. Mlle Wall a parlé longtemps et a exagéré la mauvaise foy de l'accusé, qui l'avoit employée pour obtenir, par le moyen de Madame de Portsmouth, quelque gratification de Sa Majesté Britannique. Les preuves ont esté si claires et si nettes contre Fitz-Harris, que les jurés n'ont pas esté assez hardis pour l'absoudre.

La cour prétend avoir en cela remporté un grand avantage. Il est certain que le party qui luy est opposé a fait son possible pour sauver Fitz-Harris.

Les ministres d'Espagne font grand bruit de l'affaire de Chini[1], et taschent d'esmouvoir les esprits contre nous. J'espère que tous leurs efforts seront inutiles et que l'on songera en ce pays-cy aux affaires du dedans préférablement à celles du dehors. Je suis, Monsieur, entièrement à vous,

---

DE M. LE COMTE DE RÉBENAC A M. DE FEUQUIÈRES.

A Potsdam, le 26 juillet 1681.

Enfin nous voicy de retour d'un voyage où la journée, à la fin de toutes, me coustoit 200 liv. J'en suis las et ruiné. Ce que j'y trouve de plus mauvais

---

[1] Le comté de Chini, près de Luxembourg, fut attribué à Louis XIV par les Chambres de réunion. Le roi d'Espagne fit des difficultés pour céder ce comté, mais il fut obligé de reconnaître que *le droit du plus fort est toujours le meilleur.*

est que les leçons qu'on me donne de Paris et autres lieux ne me sont d'aucune utilité, je les ai-
merois mieux si elles estoient accompagnées d'autre
chose.

J'ai eu l'honneur de vous escrire de Pyremont
que je m'y estois démis le pied et que, hors quatre
jours que je me suis traisné avec un baston, je ne
suis pas sorty de mon lit, ce qui a empesché que
je ne fusse meslé dans beaucoup de sottes intrigues
sur les premières visites entre les princes. Elles se
sont enfin terminées à ce que Monsieur l'électeur
de Brandebourg, qui estoit arrivé le premier et qui
par conséquent la debvoit aux autres, est demeuré
ferme, disant qu'il y avoit tant de différence entre
luy et eux que la règle ne le regardoit pas. Cela
a produit que tous luy sont venus rendre leurs
très-humbles devoirs, et entre autres le prince
George de Danemark, avec lequel il n'avoit jamais
voulu admettre le moindre expédient qui pust marquer l'égalité, quelle qu'elle fust. Ma curiosité seroit
assez de sçavoir comment la chose sera prise en
Danemark.

On s'est contenté de parler de festins et de ré-
jouissances, sans que ni les maistres ni les ministres y ayent meslé aucune affaire. C'est de quoy je
puis vous assurer. Il estoit bien venu de tous les
côtés du Rhin des gens qui se seroient fait un
plaisir particulier de chauffer toute la bonne com-

paguie et la porter à nous faire la guerre ; mais
le mot ne s'en trouve que sur les lèvres et le cœur
y a si peu de part, qu'on n'a pas sujet d'en rien
craindre, surtout le Roy faisant tant d'avances pour
conserver la paix.

Je vois bien que vous ne reviendrez pas de Suède
aussitost que je le croyois, et on me mande que
la chose ira encore jusques au printemps. Vostre
succession roule entre La Vauguyon et Tambon-
neau. Il y a des gens qui me fourrent sur la liste,
mais je ne remue ni pied ni patte. Qu'est-il donc
de la résidence de M. de La Piquetière? Pour
ce qui est des appointements, c'est une bonne
affaire ; mais le titre seul ne suffit pas à la satisfaction d'un homme. Je ne vous diray rien du Béarn
d'où l'on ne m'escrit que pour me parler de gresle
et autres accidents, avec de grandes exhortations
au mesnage. Ce que je sçais du paiement est que
celuy que Tourmont avoit nommé pour recevoir les
8 000 liv. les a touchées, et qu'il me paroist que
tout doit estre finy d'un bout à l'autre. Je n'ay rien
touché encore de vos 4 000 liv. ; je pense qu'il faudra que j'attende la fin de l'année, auquel temps
j'espère avec l'aide de Dieu en avoir d'ailleurs.

En revenant à Berlin, j'ay trouvé la maison où
j'estois partagée entre des héritiers. Une autre dont
j'estois assuré m'a manqué à cause qu'une vieille
femme de 80 ans s'est advisée que Dieu ne lui par-

donneroit jamais le crime de laisser dire la messe dans sa maison [1]. La seule qui se présente est composée de trois chambres, avec quelques galetas pour des valets. On en veut au dernier mot 1 000 escus payés par avance, et toute la maison à vendre se laisse à 3 000. L'expédient que j'y trouve est de n'en prendre point. Je loue deux chambres pour quand j'iray à Berlin, donne l'argent à despenser à mes gens, et feray louer la maison sous le nom d'un autre. La peste nous environne un peu.

DE M. DE FEUQUIÈRES A LOUIS XIV. *

A Stockholm, le 30 juillet 1681.

Sire, ce que je trouve de fâcheux pour vostre service est que Axel Wachmeister a repris le dessus dans la confiance du roy de Suède, et que ce prince est continuellement obsédé par six hommes hautement deschaînés contre la France, qui se relayent pour empescher que d'autres ne lui parlent. C'est la plus apparente cause des voyages de Conseure [2] et de la retraite continuelle où il est dans sa chambre à

---

[1] On comprend que cette vieille femme était protestante.

[2] Il existait une autre cause non moins apparente et plus réelle peut-être des voyages du jeune roi Charles XI à Kongsur, comme on le voit par l'extrait suivant de la dépêche du 4 juin de M. de Feuquières au Roi : « Le roy de Suède est à Conseure pour dix ou douze « jours. Il est amoureux d'une fille de la reine mère, et la reine sa « femme en est jalouse, ce qui fait quelque intrigue à la cour. »

Stockholm; et leur insolence va, à ce qu'on m'assure, jusqu'à le faire réveiller la nuit pour l'entretenir de leurs chimères. Je n'ai garde, Sire, de comprendre M. Oxenstiern dans ce nombre, parce qu'il en souffre lui-mesme, et qu'encores que ses principes me soient quelquefois suspects, néantmoins il escoute toujours la raison, et je ne doute nullement de sa bonne intention dans son devoir. Mais ces gens-là ne suivent que leurs passions, et, s'ils continuent à exclure, comme ils font, tous les autres, assurément j'aurai beaucoup plus de peine que jamais à bien servir V. M., et mon successeur sera fort à plaindre s'il n'a pas la langue, qui sera le seul moyen avec lequel il pourra les contrecarrer; mais aussi avec la langue, se trouvant en estime de brave homme et plus capable qu'eux de parler de la guerre, car ils ne payent que de bravoure et de propositions extresmes, il ne lui sera pas trop difficile de gagner l'esprit de ce prince pour le porter aux actions que V. M. désirera de lui.

V. M. ne manque pas de bons sujets à choisir pour cet emploi et bien meilleurs que mon fils aisné; mais pourtant, Sire, si Elle lui faisoit l'honneur de le préférer, je n'appréhenderois pas d'en recevoir de reproche; il est vrai qu'encores que je ne puisse avoir de plus sensible plaisir de mes enfants que de les voir en quelque estime auprès de V. M., néantmoins, Sire, je proteste que j'ai principalement considéré vostre service dans la proposition que j'ai faite de sa personne à M. de Croissy, croyant mesme qu'elle ne seroit pas désagréable au roy de Suède. Je suis, Sire, etc.

———

DE M. LE COMTE DÉ RÉBENAC A M. DE FEUQUIÈRES.

A Potsdam, le 6 août 1681.

J'ay esté sept ou huit jours en peine d'une fièvre que vostre belle-fille a eue, mais, quoiqu'elle ne soit pas encore finie, elle diminue si fort, que je crois présentement la malade hors d'intrigue. Vous me parlez toujours de la faire venir; c'est par l'envie que vous en avez, car, pour peu que vous y vouliez faire de réflexion, vous verrez que jusques icy ç'a esté impossible; et ce ne l'est pas moins à l'advenir. Vous voulez qu'elle vienne avec un train à la cavalière; pour la faire venir autrement, il en cousteroit 12 000 escus; pour venir à la cavalière, il n'en coustera que 6. Où est-ce que je les trouveray? et où pourrois-je en fournir 12 000? Je voudrois bien dans de certains temps estre assuré de la moitié; elle n'a pu en cinq ans m'envoyer que 4 000 livres en faisant, à ce qu'elle dit, de son mieux. Il ne faut donc pas s'en prendre à moy, et je n'ay de faute sur ce sujet en rien, mais elle est à ceux qui, sous le nom d'amis, me font enrager. Et je vois plus clair qu'on ne le croit dans les payements de ma charge : croyez-moy sur ma parole, on m'a fait tort de 10 000 escus, de bon compte; ce n'est pas par flatterie qu'on les a tirés, c'est par des rudesses insupportables. Vous me feriez un fort grand plaisir de me mander ce que sont devenus les 4 000 livres que vous avez voulu avancer pour moy; j'en demande des nouvelles, et on ne m'en dit pas; j'ay escrit plusieurs fois qu'on s'en passast si on pouvoit et on ne me respond rien. Enfin rien n'est plus constant que jamais on n'en a usé avec un homme de la manière dont on en use avec moy. Si on n'y donne ordre et que tant en Béarn qu'ailleurs on ne veuille me traiter comme on traiteroit tout autre homme, je demanderay mon congé au Roy tout droit, et le demanderay de manière qu'on ne me le refusera pas. Je sçais que ce sera la ruine de ma fortune; mais on me traite d'une façon qui, à la longue, m'est tout à fait insupportable.

Je ne vous mande point les nouvelles de ce pays-cy, il n'y en a aucune. L'Empereur échauffe les esprits du mieux qu'il peut, et peut-estre en viendra à bout, au dommage de ceux qui se laisseront échauffer. Une chose estonnante, c'est la manière dont il traite les princes de l'Empire et tous ses membres : il ne veut pas premièrement qu'ils ayent leurs députés aux conférences[1], prétendant

---

[1] Il y avait alors à Francfort un congrès où les ministres de France

avoir seul le droit de leur en faire part et de traiter seul ; il ne veut pas que les impositions se mettent selon la matricule de l'Empire et veut qu'elles soient arbitraires par des commissaires dont il aura la disposition. Jamais Charles-Quint n'a exigé ce que celuy-cy exige ; cependant il trouve une infinité de voix dévouées à ses volontés.

Une chose que nous avons par devers nous, c'est une puissance formidable bien gouvernée, le pays tranquille, les revenus du Roy clairs et une double frontière si bien fortifiée et tellement garnie, que MM. les Landskenets feront de méchants repas s'ils se mettent toutes ces places à dos, et les feront encore plus mauvais s'ils veulent les prendre l'une après l'autre. J'ay vu depuis peu de jours quelques gens de bon sens qui ont vu l'Alsace et la Flandre ; il n'est pas concevable de quelle beauté sont nos fortifications ni la quantité qu'il y en a le long de la frontière ; elles seront toutes en estat de défense au mois de décembre et achevées au mois de may ou de juin de l'année prochaine.

On me mande qu'il y a encore bien peu d'apparence à vostre congé, dont je suis bien fasché.

déclaraient que le Roi, voulant donner une preuve de son amour pour la paix, se contenterait de la ville de Strasbourg et des districts qu'il avait fait occuper avant le 1er août de cette année 1681. On ne put s'accorder, et le congrès fut dissous en 1682.

DE M. DE FEUQUIÈRES A M. COLBERT DE CROISSY. *

A Stockholm , le 13 août 1681.

Je sçais, Monsieur, que le Roy, qui connoist parfaitement les talens, a une infinité de sujets plus
capables que moy; c'est pourquoi, puisque vous
dittes si obligeamment qu'il ne tient plus qu'à choisir quelqu'un qui puisse servir comme j'ai fait, je
fais mon compte d'être bientost relevé. Je vous
dirai cependant sans compliment que vous expri-
mez si clairement les volontés du Roy, qu'il suffira
à celui-là de bien lire pour bien obéir. Mais une
grâce que je vous demande encore, Monsieur, est, s'il
vous plaist, de me vouloir envoyer au plus tost les
lettres du Roy pour ma retraite, afin que je puisse
partir avant les pluies qui commencent ordinairement à la fin de septembre. Le sieur de La Piquetière, qui est demeuré icy par ordre du Roy, pourra
suppléer, en attendant mon successeur, si S. M. l'a
plus agréable. Enfin, Monsieur, je vous en serai d'autant plus obligé que j'ai beaucoup d'impatience de
demander pardon au Roy de toutes mes erreurs et
de gouster de plus près la part que vous m'avez
promise en vostre amitié. Je suis, Monsieur, entièrement à vous.

DU MÊME AU MÊME.*

Encore aujourd'hui, Monsieur, je n'ai pas la hardiesse d'écrire au Roy, parce que je ne sçais rien
de nouveau qui touche le service de S. M., ni qui
mérite tant soit peu sa curiosité, et que je n'ai point
reçu cette semaine l'honneur de ses commandements.

Vous m'avez fait la grâce de m'apprendre, par
vostre billet du 30 juillet, la justice que les Espagnols se font en l'affaire du comte de Chini, qui
est de bon augure pour tous les droits du Roy, de
quelque costé que ce soit. Mais vous ne m'avez rien
appris, Monsieur, de ma destinée, à quoi pourtant
je m'attendois. Ne croyez pas, s'il vous plaist, que
mon impatience soit la maladie qu'on appelle *du
pays,* puisqu'on peut bien, dans la meilleure santé,
désirer la vue de son maistre, et connoistre sa propre famille après une absence de près de dix années, encores infructueuse à la fortune et qui
devient toujours plus dommageable aux affaires
domestiques.

Mais, entre nous, je m'aperçois d'une nouvelle
raison que je crains qui ne se fortifie à la longue,
c'est que je commence à manquer d'argent pour

faire honorablement ma retraite; Je ne vous demande pas, Monsieur, d'en parler au Roy, mais seulement je vous supplie d'y avoir égard, afin de ne rien diminuer aux assistances que j'attends de vostre bonté pour ma prompte délivrance. Je suis, Monsieur, etc.

DE M. LE COMTE DE RÉBENAC A M. DE FEUQUIÈRES.

A Berlin, le 23 août 1681.

Je croyois estre engagé à un grand détail pour vous rendre compte de ce qui se passe en Allemagne et des choses qui viennent à ma cognoissance, mais elles se réduisent néanmoins en peu de parolles, et on les explique en disant que le Roy a beaucoup de serviteurs et d'amis pendant la paix, mais aucun quand il s'agit de s'unir à l'Empereur ou au bien prétendu de l'Empire contre luy. Ses prétentions d'Alsace ont réveillé tout le monde, et on estoit sur le poinct de s'y opposer par la force, si les conférences de Francfort n'eussent radoucy les esprits, tant on estoit prévenu des conséquences de ces réunions. Ce n'est pas qu'il y eust de ligue formée, les alliances n'estoient point faites; mais un esprit généralement respandu sur tous les auroit formées en quinze jours. M. de Brandebourg s'en est esmu comme les autres; il a voulu dissimuler sous des termes honnestes ce qu'il avoit dans le cœur, mais il n'a pas laissé de le découvrir. Et pour vous dire le vray, il y a longtemps que je juge l'alliance des couronnes bien plus solide que la sienne, au point mesme que la cour a esté surprise de la force avec laquelle je la sollicitois. Tout cela n'est pourtant que préjugé à l'esgard de cette cour. Elle n'a fait aucune démarche formelle; ses remontrances n'ont esté que respectueuses. Il n'y a pas de jour où je ne la mette, par ordre du Roy, à de nouvelles espreuves, dont elle n'ose refuser aucune; mais je n'inspire en mesme temps que de la défiance. Si l'on m'en croit, on ne sera jamais la dupe de M. de Brandebourg. Il faut convenir qu'on a un penchant à la cour à l'estre si prodigieusement, que, si je ne m'y opposois continuellement, on pousseroit les choses au delà des bornes. Je me tire d'affaires en rendant compte du présent et meslant quelquefois mon avis sur l'avenir, n'estant, je vous assure, responsable d'aucun événement. Ma négociation devient plus difficile de jour en jour, et cela d'autant plus que c'est un jeu couvert, qui ne donne lieu à aucun éclaircissement, à moins que les gens n'en veuillent d'eux-mesmes. Comme en tout cela vous regardez peut-estre ma conduite particulière comme celle à laquelle vous prenez le plus d'intérest, je vous prie de croire qu'elle est fort pleine de circonspection, et, qu'estant sur mes gardes comme j'y suis, il est difficile que je donne dans des panneaux fort grossiers.

Comme je suis moy-mesme le plus méchant chiffreur du monde, je crois estre en droit de vous dire quelque chose là-dessus, et il est vray que de tout ce que vous prenez la peine de chiffrer vous-mesme, il m'est impossible d'en trouver le sens. Vostre lettre du 6 aoust en est une preuve fraische. Pour moy, je ne sçaurois respondre d'une seule ligne, tant je suis peu habile à chiffrer.

Vostre belle fille n'a plus de fièvre; elle dit en avoir esté fort bourrée.

Il faut que je vous dise un assez joly tour qu'on m'a fait. Mignon[1] me demande des chevaux, je luy en envoye six et les choisis si bien tournés que, quoique petits, ils me reviennent à 800 escus rendus à Paris ; la fantaisie luy passe d'en avoir de petits et il souhaitte d'en avoir de grands ; les miens arrivent, il ne les trouve pas à sa fantaisie et me mande qu'il en achepte d'autres. Mon intention estoit de les donner, comme vous pouvez croire. Mais ce qu'il y a encore de plus joly, c'est que mon secrétaire a pris la chose *ad referendum*, comme on dit en ces pays-cy, et il est vray que cet intervalle qui dure un mois ou cinq semaines me couste 10 livres par jour. Ce sont plus de 900 escus de bon argent pour avoir voulu inutilement faire plaisir à

---

[1] Commis principal de M. Colbert de Croissy. (Voir la note 2 de la page 131.)

ces maroufles-là. J'ay mandé en diligence qu'on payast la nourriture jusques au jour qu'on auroit reçu ma lettre et qu'on les menast dans l'escurïe de mon frère pour les employer à l'usage qui luy conviendra le mieux. Il en aura un bon prix s'il veut les vendre et un bon service s'il les garde. Je n'en suis pas moins bien dans les bonnes grâces de la maison[1], à ce qu'on me mande, mais on n'a jamais vu rien de si ridicule au monde.

———

DE LOUIS XIV A M. DE FEUQUIÈRES. *

1681.

Monsieur le marquis de Feuquières, je n'ay point reçu de vos lettres les deux derniers ordinaires, et quoyque celles que vous avez escrittes à M. Colbert de Croissy ne regardent que le besoin que vous avez de retourner bientost auprès de moy, et que je vous aye desjà fait connoistre sur ce point qu'il est de mon service que vous passiez cet hyver à la cour de Suède, j'ay cru vous devoir encores confirmer par cette dépesche ce qui est en cela de mes intentions et vous renouveller l'ordre que je vous ay desjà donné de m'escrire tousjours directement, quand mesme ce ne seroit que pour m'informer qu'il ne se passe rien à la cour où vous estes qui puisse faire le sujet de vos lettres.

———

[1] La maison de M. Colbert de Croissy.

L'ambassadeur de Suède demeure tousjours dans le silence, et il semble que les ministres de cette couronne cherchent partout ailleurs quels avantages ils peuvent trouver, plustost que de songer à s'attacher aux véritables intérests du roy leur maistre, qui ne se peuvent rencontrer solidement que dans un renouvellement d'alliance avec moy. Sur ce, je prie Dieu, etc.

DE M. DE FEUQUIÈRES A LOUIS XIV.*

A Stockholm, le 27 août 1681.

Sire, j'ay fait un compliment à la reine de Suède, au nom de Vostre Majesté, de la Reine, de Monseigneur et de Madame la Dauphine, sur la naissance de sa fille[1], supposant en avoir reçu les ordres. Elle s'en est tenue fort honorée. Cette princesse, Sire, est fort honneste et n'obmet rien de tout ce qui peut tesmoigner un grand respect pour Vostre Majesté et tout ce qui la touche.

Puisque Vostre Majesté me fait l'honneur de me déclarer sa volonté sur le congé que je lui avois très-humblement demandé, c'est à moi d'obéir. Je passerai, Sire, s'il plaist à Dieu, le dixième hiver de suitte en Suède. Je le ferai avec une parfaite soumission, par la vue de mon devoir; je le ferai avec plaisir, si Vostre Majesté y agrée mon

_____

[1] La princesse Hedwige-Sophie.

service, encores que sois assuré de ne relever jamais du mauvais estat où une si longue absence me
réduit. Mais, Sire, j'espère que je ne serai pas
pour cela esloigné de vos grâces et que Vostre Majesté se souviendra de moi et aux occasions dont
l'esloignement m'empesche d'estre averti et en
celles qu'Elle fait naistre quand il lui plaist. Après
quoi, Sire, je n'importunerai pas Vostre Majesté
d'un destail ennuyeux de mes misères. Si pourtant
Elle avoit agréable de s'en laisser informer par M. de
Croissy, je ne doutterois pas que sa pitié n'en fust
émue. Je suis, Sire, etc.

DU MÊME A M. COLBERT DE CROISSY. *

A Stockholm, le 27 août 1681.

Vous sçavez, Monsieur, si j'avois lieu d'attendre
toute autre chose par le dernier ordinaire que le
commandement que j'ai reçu. Je n'avois désiré mon
congé, il y a bien longtemps, qu'à cause de l'extrémité où estoient mes affaires, et il faut que je
me résolve dès le mois d'aoust à passer encores
un hiver en Suède. Je ferai néantmoins, Monsieur,
ce sacrifice, mesme avec agrément, à un bon
maistre qu'il y a toujours plaisir de servir. Mais,
Monsieur, ce ne sera pas, s'il vous plaist, sans vous
avoir auparavant déchargé mon cœur de l'empire-

ment de mes affaires qu'assurément Sa Majesté ne conçoit pas.

Il faut pour cela que je rappelle icy la première cause de ma ruine, qui est d'avoir, durant les troubles[1], conservé à mes dépens une des plus importantes et en mesme temps des plus méchantes places du royaume, et des plus abandonnées, sans vouloir rien exiger de la cour ni du peuple, selon l'usage d'alors. J'ai un bon témoin du premier en Monsieur le Chancelier[2], et vous sçavez mieux que personne si je dis vrai du second, puisque vous en avez pris connoissance par ordre du Roy. J'ai dans mes mains la preuve que, bien loin d'estre concussionnaire, j'ai remis au peuple en dix années 117 000 livres du peu qui m'estoit ordonné par arrest du Conseil, dont le tout, bien payé, n'auroit pas monté à la moitié du nécessaire pour le seul entretien de la garnison, et au quart des autres despenses dont j'estois chargé pour la conservation de la place; et cela a duré jusques à la paix.

Après cela, Monsieur, quand j'espérois restablir mes affaires par la jouissance du revenu qui estoit affecté à mon gouvernement auparavant la guerre et dans la plus profonde paix, je me suis trouvé, au lieu de cela, tellement retranché, que tout ce

[1] Les troubles de la Fronde.

[2] Michel Le Tellier, ami de Mazarin; il fit le traité de Ruel, et contribua puissamment à l'extinction des troubles de la Fronde.

que j'ai pu faire avec tous mes gages et appointemens n'a esté que de payer les rentes de mes
debtes, desquelles une partie avoit esté créée pour
conserver la place. Je satisfaisois néantmoins en
cela ponctuellement mes créanciers quand je suis
venu en Suède, et mon bien fournissoit à mon
entretien et à celui de mes enfans; présentement,
par l'augmentation de la dépense de mes enfans
et par les désordres que mon absence a causés,
je n'y sçaurois plus fournir, et je ressens mesme
beaucoup d'incommodité dans ma subsistance en
Suède, où il faut que je me réduise aux seuls appointemens d'ambassadeur.

J'ai laissé cependant anéantir pour plus de
40 000 écus de prétentions légitimes, qui ne sont
pas sur le Roy. J'ai perdu des occasions de marier
mon fils aisné avantageusement. Enfin, Monsieur,
j'ai esté esloigné des bienfaits de Sa Majesté, et je
n'ai seulement jamais pu sçavoir assez à temps,
non plus qu'à cette heure, ce que j'aurois pu lui
demander.

C'est, Monsieur, ce que m'a produit un emploi
bien long pour mon âge et assurément assez pé-
nible, ce qui empirera toujours, si déjà il n'est au
pis qu'il puisse estre, à moins que le Roy n'ait la
bonté de me faire et bientost une grâce considérable. J'aurai perdu deux fils par la guerre; mon
aisné y aura reçu deux grandes blessures, sans

aucun avancement à sa fortune, car je l'ai laissé
colonel de cavalerie et il l'est à cette heure d'infanterie. J'ai deux cadets, desquels l'un a vingt-six
ans, qui ne sont encore qu'enseignes; un abbé
qui n'a qu'à peine de quoi vivre, tant s'en faut
qu'il puisse assister ses frères. Voilà, Monsieur, ce que
je pourrois avoir l'honneur de représenter au Roy
si j'estois présent. Je ne doute point que sa pitié et
sa justice n'en fussent émues, car il y a de quoi
toucher l'une et l'autre. J'espère que vous ne me
refuserez pas d'y suppléer par vos bons offices, et
que vous voudrez bien vous assurer de la parfaite
reconnoissance que j'en conserverai avec toute ma
famille. Je rends grâce à Dieu, qui vous a fait estre
autrefois intendant des Trois-Évêchés, de ce que
vous estes maintenant en estat de témoigner au
Roy ce que vous y avez reconnu de ma conduite,
et je veux croire que c'est un moyen que la Providence a ordonné pour terminer mes malheurs. Je
suis, Monsieur, entièrement à vous.

DU MÊME A M. LE MARQUIS DE PAS.

A Stockholm, le 10 septembre 1681.

Je responds à vostre billet du 15 aoust. Vous ap-
pelez encore la survivance de Verdun un commencement d'établissement, quand j'ay dessus un brevet
de 100 000 escus, et moi je trouve que c'est un re-

culement; nous sommes bien loin de compte. Les
raisons que vous en avez ne me sont peut-estre pas
inconnues, et, si elles me le sont, vous devriez bien
me les apprendre, afin que je juge si elles sont plus
fortes que les miennes. Je vous ai envoyé la dernière semaine une copie qui n'est que l'échantillon
de ce que je fais, selon le conseil que vous me donnez,
pour me prévaloir du temps. Je fais bien d'autres
choses, mais je crains que cela ne soit inutile et
que je n'aie la gorge coupée en deux endroits par vos
fantaisies et celles de mon frère. Il a avancé quelques
propos de la coadjutorie de son abbaye[1]. Si vous
avez donné une vue de survivance, il ne faut pas
aller au devin pour sçavoir ce qui m'a fait refuser
de toutes les abbayes que j'ay demandées, et pourquoi on ne fait rien ni pour vous ni pour moi.
C'est qu'on nous attend à ces deux endroits-là, afin
de nous payer de notre propre argent. Au moins que
je sçache ce qui en est, afin que je prenne d'autres
mesures. S'il est vrai de la coadjutorie, je ne de-
manderai plus d'abbaye, car il seroit inutile; et s'il

[1] M. l'abbé de Feuquières désirait vivement, et avait sans
doute demandé que son neveu, M. l'abbé de Pas, lui fût donné
pour coadjuteur dans son abbaye du Relec en Bretagne, espérant
l'avoir ainsi plus facilement pour successeur dans cette grasse sinécure. Mais une coadjutorerie et une survivance de gouvernement
ne paraissaient point à M. de Feuquières suffisantes pour le plus jeune
et pour l'aîné de ses fils, et il aurait préféré avec raison obtenir immédiatement pour l'un une abbaye et pour l'autre un gouvernement.

est vrai de la survivance, je déclarerai au Roy que je n'en veux point, et vous déclare cependant à vous que je la réfuserai tousjours jusques à ce que j'aie payé 60 000 escus de debtes.

Je souhaitte que l'abbé[1] me vienne voir; cependant je vois qu'il fait des raisonnements contraires dont je ne suis pas satisfait. Quand on vous dit que je demeurerai en Suède jusques au printemps, ce n'est pas à dire que je n'y demeure davantage, et j'en puis aussi bien juger que personne par la connoissance que j'ai des affaires qui m'y retiennent. Et j'y serai cent ans sans avancement à vostre fortune si on a pris la vue de ma survivance. Si vous ne me dittes pas ce que vous avez fait et ce que vous sçavez là dessus, ne vous en prenez qu'à vous-mesme de l'événement et de vostre ruine. Pour moi, j'ai fait mon devoir.

Je me déclare goutteux et j'ai soixante-trois ans passés. Assurez-vous que je mourrai dans le sentiment que je vous dis et que, plus j'en serai proche, plus je m'y confirmerai, parce qu'il vient de ma conscience. Il n'y a point d'autre moyen de m'en démouvoir que celui que je dis. Adieu.

[1] M. l'abbé de Pas. M. de Feuquières ne vit point son souhait s'accomplir.

DE M. LE COMTE DE RÉBENAC A M. DE FEUQUIÈRES.

A Berlin, le 27 septembre 1681.

Je responds à vostre lettre du 10 de ce mois ; et sur ce qui regarde les affaires publiques, je vous diray comme une chose sûre que je ne suis chargé d'aucun événement, et que, de quelque manière que les choses tournent, on ne peut rien m'imputer avec justice. Je connois le naturel des gens à qui j'ay affaire ; on le connoist à la cour ; et de plus, on regarde comme un opéra d'avoir si long-temps fixé le mercure ; je ne sçay si ce sera pour toujours. Il faut du moins bien du manége pour y réussir. Je ne compte pas tant pour cela sur la bonne volonté que sur le manque de puissance.

Je ne démesle pas l'affaire des Deux-Ponts [1]. Le prince Adolphe prend-il l'investiture de l'Empe-

---

[1] « En ce même temps le roy de Suède fut ajourné par la chambre « de Metz pour rendre hommage pour le duché de Deux-Ponts, « comme fief mouvant de l'un des Trois-Évêchés. Ce prince fit faire « au Roy diverses remontrances par son ambassadeur ; mais, malgré « tout ce qu'il put alléguer, la chambre passa outre, et par sa sen- « tence ordonna qu'il prêteroit foi et hommage dans un certain temps, « à défaut de quoi le duché seroit réuni à la couronne. Le Roy, qui « s'étoit saisi de cet État pendant la guerre, le retenoit encore ; cepen- « dant, comme il ne vouloit pas profiter des dépouilles du roy de « Suède, il le donna au palatin de Birkenfeld, qui en reçut l'inves- « titure et prêta l'hommage. »

(REBOULET, Hist. du règne de Louis XIV, t. II.)

reur ou de nous? Et, si c'est de nous, est-ce qu'on n'aura pas consenti à tout du costé de la Suède?

<hr>

DU MÊME AU MÊME.

A Berlin, le 5 octobre 1681.

Je voudrois bien commencer par me plaindre un peu, vous jugerez mieux que moy si j'ay raison ou tort; mais il me semble que vous ne m'informez pas assez de la situation des Suédois, et qu'il seroit utile au service que j'en sçusse plus de particularités. La relation non pas d'amitié mais de haine, qu'on a dans cette cour avec eux, fait qu'on y prend un extrême intérest, et que, bien loin que la connoissance qu'on a des mauvaises intentions de la Suède nous oblige à de plus grandes mesures, on en est beaucoup plus fier, parce que c'est une chose si avantageuse à M. l'Électeur de la détacher de l'amitié de la France, que cela seul suffit à le jeter aveuglément dans nos intérests, comme les seuls où il trouve de la solidité.

Je vous parle de ce détachement de la Suède comme d'une chose qui fait du bruit, quoyque secrettement. On prétend qu'ils ont formé un projet d'alliance contre nous avec nos ennemis, et je le crois. Ils ont mis pour fondement la manutention des traittés de Westphalie et de Nimègue, sans parler de ceux de Zell et de Fontainebleau, et vous voyez que c'est un sujet d'ombrage pour Danemark, Bran-

debourg et Lunebourg. Messieurs les Suédois sur
cela bastissent des projets, font une quatriple alliance; mais ils comptent en gens qui n'ont pas connoissance des mesures secrettes qu'on a avec la pluspart de ces puissances. Je ne doute pas qu'on ne
vous en escrive comme à moi, c'est-à-dire les ministres du Roy, et que vous ne leur répondiez la
mesme chose, qui est une déférence aux ordres de
la cour; mais enfin, de quelque manière que ce soit,
il est constant que tout le monde croit la Suède
séparée de nous, et que sur cela seul on regarde en
Danemark la Schone, en Brandebourg la Poméranie, et en Lunebourg la Brême. Il leur sera du
moins plus aisé de perdre ces provinces que de les
conserver. Peut-estre y a-t-il de la vision en tout
cela; mais il peut arriver que tout d'un coup nous
voyions le traitté d'alliance formé. Il y a pourtant
une considération à y faire; c'est que de la manière
dont ces trois puissances ont pris la chose, ils nous
veulent comme persuader que leur amitié est in-
compatible avec celle de la Suède. Je diray comme
dans les almanachs : Dieu sur tout.

Il ne se passe rien icy qui mérite d'estre mandé.
On m'y caresse fort, et j'ay sujet d'estre content des
apparences.

Quand je fais réflexion sérieuse à ce projet de
traitté fait par la Suède, il me vient dans l'esprit
que ce pourroit bien estre une chose controuvée

par les Danois. C'est leur envoyé qui en fait confidence à celuy de Brandebourg, à la Haye, sans luy en vouloir donner copie; et dans le mesme temps ils en parlent, à Copenhague, au ministre du mesme prince; si bien que ce pourroit estre une fiction; mais par malheur pour les Suédois, on les croit capables de toutes les fautes.

DU MÊME AU MÊME.

A Berlin, le 15 octobre 1681.

Comme vous estes informé par M. d'Avaux de tout ce qui se trame à la Haye par les Suédois, soit qu'il soit vray ou supposé, je ne vous en diray rien de plus, si ce n'est qu'ils auront trouvé par là le moyen de désobliger leurs amis et de faire à leurs ennemis le plus grand plaisir du monde; il faut en juger par la joye qu'on en tesmoigne icy, où l'on ne s'en promet pas peu de chose. Je ne vous envoye pas non plus la copie du projet, ne doutant pas que vous ne l'ayez desjà.

Les affaires de Hongrie sont moins accommodées que jamais, comme vous l'aurez vu par les suittes; les Hongrois font, bien loin de là, plus de désordre qu'on n'en attendoit[1].

A l'esgard de cette cour-cy, je vous ay desjà

---

[1] Les Hongrois revendiquaient alors les libertés de leur pays; des agents français excitaient et entretenaient leurs mécontentements et leurs révoltes.

mandé les précautions que je prenois pour en estre
la dupe le moins qu'il se pourroit; la nouvelle
de Strasbourg[1] y est depuis cinq jours. On s'y ac-
commode fort bien, et j'espère que, par la promp-
titude avec laquelle on y apporte le lénitif, je seray
le premier qui apporteray à la cour les assurances
d'un consentement à une chose qu'on empesche-
roit pourtant si on le pouvoit; mais on s'y accom-
mode au moins d'assez bonne grâce.

Les voisins envoyent icy pour sonder ce qu'il
y auroit à faire dans cette conjoncture, et ma seule
occupation est de leur faire faire les mesmes responses qu'on me dit leur vouloir faire.

Je ne vous escris rien sur mes affaires particulières,
auxquelles je ne sçais aucun changement depuis la
dernière fois que j'ay eu l'honneur de vous escrire.

---

[1] « Louvois avait formé dès longtemps le dessein de donner Stras-
« bourg à son maître. L'or, l'intrigue et la terreur, qui lui avaient
« ouvert les portes de tant de villes, préparèrent son entrée dans
« Strasbourg (30 septembre 1681). Les magistrats furent gagnés. Le
« peuple fut consterné de voir à la fois 20 000 Français autour de ses
« remparts; les forts qui les défendaient près du Rhin, insultés et
« pris dans un moment; Louvois aux portes et les bourgmestres par-
« lant de se rendre : les pleurs et le désespoir des citoyens, amou-
« reux de la liberté, n'empêchèrent point qu'en un même jour le
« traité de reddition ne fût proposé par les magistrats et que Louvois
« ne prît possession de la ville. Vauban en a fait depuis, par les for-
« tifications qui l'entourent, la barrière la plus forte de la France. »

(VOLTAIRE.)

DE M. SIMON DE PAS A M. DE FEUQUIÈRES.

A Brest, le 20 octobre 1681.

Je n'ay pas pu vous escrire depuis Gibraltar; nous avons toujours esté de costé et d'autre depuis ce temps-là, sans toucher en aucun endroit d'où les postes fussent sûres. Il y a quinze jours que nous sommes de retour, et on veut nous renvoyer, à la mer pour le reste de l'année. J'ay demandé mon congé en arrivant; je n'en ay encore eu aucune response; mais cela n'empeschera pas que je ne me dispense du voyage, qui pourroit me faire grand tort, en m'empeschant d'aller cet hyver à Paris, où il faut que je sois de nécessité pour solliciter d'estre fait capitaine. Je vous prie de m'aider à faire ce pas-là. Vous écrivistes l'année passée inutilement à M. de Seignelay et au Roy mesme, pour me faire lieutenant; mais comme il n'y eut point de promotion, cela ne doit point vous rebutter, au contraire. Si vous voulez prendre la peine de rescrire pour me faire capitaine, je solliciteray de mon costé, et feray parler par M. de Luxembourg et le duc de Gramont; la chose pourra bien réussir; pour moy je ne la tiens pas trop difficile; en tout cas, il faut entreprendre, cela ne sçauroit faire que du bien en me mettant des premiers sur les rangs pour l'année prochaine, et peut-être mesme, si le ministre est un peu pressé, pourrois-je bien estre nommé cet hyver.

On attend Monsieur l'Abbé à son abbaye ; j'iray l'y voir d'abord qu'il y sera ; et apparemment je m'en retourneray avec luy, pourvù qu'il ne soit pas trop longtemps en ce pays-là. On m'a mandé que vous reviendrez ce printemps ; je suis fasché que ce soit si tard ; en voilà encore pour un an avant que j'aye l'honneur de vous voir. J'ay un avis à vous donner, que je souhaiterois fort que vous voulissiez suivre ; c'est de demander au Roy un vaisseau pour vostre retour, au lieu de vous en revenir par terre ; cela vous espargneroit beaucoup de frais et de peine ; je serois nommé dessus, et l'on se feroit un honneur de n'envoyer pas le fils d'un ambassadeur chercher son père avec un aussy petit employ qu'est le mien. Je vous assure que cela ne contribueroit pas peu à me faire avoir ce que je demande ; et ce qui est de sûr, c'est qu'on ne vous le refuseroit point ; M. de Guillerague[1] en a bien obtenu un, M. d'Oppède[2], l'ambassadeur de Savoye mesme pour aller en Portugal. Vous voulez bien qu'à la fin de ma lettre je vous rafraischisse la mémoire d'une affaire de conséquence ; c'est que je suis fort gueux.

[1] Ambassadeur de France à Constantinople.
[2] M. de Forbin d'Oppède, ambassadeur de France à Lisbonne.

A Berlin, le 2 novembre 1681.

J'ay reçu la lettre que vous m'avez fait l'honneur
de m'escrire du 15 octobre. Je ne vous répéteray
rien sur ce qui regarde vos affaires particulières
et vos vues d'un establissement pour mon frère
dans un mariage, parce que si vous estiez encore
dix ans absent, il est sûr que vous n'y changeriez
rien, que vous ne trouveriez aucun amendement à
vos affaires, et qu'au contraire elles empireront
tous les jours. Pour la transplantation du Béarn en
Allemagne[1], c'est une chose résolue au printemps
prochain, et on n'y perd aucun temps de part ni
d'autre.

Vous aurez esté plus éclaircy dans la suitte de
l'entreprise de Strasbourg. Je m'y vois tympanisé à
mon ordinaire par les mauvais traitements qu'on
me fait icy et les pierres qu'on m'y jette à la teste,
si on en veut croire les gazetiers allemands et hollandois. Mais il faut sçavoir quelles pierres on me
jette : ce sont celles d'une fort belle épée de dia-
mants que M. l'Électeur me force de recevoir, trois

---

[1] Par ces mots de *transplantation du Béarn en Allemagne*, on comprend qu'il s'agit de Madame de Rébenac ; son mari s'était enfin décidé à la faire venir près de lui en Allemagne.

jours après qu'il sçait Strasbourg pris. Je ne la pense
point encore faire paroistre, jusqu'à ce que j'en aye
la permission du Roy, qui, comme vous pourrez
juger par la conjoncture, ne trouvera pas mauvais
que son ministre soit traitté avec quelque distinction par le prince de l'Allemagne qui donne le plus
de poids aux affaires. J'ay esté bien aise d'avoir de
vous les particularités de l'affaire des Deux-Ponts.
Il seroit à craindre que l'assurance qu'on vous donne
de n'entrer en aucune ligue contre les intérests du
Roy, ne fust conçue en des termes captieux, le
projet qu'on publie sous le nom de Suède n'estant
plein que d'expressions de cette nature, mais le
fonds y estant tout à fait contraire ; par exemple, il
est dit qu'on garantira la paix de Nimègue, selon
le véritable sens dans lequel elle doit estre entendue. Pour le Danemark, auquel on prend si grande
confiance en Suède, il est constant qu'il joue son
personnage naturel sur les intérests des Suédois ; et
le seul bruit de son union avec la Suède luy porte
tant de préjudice, qu'il s'en dégagera bientost. Plus
j'y fais de réflexion, et plus je me persuade qu'il est
l'auteur du projet qui court sous le nom de Suède.
Si j'avois eu le temps, je vous aurois chiffré ma
lettre ; mais je ne l'ay pas eu, et je la hasarde telle
qu'elle est.

DU MÊME AU MÊME.

A Berlin, le 18 novembre 1681.

Plus je fais de réflexion à tout ce que vous me mandez dans vos lettres des 29 et 31 octobre, et plus je vois qu'on en doit estre moins surppris, n'y ayant rien eu dans la conduite de la Suède depuis fort longtemps qui n'ait dû faire juger que le plus mauvais party estoit toujours celuy qu'elle trouveroit le meilleur. Ce qui est arrivé[1] en fournit une bonne preuve. La seule chose qui m'en paroisse fascheuse, est qu'elle vous soit arrivée, finissant une longue suite de travaux par un événement désagréable, qui est l'escueil presque assuré de ceux qui demeurent longtemps en mesme lieu. Vous avez sur cela toute la consolation qu'on peut avoir en pareil cas, de l'avoir prévu et fait ce qu'on a pu de mieux pour l'empescher.

Cette démarche descrie plus la Suède que touttes les autres fautes : et on en peut juger par la joye que ses ennemis en ressentent. Jamais je n'en ay vu une pareille à celle de Monsieur l'électeur, quand je luy eus dit la chose. Il y a plus de trois mois qu'il

---

[1] Le gouvernement de la Suède, ayant changé de politique, négociait alors avec les ennemis de la France un traité d'alliance défensive.

m'en parle comme d'une affaire assurée. Mais ils n'en demeureront pas en si beau chemin. Et si vous ne sortez de ce maudit pays, maintenant que la porte vous en est encore ouverte, je vous assure que vous n'en sortirez que par la fenestre, ét avant qu'il soit peu.

On se trompe bien si on compte en Suède sur l'amitié de Brandebourg. Elle est telle que, si le Roy veut me donner pouvoir de conclure, je m'engage à le mettre dans le milieu de la Poméranie avant qu'il soit deux mois. Et vous verrez qu'on prendra la chose avec fierté et hauteur à la cour; on n'en fait pas la petite bouche avec la Hollande, à plus forte raison avec la Suède qu'on éstime et craint moins. Pour le Danemark, je ne sçay qu'en dire, en ce que Monsieur de Martangis en rend si peu de compte aux autres, et y est mesme un saint d'une si petite figure, que je vois peu d'apparence qu'il le gouverne à sa fantaisie. Mais ce que j'en sçay seulement, est que sous main les ministres de Danemark rendent la Suède si odieuse, et par tant d'endroits, qu'il y a peu d'apparence en ce qu'ils croyent pouvoir subsister dans les mesmes intérests. Il n'y a point de traitté entre le roi et l'électeur qui engage à garantir des conquestes; et c'est purement un traitté défensif, mais des plus forts.

Je ne suis pas du mesme sentiment que vous, du

moins tout à fait, pour ce qui regarde l'entrée du
Roy dans le traitté d'association; je voudrois qu'il
y entrast, mais avec plus de dignité, en formant un
party de ses alliés dont il seroit le chef, et décla-
rant qu'il y entre pour s'opposer aux mauvaises
interprétations de ceux qui, pour troubler de
nouveau la paix de l'Europe, se servent du prétexte spécieux de vouloir la conserver. J'explique
amplement ma pensée dans ma despesche d'aujour-
d'huy; mais j'emprunte un nom pour ne pas me
mettre sur le pied de dire mon avis quand on ne
me le demande pas, rien ne me convenant moins
avec ces gens-cy.

Je ne vous dis rien de mes affaires particulières,
n'y ayant rien de changé. Ma sœur est près
d'accoucher, je vois bien qu'elle veut estre bientost aussy avancée que sa belle-sœur.

DE LOUIS XIV A M. DE FEUQUIÈRES.

A Saint-Germain-en-Laye, le 11 décembre 1681.

Monsieur le marquis de Feuquières, ma dernière
despesche, du 4 dernier, vous aura fait voir que le
sieur Bielke s'est servy icy des mesmes raisons que
vous m'escrivez, par vostre lettre du 19 novembre,
avoir esté alléguées par le sieur Oxenstiern dans la
conversation que vous avez eue avec luy, pour justifier les motifs que le roy son maître a eus dans la
conclusion du traité d'association, et vous persuader

qu'il est résolu de renouveller l'alliance avec moy.
Mais comme le mespris qu'on commence de faire de
ce traité dans l'Empire, le peu d'estime qu'en a fait
aussy l'Angleterre, et l'espérance qu'il donne à tous
les ennemis de la Suède qu'après une démarche
si contraire à mes intérests je pourray bien aussy
abandonner ceux de cette couronne, sont les seules
raisons qui obligent les ministres de la cour où vous
estes à vous parler avec plus de douceur et d'honnesteté, il est bon aussy que vous vous expliquiez
à eux avec la mesme fermeté qu'on a fait icy de ma
part au sieur Bielke, qui est qu'il n'est plus temps
de recommencer une négociation de longue durée;
que mon intention est ou de renouveller promptement une alliance avec la Suède, ou de prendre
d'autres mesures pour me précautionner contre
toutes les suites que pourroit avoir le traitté d'association; qu'en vain soutiennent-ils qu'il ne me peut
estre d'aucun préjudice, puisque j'ay toujours déclaré vouloir maintenir les traittés de Westphalie et
de Nimègue, qu'encores que je les aye tousjours
effectivement proposés pour le fondement de mes alliances, néanmoins je ne puis pas considérer comme
mes amis ceux qui, dans le temps qu'on me veut
disputer la possession dans laquelle je suis des
droits qui m'appartiennent, en conséquence des
derniers traittés, poursuivent une ligue pour se rendre les interprètes et les arbitres de mes droits, et

employent secrètement toutes sortes de moyens pour
faire entrer dans cette association les ennemis de ma
couronne; que les propositions raisonnables que j'ay
faites pour l'accommodement des différends que j'ay
avec l'Empire ont empesché que cette association
n'ait esté suivie, et qu'il n'y a pas lieu de croire qu'elle
ait tout l'effet que la Suède en espéroit; néantmoins
que, comme elle en sollicite tousjours avec la mesme
ardeur la ratification, je ne prétends plus différer
ou de conclure une alliance avec le Roy de Suède
à des conditions raisonnables, ou d'en offrir d'assez
avantageuses aux autres princes pour les engager
dans mes intérests.

Le sieur Bielke a demandé du temps pour envoyer incessamment un courrier au roy son maistre, et je luy ay fait dire que, suivant l'estat où je
me trouverois lors du retour de son courrier, je
répondrois aux propositions qu'il me faisoit. Comme
je ne doute point qu'on n'ait de longues conférences
avec vous sur ce sujet, vous en parlerez de la manière que je viens de l'expliquer : et vous me rendrez un compte exact de tout ce qui se fera dans
vos entretiens, et des ordres qui seront envoyés au
sieur Bielke.

Je suis bien aise mesme de vous dire, pour vous
informer plus particulièrement des sentimens de
cette cour, et vous donner lieu, s'il est possible,
de faire voir au comte Oxenstiern que ses inten-

tions ne sont pas si sincères qu'il vous le veut
persuader, que j'ay des avis de Vienne que.le
sieur Oxenstiern son neveu a dit aux ministres de
cette cour que le roy son maistre voit avec desplaisir tout ce que je fais dans l'Allemagne et en
Flandres[1]; qu'encores qu'il en soit des plus esloignés, il sera des premiers à se joindre avec la maison d'Autriche, pour empescher mes entreprises;
que comme un de ses prédécesseurs[2] a esté le premier à s'opposer à la puissance trop formidable
pour lors de la maison d'Autriche, il veut estre
aussy le premier à réduire ma couronne dans de plus
étroites bornes.

Comme ce discours fait voir clairement ce que
je dois attendre du gouvernement présent de Suède,
vous ne devez aussy rien dire au lieu où vous estes

---

[1] Un grand nombre de villes et de districts, *avec leurs dépendances*,
avaient été donnés à la France par les traités de Westphalie, d'Aix-
la-Chapelle et de Nimègue. Louis XIV, faisant de la paix un temps
de conquêtes, établit dans les parlements de Metz et de Besançon, et
dans le conseil souverain d'Alsace, des *Chambres de réunion*, qui déclarèrent que tout ce qui avait *dépendu* antérieurement des pays en
question devait y être incorporé de nouveau, et adjugèrent à la
France plusieurs villes et seigneuries des trois évêchés de Metz, Toul
et Verdun, et des provinces d'Alsace, de Franche-Comté et de
Flandre. L'une de ces *dépendances* n'était rien moins que Strasbourg.
L'Europe s'alarma de nouveau et forma contre la France une alliance
générale, où la Suède et la Hollande entrèrent les premières par un
traité signé à la Haye le 30 septembre 1681.

[2] Gustave-Adolphe, dans la guerre de Trente ans.

qui m'engage à attendre de nouvelles résolutions
de-cette cour; et au contraire, vous pouvez leur
laisser appréhender toutes les résolutions que leur
conduite me peut obliger de prendre. Sur ce, etc

DE M. DE FEUQUIÈRES A LOUIS XIV. *

A Stockholm, le 17 décembre 1681.

J'ai vu, Sire, dans une gazette que M. le maréchal de La Ferté est mort[1]. Je suis si mal informé
de ce qui se passe, que j'ignore encore si Monsieur son fils[2] est revestu de ses gouvernements.
Mais je n'en suis pas, Sire, moins assuré que Vostre Majesté aura la bonté d'excuser le contre-temps
que peut-estre je prends, faute d'avis. Et, dans cette
confiance, je la supplie très-humblement de me
permettre de lui ramentevoir ce que j'ai eu l'honneur de lui représenter deux fois, mais il y a bien
longtemps, qui est, Sire, que le feu Roy m'ayant
honoré du gouvernement particulier de Verdun,
voulut bien aussi me faire espérer avec le temps
celui de la province qui vaquoit de mesme par la
mort de mon père. M. le cardinal de Richelieu, du-

---

[1] Henri de Senneterre, maréchal duc de La Ferté, mort en septembre 1681. Il était gouverneur et lieutenant-général des pays Messin
et Verdunois, et gouverneur particulier des ville et citadelle de Metz.

[2] Henri-François de Senneterre, duc de La Ferté, pair de France,
mort en 1703.

rant sa dernière maladie et en mon absence, en
fit ressouvenir Sa Majesté et l'y trouva disposée.
Mais bientost après, Sa Majesté estant décédée, il
parut une autre disposition en faveur de M. de Mortemart[1], qui obtint aussi le gouvernement de Metz,
vaquant par la mort de M. de La Valette[2]. Et j'estois,
Sire, en traitté avec M. de Mortemart, avec l'agrément de la Reine[3], qui avoit la bonté d'y contribuer, lorsque Messeigneurs les Princes désirèrent
que ces deux provinces, avec le gouvernément
particulier de Metz, fussent adjoustées à la charge
des Suisses, pour dédommager M. de Schomberg[4]
du gouvernement de Languedoc. Depuis la mort
de ce dernier, M. le cardinal Mazarin, jusqu'à la
sienne, m'a continuellement promis cette grâce
ou une plus considérable. Je sçais bien, Sire, qu'une
attente de quarante-deux années et les services que
j'ai tâché de rendre à Vostre Majesté ne me donnent point de droit sur ses bienfaits, puisque je lui
dois tout; mais pourtant, Sire, je serois extraordinairement malheureux si mon absence me faisoit

[1] Gabriel de Rochechouart, duc de Mortemart, pair de France,
mort en 1675.

[2] Le cardinal de La Valette, gouverneur de Metz et du pays Messin,
après la démission de son frère le duc d'Épernon.

[3] Anne d'Autriche, régente pendant la minorité de Louis XIV.

[4] Charles de Schomberg, duc d'Hallwin, maréchal de France,
colonel général des Suisses et Grisons. Il s'était démis du gouvernement
du Languedoc pour le céder à M. le duc d'Orléans. Mort en 1656.

continuellement perdre les occasions auxquelles la charité de·Vostre Majesté se pourroit émouvoir en ma faveur, principalement, Sire, quand la mesme cause a mis un désordre dans mes affaires qu'il m'est impossible de pouvoir jamais réparer. C'est, Sire, ce qu'avec un très-profond respect je prends la hardiesse de représenter à Vostre Majesté, me remettant à sa bonté avec une entière confiance[1]. Je suis, Sire, etc.

DE M. SIMON DE PAS A M. DE FEUQUIÈRES[2].

A Cadix, le 20 décembre 1681.

Je n'ay pas voulu vous escrire plus tost, dans la pensée que j'arriverois en France avant mes lettres; mais le commerce nous a retenus icy trois semaines de plus qu'on ne pensoit, et, dans le moment où nous espérions partir, il est arrivé un bastiment envoyé de Brest pour nous porter des ordres d'aller contre les Algériens, qui depuis six semaines ont dé-

---

[1] Le 12 mars 1682, M. Colbert de Croissy répondit à M. de Feu-quières : « Le Roy n'a pas jugé, Monsieur, qu'il y eust rien à respon-« dre à ce que vous luy escrivistes le 17 décembre, touchant la jonc-« tion à vostre gouvernement de Verdun de la province qui est « attachée à celuy de Metz, parce que S. M. ne pouvoit douter qu'on « ne vous eust informé que M. le duc de La Ferté estoit depuis long-« temps pourvu de la survivance du gouvernement de Metz, en la « mesme manière dont le feu maréchal son père en jouissoit. »

[2] « En 1681, l'amiral Duquesne poursuivoit des corsaires de Tri-« poli jusque dans le port de Chio, et il les y cribla de canonnades, « sans ménager les habitants de la ville, dont plusieurs furent tués

claré la guerre au Roy. Nous attendons pour cela
une flotte chargée de vivres pour trois mois. Si
j'avois prévu que la campagne eust dû estre si longue, je ne me serois point embarqué, j'aurois
beaucoup mieux fait d'aller planter le piquet à la
porte de M. de Seignelay, pour n'en point sortir sans la commission de capitaine, au lieu que je
seray fort heureux s'il a la bonté de me faire lieutenant estant esloigné. Je m'en vais passer un cruel
hyver; tenir la mer d'un mois de mars à l'autre
est quelque chose de plus rude qu'on ne peut se
l'imaginer. Il n'y a qu'une chose qui puisse m'en
consoler, qui est de vous trouver de retour en arrivant en France, ou du moins d'y trouver un ordre

« dans les rues et dans les maisons ; plusieurs de ces maisons et des
« mosquées furent incendiées, et cette cruelle exécution militaire fut
« faite sous les yeux du Capitan-Pacha, qui lui-même étoit entré
« dans le port avec trente-six galères. L'année suivante, Duquesne
« fut chargé de châtier aussi les corsaires d'Alger : le 20 juillet, il
« brûla deux de leurs vaisseaux dans le port de Chertchell. Il vint
« ensuite insulter la ville même d'Alger dans la nuit du 30 août, et
« dans celle du 4 septembre il fit avancer des galiotes jusqu'à peu de
« distance des murs, et il jeta deux cents bombes qui abattirent une
« centaine de maisons et endommagèrent quelques vaisseaux. »

(SISMONDI, *Hist. des Français.*)

On peut consulter aussi, pour plus de détail sur ces deux expédi-
tions, les *Lettres de Duquesne*, publiées par M. de Monmerqué à la suite
des *Mémoires du marquis de Villette*. Ces lettres sont tirées de la collection des papiers de famille de Madame la duchesse Decazes. (Voir
la note de la page 159, t. III.)

pour vous aller chercher avec un vaisseau, comme je vous l'ay mandé; je voudrois fort que cette voiture vous accommodast, et que vous l'eussiez demandée. Il n'y a rien de nouveau à vous mander de ce pays-cy, sinon que la peste n'y est plus guères.

DE M. LE BOURGEOIS[1] A M. DE FEUQUIÈRES.

A Verdun, le 18 janvier 1682.

Monseigneur, la crainte que j'ay eue d'estre importun à Vostre Excellence a fait que je ne luy ay pas rendu mes respects aussi souvent que je l'ay souhaité, que je ne l'ay pas informée des règlements intervenus entre les corps de cette ville, et tesmoigné la joie que j'ay eue de la place dont le Roy l'a honorée dans son Conseil ordinaire. Je me suis contenté, Monseigneur, de rendre ce devoir à M. le Marquis. Depuis que j'ay appris que les grandes occupations de Vostre Excellence luy permettent de se souvenir du particulier, je prends la liberté de luy tesmoigner la juste impatience que j'ay de la voir remplir cette place si importante à toute la France, à cette ville particulièrement, et à nostre compagnie, en luy souhaitant, à ce renouvellement d'année, toutes sortes de prospérité, santé et prompt retour, et l'assurant que je suis, avec un profond respect, Monseigneur, etc.

[1] Lieutenant-général au bailliage de Verdun.

DE M. DE FEUQUIÈRES A M. COLBERT DE CROISSY.*

A Stockholm, le 15 avril 1682.

L'espérance, Monsieur, de mon prochain congé, et les quatre mille escus qu'il a plu au Roy d'y ajouter[1], sont deux grâces que je dois à vos bons offices ; et ce que je puis dire pour vous en remercier, est que ma reconnoissance est proportionnée à l'obligation que je vous en ai, laquelle est d'autant plus grande, que j'avois grand besoin de l'une et de l'autre. Je n'en ai pas moins, Monsieur, de la continuation de l'honneur de vostre amitié, et je vous supplie, avec beaucoup de confiance, de me la conserver comme à celui qui est véritablement vostre très-humble et très-obéissant serviteur.

DU MÊME A LOUIS XIV. *

A Stockholm, le 22 juillet 1682.

Sire, M. Bazin est arrivé samedi, et j'ai reçu dimanche la lettre du 2 de ce mois, de laquelle il a plu à Vostre Majesté de m'honorer ; je la lui ai

---

[1] Le Roi avait écrit à M. de Feuquières le 26 mars : « J'ay nommé « le sieur Bazin, maistre des requestes ordinaire, pour mon am- « bassadeur en Suède, et je le feray partir le plus diligemment qu'il « se pourra pour vous aller relever. Et j'ay bien voulu vous accorder « une gratification de 4 000 escus pour les frais extraordinaires de « vostre retour. »

communiquée, avec toutes celles qui sont de dates postérieures à ses instructions.

Vostre Majesté nous confirme à tous les deux la défense que j'avois déjà, en mon particulier, de faire aucune avance et de rien dire en cette cour dont on puisse se prévaloir pour donner de l'ombrage à vos alliés, en attendant que, sur le compte que j'aurai l'honneur de rendre en personne à Vostre Majesté, Elle envoye de nouveaux ordres à M. Bazin. J'ai, Sire, toujours observé cette conduite aussi régulièrement que Vostre Majesté a vu dans mes précédentes, quoi qu'en puissent dire ailleurs les ministres de Suède, et je l'ai fait plus que jamais cette semaine, en quatre différentes occasions, ayant vu autant de fois assez amplement le roy de Suède et M. Oxenstiern ensemble, sans leur parler que de choses indifférentes, si ce n'est qu'aux deux dernières fois, depuis avoir vu M. Bazin, je me suis étendu, comme je devois et pour la vérité et pour le bien de vostre service sur son mérite personnel, et que j'ai obtenu pour lui la liberté de voir ce prince avant son audience de cérémonie. Je continuerai, Sire, de mesme jusqu'à mon départ, duquel le temps est encore incertain par une difficulté qui est née depuis quelques jours touchant le cérémonial.

C'est, Sire, qu'on a fait un règlement duquel je n'avois jamais entendu parler, et que j'ai desclaré que je ne m'y accommoderois pas, à cause qu'il diminue l'honneur qu'on a accoustumé de rendre aux ambassadeurs de Vostre Majesté. Je sçavois bien, Sire, qu'avant mon temps on leur avoit retranché le cortége et le traitement de trois jours à l'entrée et à la sortie de l'ambassade, et ne m'en estois point formalisé à mon arrivée, ne doutant nullement que Vostre Majesté ne l'eust approuvé. Mais, au lieu qu'à ma première audience deux sénateurs me vinrent prendre en mon logis dans le carrosse du roy et me laissèrent seul dans le fond, l'introducteur est venu dire ce matin que j'aurois mon audience samedi prochain, pourvu que je me résolusse à n'avoir qu'un sénateur. Il a dit pour raison que le roy son maistre ne croit pas que Vostre Majesté trouve mauvais qu'il fasse des règlements dans son royaume; qu'un sénateur, qui est la première dignité, se peut bien accomparer à un prince, non du sang, qui accompagne en France en semblable occasion les ambassadeurs des testes couronnées, et enfin que la pratique en a esté establie l'année passée en la personne de l'ambassadeur de Danemark. J'ai respondu, Sire, que cet exemple, quand il m'auroit esté connu et notifié, ne me touche point, et qu'estant une nouveauté à mon esgard, il faut nécessairement que j'en reçoive vos ordres; c'est, Sire, où j'en suis. Mais peut-estre qu'il y aura du changement, parce que M. Oxenstiern prend en cela le bon parti, alléguant en ma faveur, pour exception au règlement, que je mérite bien un passe-droit par les assistances que le roy de Suède a reçues de Vostre Majesté durant mon ambassade et par la qualité d'*extraordinaire*, qui ne tire pas présentement à conséquence. M. Bazin, en mesme temps, desclare qu'il n'agira pas avant que je sois congédié. Nous verrons ce qu'un peu de temps pourra produire. Je pourrai toujours prendre le parti de m'en aller sans audience de cérémonie, en quoi au moins le caractère dont Vostre Majesté m'a honoré ne sera point intéressé, et M. Bazin aura la faculté d'agir incognito, en attendant vos ordres pour ce qui touchera le sien.

Il est arrivé une autre affaire qui pouvoit devenir considérable, si M. Oxenstiern n'avoit fait entendre raison au roy de Suède. C'est, Sire, que les bourguemestres avoient fait citer dans ma maison un homme qui y est réfugié, prenant leur temps que j'estois dehors et la plupart de mes gens. Sur la plainte que j'en ai faite, un bourguemestre et deux conseillers de ville me sont venus demander pardon de la part du corps, par ordre exprès du roy; de quoi j'ai cru me devoir satisfaire.

La cérémonie du baptesme du prince de Suède [1]

---

[1] Charles XII, roi de Suède, né le 27 juin 1682, et non le 7 juin 1683, comme le dit Lagerbring dans son *Histoire de Suède*, au passage cité à la page 150. Tué en 1718 au siége de Frédérischall.

se fera aujourd'huy. Le prince George de Danemark
et le duc de Holstein seront les parrains avec l'évesque d'Estin. Et comme il s'est trouvé difficulté pour
le rang des deux premiers entre l'envoyé de Danemark et le sieur du Cros, envoyé de Holstein,
qui devoient estre leurs représentans, on a résolu
de les faire représenter tous trois par un seul sénateur. La reine mère représentera seule aussi la
reine Christine, la jeune reine de Danemark, madame Gustraw et une autre sœur de la reine mère,
qui sont marraines. Je suis, Sire, etc.

DU MÊME AU MÊME. ✱

A Stockholm, le 27 juillet 1682.

Sire, j'omis dernièrement de joindre à ma dépesche le discours[1] que j'avois résolu de faire en

---

[1] Voici le texte de ce discours qui ne fut point prononcé, mais qui
fut communiqué au roi Charles XI : ✱

« Sire, le Roy Très-Chrétien mon maistre m'ayant accordé la per-
« mission de retourner auprès de lui, S. M., de qui les sentimens ne
« sont pas moins justes que généreux, et jugeant à bon droit de
« V. M. par soi-mesme, a voulu que j'eusse l'honneur d'achever ma
« charge en assurant en son nom V. M. de la continuation de son
« amitié, et de la persuader qu'Elle a de la vostre, l'une et l'autre,
« estant trop empreintes dans vos cœurs pour en pouvoir estre ef-
« facées par l'expiration du traité d'alliance, de mesme, Sire, que
« la véritable estime ne doit pas estre effacée par quelque événement
« que la fortune produise. Et je viens, Sire, pour m'acquitter de ce
« devoir et pour recevoir, s'il plaist à V. M., l'honneur de vos com-
« mandemens, auxquels j'obéirai avec la mesme exactitude qu'on a
« vue cy-devant que je ne faisois pas de différence de son service et

prenant l'audience de congé, parce que je croyois l'envoyer plus à propos lorsque j'aurois l'honneur de rendre compte à Vostre Majesté de cette ac-

« du vostre. Car, Sire, j'ai cette consolation (laquelle je m'assure
« que vos réflexions ne me dénient point et m'accorderont toujours
« davantage à l'avenir), que, durant le cours de mon emploi, je
« n'ai rien entrepris ni proposé de considérable, soit par ordre exprès
« du Roy mon maistre, soit par mon choix aux occasions imprévues,
« qui n'ait esté conforme à vos intérests et que le Roy mon maistre
« n'ait approuvé, tant il est véritable aussi que S. M. égaloit ou pré-
« féroit toujours vos intérests aux siens.

« Mais, Sire, ce tesmoignage de ma conscience, quelque agréable
« qu'il me soit, ne m'exempte pas d'esprouver qu'il n'y a point de
« parfait contentement dans la vie, puisqu'ayant trouvé en Suède plus
« que je ne me proposois en y venant, encore que je me proposasse
« de grandes choses, cela mesme cause aujourd'huy le regret que
« j'ai d'en partir. Je me proposois, Sire, l'exécution d'un traité im-
« portant et une paix finale après une guerre glorieuse au Roy mon
« maistre et à son allié, et j'en ai vu, grâce à Dieu, l'heureux accom-
« plissement. J'ai trouvé de plus en Suède un grand roy, dès l'âge de
« seize ans, de qui la vertu m'a tellement accoustumé à l'admirer,
« que le retour, au bout de dix ans, en ma patrie m'est en cela une
« espèce de violence.

« Vostre Majesté m'a honoré de ses grâces. V. M. a supporté mes
« défauts avec une extreme bonté. Tout cela, Sire, me donne des
« sentimens que je n'entreprends pas d'exprimer, parce que je crain-
« drois d'ennuyer V. M. en parlant trop longtemps de ma personne.

« C'est pourquoi, Sire, je retranche mon discours à supplier très-
« humblement V. M d'oublier, s'il se peut, mes manquemens et à
« lui rendre très-humbles grâces de toutes ses bontés, desquelles je
« conserverai toute ma vie la reconnoissance. Et je ne mettrai point,
« Sire, pour cela en ligne de compte le tesmoignage que je rendrai
« de vos grandes actions, de vostre sage conduite et enfin des hé-
« roïques qualités de vostre personne, ne pouvant rien faire de plus

tion, qui pouvoit encore réussir, M. Oxenstiern prenant à cœur, ainsi qu'il m'en fesoit assurer, de lever les difficultés. Il m'en avoit mesme demandé copie afin de se préparer à y respondre, et je la lui avois donnée. Je l'ai donnée aussi à l'envoyé de Danemark pour une raison que je dirai cy-après.

Le jour suivant ma dernière, je vis, Sire, le roy de Suède. Je le remerciai d'un présent de cent *schipons* de cuivre (qui est par parenthèse le plus petit qui ait été fait de mémoire d'homme en Suède à aucun ambassadeur) et je dis à ce prince que je le croyois, trop équitable pour trouver mauvais que je ne me conformasse pas au règlement qu'il a fait touchant les entrées et les sorties des ambassadeurs. Il garda toujours une mine plus triste ou interdite que sérieuse, et ne respondit rien du tout à ces deux complimens que j'estendis pourtant assez. Je passai après cela à d'autres discours assez indifférens, et il les continua de lui-mesme trois quarts d'heure avec gayeté. M. Oxenstiern estoit l'interprète.

Avant-hier, Sire, j'envoyai dire à M. Oxenstiern, par mon secrétaire, que je prenois la résolution

« agréable au Roy mon maistre, et m'estant à moi-mesme honorable
« d'en pouvoir parler; mais assurément, Sire (et je demande pour
« comble de grâces à V. M. de s'en vouloir persuader), je me ferai
« toujours un devoir indispensable de tesmoigner en homme de bien
« la vénération, le profond respect et la passion, etc. »

de partir sans cérémonie. Il me donna rendez-
vous au chasteau pour parler de cette affaire ; et,
nous y estant rencontrés chez le roy, nous nous
mismes à part où il me parla, ce me semble, aussi
raisonnablement qu'il est possible ; car il entra dans
toutes mes raisons, paraissant irrité contre les
auteurs du règlement, et affligé de l'attachement
que le roy son maistre y a. Il me donna seulement
deux raisons qu'il avoit, disoit-il, nouvellement
apprises du roy son maistre, qui ne croit pas que
Vostre Majesté les désapprouve. L'une est qu'on n'a
commencé à envoyer deux sénateurs aux ambassadeurs que durant sa minorité, et qu'il a entrepris
d'abolir générallement tout ce que ses tuteurs ont
fait à son préjudice ; l'autre est que son règlement,
qu'il appelle réforme, a déjà esté observé à l'esgard
du baron Youl, qui estoit aussi ambassadeur extraordinaire, et que ce seroit offenser le roy de
Danemark d'y faire une différence. M. Oxenstiern
trouvoit bien ces raisons-là valables, supposé la
vérité des faits qui n'estoient pas bien avérés ; mais
il ne laissoit pas de blasmer la surprise dont on
avoit usé envers moi en ne m'avertissant qu'à l'extrémité.

Pour ce qui est de la vérité des faits, d'un costé
M. Oxenstiern et les officiers des cérémonies m'ont
avoué qu'ils ne les ont pas sçus ou les ont oubliés,
et de l'autre, le résident de Hollande m'a dit que

le baron Youl, avant son audience de congé, a conféré plusieurs fois avec lui sur ce sujet, et a enfin pris la résolution de n'estre accompagné que par un sénateur. Pour concilier ces différences, il faudroit que le règlement eust esté fait du temps de Guldenstiern, avant que M. Oxenstiern fust en charge, et que les officiers des cérémonies n'en eussent rien sçu et n'eussent pas pris garde à ce qui s'est passé à l'audience du baron Youl. Il est vrai aussi, sur ce dernier point, que le chef de ces officiers ayant soutenu en plein sénat que ce baron Youl avoit esté accompagné par deux sénateurs, et les ayant nommés, l'un d'iceux l'a désavoué tout net. Je ne voudrois pas, Sire, révoquer en doute les parolles du roy de Suède, encore qu'il ne paroisse rien d'escrit et que les officiers n'en sçachent rien, mais c'est ainsi que ce prince est servi. Et je suis, ce me semble, bien excusable de n'avoir pas esté informé assez à temps de son règlement pour ne pouvoir recevoir vos ordres.

Dans cette mesme conférence, Sire, M. Oxenstiern me donna heure à aujourd'hui pour faire la révérence en particulier au roy de Suède, supposant que lui ne pouvoit pas s'y trouver plus tost, à cause de certains empeschemens qu'il avoit. Et hier au matin, Sire, comme je commençois à m'ennuyer un peu du retardement, je l'envoyai prier que ce fust, s'il le pouvoit, le mesme jour. Il res-

pondit qu'il y feroit son possible ; et, quelques heures
après, il m'envoya dire par l'introducteur que ce
seroit vers les trois heures après midi, et qu'il n'y
auroit personne. Je priai aussi, Sire, le mesme introducteur de s'en absenter, ne voulant pas qu'il
y eust la moindre apparence de cérémonie. En
effet, Sire, il s'en absenta, et je ne trouvai personne du tout dans l'appartement du roy. M. Oxenstiern m'introduisit un peu après, et je trouvai ce
prince seul, qui vint au-devant de moi plus de la
moitié de la chambre. Je demandai d'abord s'il
ne vouloit rien changer à sa résolution ; ce que
M. Oxenstiern ayant expliqué, et moi ayant pris le
silence pour une négative, je repris en disant que,
dans un rencontre aussi surprenant pour moi
qui n'avois plus nulle affaire en Suède, je ne
croyois pas pouvoir prendre un meilleur parti que
de me retirer sans cérémonie, que M. Oxenstiern
sçavoit ce que j'aurois pu dire en une audience
publique pour assurer le roy de Suède de la continuation de vostre amitié. Je fus, Sire, bien surpris quand M. Oxenstiern, au lieu d'expliquer ce
que j'avois dit, commença à me parler suédois[1]. Je
l'interrompis en disant que c'estoit donc au roy
qu'il parloit. Il respondit que c'estoit à moi. Je
haussai les épaules en souriant, et le laissai dire.

---

[1] On a vu précédemment que M. de Feuquières ne comprenait
point le suédois. M. Oxenstiern n'ignorait pas qu'il en était ainsi.

Après qu'il eust fini, le roy lui commanda de me faire des questions sur mon voyage, auxquelles je satisfis. La conversation dura quelque temps, et se passa en assurances de l'amitié que ce prince conserve pour Vostre Majesté, la Reine, Monseigneur et Madame la Dauphine. Et tout cela se passa sans que M. Oxenstiern me donnast aucune explication de ce qu'il m'avoit dit en suédois; en quoi, Sire, il me semble que j'avois autant de sujet de me louer du maistre que de me plaindre du ministre, ce que je fis aussi en sortant.

J'ai, Sire, parlé dans une de mes précédentes d'un différend entre les catholiques et les calvinistes. Il estoit comme assoupi entre eux; mais le fiscal les poursuivoit rudement les uns et les autres, et ils avoient deffense d'aller aux chapelles des ministres, sous peine premièrement d'amende, et puis de punition corporelle, avec injonction de faire instruire leurs enfans dans la religion luthérienne; de sorte, Sire, que le dimanche ensuivant ma chapelle se trouva presque vuide. Or, Sire, comme en cette conférence que j'eus avec M. Oxenstiern, il exagéroit la bonne volonté du roy son maistre, et les distinctions qu'il voudroit faire en ma faveur, je lui dis franchement que je n'y voyois guères d'apparence, et que surtout je me trouvois grandement mortiffié de laisser les catholiques dans la persécution. Il respondit qu'aussi il avoit ordre

de me satisfaire là-dessus, en me disant que le roy
son maistre n'avoit pas pu éviter, pour contenter
son clergé, de laisser renouveller les anciennes or-
donnances, mais qu'il en avoit deffendu expressément l'exécution, et qu'il me demandoit seulement de recommander la discrétion aux catholiques
bourgeois, ce qui ne touche que cinq ou six familles.

J'ai, Sire, retardé ma sortie, tandis que j'ai estimé que le retardement ne pouvoit estre nuisible
qu'à moi seul, et j'ai enfin pris la résolution de la
faire sans cérémonie, afin de laisser à Vostre Majesté le choix plus entier d'approuver ou non mon
impatience, ou de n'avoir nul égard à ce qui s'est
passé.

J'ai donné copie de mon discours à l'envoyé de
Danemark, non-seulement pour entretenir une
correspondance bienséante entre les alliés, qui ne
déplaira pas au roy de Danemark, mais aussi pour
avoir occasion de prévenir le mauvais office qu'on
me pourroit rendre en disant durement que j'ai
rejetté la comparaison qu'on m'a voulu faire de vos
ambassadeurs aux siens. Il est vrai, Sire, que je
ne l'ai pas admise; mais j'ai traitté l'affaire générallement, en disant seulement que chacun agit
comme il l'entend. Je suis, Sire, etc.

DU MÊME AU MÊME. *

A Elseneur, le 8 août 1682.

Sire, je suis parti de Stockholm le 30 juillet, jour suivant la dernière lettre que j'ai eu l'honneur d'écrire à Vostre Majesté. Ayant séjourné deux fois vingt-quatre heures depuis avoir vu le roy de Suède, M. Oxenstiern ne m'a point donné d'explication de ce qu'il m'avoit dit en suédois, et je n'ai point esté lui dire adieu ni à personne qu'aux reines. Et certainement, Sire, il ne se peut rien de plus honneste que ce que ces princesses m'ont dit à l'esgard de Vostre Majesté, de la Reine, de Monseigneur et de Madame la Dauphine. Plusieurs de mes amis me sont venus voir, et j'ai laissé ordre pour faire mes complimens aux autres et à toutes les personnes de considération, excepté trois.

La manière, Sire, dont j'ai parlé de ce qui s'est passé dans les trois derniers jours, a esté que je ne prétendois pas empescher le roy de Suède de faire tel règlement qu'il lui plaist dans son royaume, mais que seulement je ne pouvois pas consentir à ceux qui diminuent l'honneur du caractère dont Vostre Majeste m'a honoré ; que, pour ce qui estoit de l'idiosme, j'avois esté surpris que, dans une occasion où il n'y avoit rien de cérémoniel, M. Oxen-

stiern se fust servi du suédois contre son ordinaire ;
que je partois sans aller dire adieu à ce ministre,
parce que je ne trouvois pas à propos de passer pour
solliciteur d'une explication que c'estoit à lui de
me donner s'il vouloit que je sçusse ce qu'il m'avoit
dit, et que je n'allois dire adieu à personne, pas
mesme à mes meilleurs amis, parce que je ne voulois pas que le roy de Suède pust penser que j'allasse
par les maisons pour me plaindre de lui. Plusieurs
personnes, et entre autres M. le maréchal de Konigsmark qui le tient du roy de Suède, m'ont dit
que la résolution avoit esté prise de me respondre
en françois si je ne parlois que de moi-même, et en
suédois si je parlois de Vostre Majesté. Quand j'en
aurois esté averti, je ne pense pas, Sire, que j'eusse
dù ni pu m'empescher de parler de Vostre Majesté
en cette occasion. Le maréchal de Konigsmark m'a
rapporté de plus que ce prince lui a dit qu'ayant
remarqué ma surprise et esté averti de ce que j'avois
dit en sortant d'auprès de lui, il avoit commandé à
M. Oxenstiern de me venir voir le jour mesme, et
s'estonnoit de ce qu'il ne l'avoit pas fait.

En passant à Halmstadt, je n'ai[1] esté salué que de
quatre coups de canon à l'entrée et autant à la sortie, ce qui est conforme à un règlement qu'on a fait

---

[1] Il est à remarquer que M. de Feuquières ne suivait pas généralement la coutume du temps pour l'orthographe de la plupart des
mots terminés alors par un *y*, et qu'il employait l'*i* ordinaire.

pour espargner la poudre. On a pourtant redoublé
ce nombre à Elsimbourg. Le roy de Suède est de-
venu si mesnager, qu'il n'a pas voulu qu'on tirast
en tout son royaume pour la naissance de son fils.
Je suis, Sire, vostre très-humble et très-obéissant
serviteur[1].

DE M. RENAULT[2] A M. DE FEUQUIÈRES.

A Feuquières, le 30 septembre 1685.

Monsieur, je me suis donné l'honneur plusieurs
fois de vous escrire sans avoir reçu aucuns de
vos ordres. Je vous ay mandé que le sieur Aubert[3]
m'a promis plusieurs fois de vous donner satisfaction et à M. le Marquis; mais il a esté impossible
de luy faire effectuer sa parolle.

Je vous ay mandé que M. le Chevalier, M. l'Abbé
et autres estoient venus à Feuquières, que M. l'Abbé

[1] Ici finit, avec l'ambassade en Suède de M. le marquis Isaac de
Feuquières, sa correspondance, diplomatique et privée, comprise
dans cette collection. Sa carrière diplomatique ne finit point à cette
époque; peu de temps après, il fut nommé ambassadeur en Espagne,
où il mourut, en 1688.

[2] Régisseur des domaines de Feuquières.

[3] Régisseur de Feuquières avant Renault. On a vu précédemment
que M. de Feuquières n'avait pas eu à se louer de sa gestion; M. le
marquis de Pas l'accusait de faire des bénéfices illicites. Du reste,
on verra par la lettre suivante que Renault ne donna pas plus de satisfaction au fils que son prédécesseur n'en avait donné au père.

avec M. l'abbé de Beauchesne y avoient esté un mois et M. le Chevalier deux.

M. le Marquis y est venu avec M. de Saint-Hilaire et deux officiers, et n'y ont resté que douze jours. Ils n'ont point faict de changemens; mais M. de Saint-Hilaire a une passion de voir vostre chasteau basty. M. le Marquis en a usé de la manière la plus obligeante du monde, ayant eu tout le respect imaginable pour les ordres que vous m'avez donnés. Je vous ay mandé aussy qu'il m'a envoyé deux palfreniers avec quatre chevaux, dès le 15 may dernier : il me doibt envoyer quatre autres chevaux avec son cocher-postillon, pour un mois, pendant un voyage qu'il faict avec M. de Luxembourg; je les attends de jour en jour. Cela faict de la despense; j'ai tousjours payé les vins des laquais et cochers, ainsy que m'avez ordonné; je me persuade que vous trouverez bon que je continue, néantmoins j'attendray vos ordres.

J'ay eu aussy les chevaux de M. le Chevalier, que j'attends encore au retour de Chambord.

Il y a huit jours que M. Baclez[1] est à Feuquières; il y a apparence qu'il y restera du temps. Je suis, Monseigneur, etc.

[1] M. l'abbé Baclez, ancien précepteur des plus jeunes fils de M. le marquis Isaac de Feuquières.

DE LOUIS XIV A M. SIMON DE PAS[1].

A Versailles, le 11 février 1688.

Monsieur le chevalier de Feuquières, ayant résolu de vous faire servir cette année au port de Rochefort en qualité de capitaine de vaisseau, je vous fais cette lettre pour vous dire que mon intention est que vous restiez audit port, pour y exécuter en cette qualité les ordres qui vous seront donnés concernant mon service. Sur ce, je prie Dieu qu'il vous ait, Monsieur le chevalier de Feuquières, en sa sainte garde.

––––––––

M. DES VERNEYS[2] A M. LE MARQUIS ANTOINE DE FEUQ.[3].

A Feuquières, le 12 octobre 1688.

J'attendois de jour à autre à recevoir réponse à celle que j'ay eu l'honneur de vous escrire; mais, comme par vostre dernière vous m'ordonniez de vous envoyer un projet de nostre parterre, je vous diray que le jardinier de Queux a toisé toutes les distances de quatre en quatre toises, dont la quan-

––––––––

[1] Simon de Pas, chevalier de Feuquières.

[2] Régisseur de Feuquières.

[3] Après la mort de M. le marquis Isaac de Feuquières, arrivée le 6 mars de cette même année 1688, M. le marquis Antoine de Pas, son fils aîné, prit le titre de *marquis de Feuquières*.

tité se monte à deux cent vingt-une, en y compre-
nant le tour de l'octogone, qu'il nous promet un
cent de plants de buis de la grande espèce ou plus,
et environ cinquante plants d'aurones, accompa-
gnés d'un mille d'autres plants de toutes sortes
de fleurs; mais ledit jardinier de Queux jugeroit à
propos de les mettre de huit toises en huit toises.

M. de Framenville m'a promis qu'il nous donnera des houx et des chèvrefeuilles.

Ledit jardinier de Queux demande si vous voulez
faire couper vos pallissades comme vous le luy avez
proposé, qui est de les couper à quatre doigts près du
corps, et de les arrester d'un pied et demy par haut;
cependant ledit jardinier est d'avis qu'on les arreste
par haut jusqu'à quatre et cinq pieds, parce qu'elles
seroient trop descouvertes, et qu'il n'y auroit pas
assez de bois pour garnir, attendu qu'il en faudra
couper beaucoup de gros qui sera hors de l'ali-
gnement. J'ay cependant commandé des échelles
doubles pour vos pallissades, afin que, comme le
temps presse, aussitost que j'auray reçu vos ordres,
on commence à y travailler.

J'attends vos ordres pour faire abattre les tilleuls,
aussy bien que pour ce qui concerne la *Pate d'oye*.
Il est temps d'acheter du sainfoin. J'ay laissé vos
fermiers sur le mesme pied qu'ils estoient, parce
que vous m'avez fait espérer que vous seriez de
retour dans le mois de novembre prochain, et

il sera temps de les mettre à la raison, et j'ay fait labourer et ensemencer par nos mains les terres qui vous restent. A l'égard de vostre blé, je n'en vends pas, parce qu'il ne vaut tout au plus que vingt-cinq sous le septier, mais seulement j'en livre à ceux à qui il est dû, et ce, sur le pied de trente sous; mais, comme vous m'avez fort bien marqué, voicy le froid qui s'avance, joint à cela que j'y fais travailler journellement; ainsi il se conservera, et il faut espérer qu'il se vendra mieux qu'il ne fait.

Pour ce qui est du sieur Renault, après avoir beaucoup tournoyé, vous devez vous attendre à avoir procès avec luy, puisqu'il est esloigné plus que jamais de la raison, à moins que vous n'ayez, comme je vous ay déjà mandé, une lettre de cachet.

J'ay payé à M. l'Abbé vostre frère 121 liv. 10 s., suivant vostre billet. A l'égard de M. Langlois, je le payeray, que cela ne vous donne aucun chagrin; et si vous avez besoin de quelque chose, vous pouvez hardiment tirer lettres de change sur moy; j'y feray honneur, puisque je suis toujours, en attendant vos ordres, avec respect, Monsieur, vostre très-humble et très-obéissant serviteur.

DE M. LE MARQUIS ANTOINE DE FEUQUIÈRES
A M. LE MARQUIS DE LOUVOIS.

A Heilbron [1], le 3 novembre 1688.

Suivant les ordres que j'ay reçus dimanche passé de Monseigneur [2], de venir commander icy avec un bataillon de mon régiment les dragons de Lalande et les régiments de cavallerie de Vivans et de Villeroy. Je partis lundy du camp de Philipsbourg pour me rendre icy, où je suis arrivé cet après-disner; et pour commencer, Monseigneur, à vous rendre compte de l'estat auquel j'ay trouvé cecy

[1] « Lorsque la paix fut conclue à Nimègue en 1678, le marquis « de Feuquières n'étoit que simple colonel. On en a attribué la cause en « partie à la brouillerie survenue entre M. de Luxembourg et M. de « Louvois. Ce ne fut qu'en 1688, au renouvellement de la guerre, « qu'il fut fait brigadier. Il servit en cette qualité au siége de Philips- « bourg, sous les ordres de M. le Dauphin, qui le considéra comme « un officier de distinction. Après la prise de Philipsbourg, M. de « Feuquières reçut ordre d'aller commander sur le Neckre, et établit « sa demeure à Heilbron. » (*Vie de M. le marquis Antoine de Feu-* *quières*, par M. le comte Jules de Feuquières.)

[2] « Le Roi avait envoyé en Allemagne, à la tête d'une armée de « cent mille hommes, son fils le Dauphin, qu'on nommait Mon- « seigneur : prince doux dans ses mœurs, modeste dans sa conduite, « qui paraissait tenir en tout de sa mère. Il était âgé de vingt-sept « ans. C'était pour la première fois qu'on lui confiait un comman- « dement après s'être bien assuré qu'il n'en abuserait pas. »

(*VOLTAIRE, Siècle de Louis XIV.*)

quant à la place, je commenceray par vous dire
que Heilbron est situé dans un lieu où les montagnes s'esloignent assez du Neckre pour n'estre pas
incommodé du canon qu'on y placeroit, mais pas
assez pour en rendre la circonvallation grande et
difficile, puisqu'elle est la plus aisée du monde.
Le Neckre, qui coule tout le long de la ville, est soutenu par une escluse qui en rend le lit plus creux,
et l'on ne sçauroit oster cet advantage à la place,
parce que l'escluse ne peut estre endommagée du
canon, estant dans l'eau et trop espaisse. Tout le
reste de la ville est entouré de murailles bonnes
par elles-mesmes, mais point terrassées; une fausse
braye, presque partout assez mauvaise, parce qu'elle
est plus basse que le costé extérieur du fossé, qui
est fort creux; de l'eau quasi partout, soustenue par
des dames que le canon ne pourroit pas voir; quelques tours d'espace en espace; au surplus, des
jardins tout autour de la ville jusques sur le bord
du fossé; ces jardins sont entourés de hayes vives,
dont les plus fortes sont celles qui sont parallèles
à la place. Voilà, Monseigneur, comme cette ville
est faite présentement, c'est à vous à voir à quel
usage vous la destinez, et à ordonner sur cela ce que
vous jugerez à propos que l'on y fasse. Si vous ne
la regardez que comme un lieu sûr pour le receveur de vos contributions, il ne faudra que nous
deffaire de ces hayes qui nous incommodent trop.

Que si vous voulez que les Allemands regardent cecy par la crainte que vous n'en fassiez une teste considérable et un establissement sûr pour estre, quand le Roy voudra, au cœur de leur pays, il y faudra des ouvrages plus considérables, et tels que vous le jugerez mieux que moy par le plan que M. de Romainville, que j'ay trouvé icy, a fait lever et a envoyé à M. le maréchal de Duras[1]. Sur tout cela, Monseigneur, j'attendray vos ordres avant que de rien faire de moy-mesme. Voilà ce qui regarde le dedans de la place.

Pour ce qui est des contributions, j'ay trouvé que les mandemens que l'on a envoyés commencent à avoir leur effect; le dernier party que M. de Romainville a envoyé et qui a bruslé les lieux dont il a envoyé le détail à M. de Duras, hastera ces gens-cy. Pour moy, j'attends de M. La Grange un estat plus précis que celuy qu'il m'a envoyé par Monsieur le receveur des contributions, des payemens qui ont desjà esté faits, parce je crains de tomber dans l'inconvénient de faire faire des exé-

---

[1] Jacques-Henri de Durfort, marquis puis duc de Duras, né en 1625, maréchal de France en 1675, mort en 1704. « Le maréchal « de Duras commandoit en second l'armée, avec huit lieutenants « généraux, six maréchaux de camp, neuf brigadiers d'infanterie et « cinq de cavalerie. Les vivres, les munitions, l'artillerie étoient en « abondance. Louvois, au comble de ses vœux d'avoir réussi à engager « la guerre, n'avoit rien oublié pour que les premiers succès ani- « massent à la continuer. » (DE LA HODE, *Hist. de Louis XIV.*)

cutions militaires dans les lieux qui auroient marqué leur bonne volonté par estre entrés en payement, ce qui seroit fort préjudiciable à la levée des contributions. Après quoy, je crois qu'il faudra monstrer cette garnison-cy bien loing, afin que les plus esloignés ne croyent pas que l'on soit foible à cette teste-cy.

J'iray demain visiter Lauffen qu'on me dit estre bon et capable de tenir un escadron et quelques compagnies d'infanterie, ce qui seroit d'un secours et d'un renfort considérables pour cette garnison, outre que c'est le meilleur pont du Neckre qu'il se faudra toujours conserver jusqu'à ce que l'on le veuille rompre. Après-demain je verrai Wimpfen et Neckersulm, et puis tous les chasteaux qui sont à deux et trois lieues aux environs d'icy, et me feray rendre compte de ceux qui sont plus loing. Il me semble, Monseigneur, que dans quelque temps d'icy, lorsque, par le retour des troupes de l'Empereur dans l'Empire ou par l'assemblée des troupes des cercles et des princes, nos contributions seront plus difficiles, parce que l'on ne voudra pas risquer trop les partis que l'on fera sortir, ces chasteaux-là seroient bons pour assurer la retraite des partis; et pour cela il ne faudroit mettre de l'infanterie que dans ceux qui pourroient attendre le canon; nous serions tousjours assez à temps de retirer le monde que nous y aurions lorsque je

sçaurois que les ennemis y en voudroient conduire,
ou bien lorsque vous le jugeriez à propos. Après
que ces chasteaux nous auroient servy pour les
contributions, on les mettroit en estat de ne pouvoir plus nous nuire.

Un autre advantage que ces chasteaux nous pro-
duiront, c'est que, comme nous sommes dans un
pays de montagnes, les paysans font des signaux
lorsqu'il sort des trouppes, ce qu'ils sçavent la nuit
comme le jour par les deffilés où il faut passer.
Je sçais bien que je puniray fort sévèrement ces fai-
seurs de signaux, et que je ne négligeray rien pour
les découvrir; mais, lorsque, par le moyen de ces
chasteaux, je pourray couvrir les partis, ils en iront
bien plus secrettement.

L'on vous aura, Monseigneur, envoyé l'estat de
l'arsenal de cette place, par lequel vous verrez
que l'on ne peut estre plus mal en poudre que nous
ne sommes; vous y pourvoirez comme vous le
jugerez nécessaire.

J'ay trouvé que, par la capitulation, l'exemption
de logement a esté promise à tous les gens qui
composent le sénat, dont le nombre monte à dix-
neuf. Comme ce sont les plus belles et plus
grandes maisons, j'ay cru que je pourrois bien
restreindre cette exemption aux quatre bourguemestres et aux officiers publics de la ville, comme
syndics, secrétaire et receveur en année; vous me

manderez, s'il vous plaist, si j'ay bien ou mal fait.

Voilà, Monseigneur, ce qui se présente aujourd'huy à vous faire sçavoir. Je seray fort régulier à exécuter vos ordres; je craindray tousjours de ne pas faire assez bien sur cela, Monseigneur; et vous ne pourrez vous en prendre qu'à vous de m'avoir choisy pour ce poste; mais, comme la bonne volonté ne me manquera pas, vos bons ordres redresseront tout.

J'oubliois à vous dire qu'il pourra souvent se présenter des choses à vous faire sçavoir qui méritteront d'estre chiffrées.

DU MÊME AU MÊME.

Novembre 1688.

Depuis ma despesche du 3, j'ay esté visiter Lauffen, que j'ay trouvé capable de contenir et faire subsister deux escadrons de cavalerie et de dragons. Le Neckre partage la ville en deux; la partie de ce costé-cy est·muraillée et a un bon réduict; celle de l'autre costé n'est pas muraillée, mais elle à sur le bord du Neckre, vis-à-vis du réduict, une grosse église dans l'enceinte de laquelle il y a des maisons plus qu'il n'en faut pour mettre un escadron à'couvert. Ces deux escadrons, qui subsisteront fort bien dans ce lieu, seroient d'une grande commodité pour nos contributions, et y seroient en toute sûreté. La ville est à M. de Wirtemberg.

J'achèveray ces jours-cy le reste de la visite que je vous ay mandé par ma première despesche que je ferois.

Il y a à douze lieues d'icy un chasteau, nommé Boxberg, appartenant à M. le Palatin, et où il a mesme garnison. On le dit dans une assiette fort advantageuse et forte. Ce chasteau, s'il vouloit, nous incommoderoit fort lorsque nous irons du costé de Wirtzbourg, estant entre l'Iaxt et le Tauber. Je propose à M. de Duras de le faire entrer dans la capitulation de Manheim, pour luy faire suivre le mesme sort et en estre les maistres, ce que je ne croirois pas fort difficile, au lieu que ce seroit une affaire de l'assiéger. Il faudroit y mettre une garnison, qui seroit d'un grand secours pour les partis. Voyez, Monseigneur, ce qu'il vous plaira de m'ordonner sur cela. Il est constant que les contributions peuvent estre poussées et plus loing et plus haut que l'estat des demandes qu'on a faites ; plus loing, par se mettre au large par des postes comme ceux-là, bons par eux-mesmes, où il n'y a rien à craindre de tout l'hyver, et qui mesme tiendront en respect les Allemands et les empescheront de prendre des quartiers trop près d'icy ; et plus haut, par la grande cognoissance que ces postes nous donneront des pays et de leur force. Par exemple, Monseigneur, dans l'estat des demandes qu'on a faites, on demande des sommes à des corps de noblesse, lesquels en font la répartition sur leurs paysans, et comme cela il ne leur en couste rien. Je crois qu'il faut les laisser payer, et après cela faire une imposition sur les chasteaux. Il y a comme cela bien des moyens qu'on peut pratiquer; mais comme je n'ay encore reçu vos ordres particuliers sur rien, je ne me mesle pas de tout. Jusqu'à cette heure, le mestier de receveur des contributions n'a pas esté un mestier ingrat, et j'en vois fort bien toutes les raisons. Il y a de certains advantages qu'il est fort difficile de les empescher d'avoir, comme est celuy des espèces; encore les en empescheray-je bien, si vous me l'ordonnez. Mais pour celuy du retardement des payemens, il est fort aisé de le leur oster. Sur tout ce qui regarde ces costés-cy dont vous voudrez me charger, je vous supplie, Monseigneur, de m'expliquer vos intentions bien au long, et je puis vous assurer que le Roy sera bien servy.

Le bailliage de Lauda sur le Tauber, qui n'est que de sept villages, dont le meilleur, nommé Underhalbach, a esté bruslé, traita hier à 1 500 escus, qui doivent estre icy dans huit jours. Ces bonnes gens ne demandent pas pour combien de temps. Ainsy, quand tout sera tiré, on pourra assurément encore, sous des prétextes, faire une nouvelle impo-

sition partout, en la faisant moins forte. Ceux de
Dunkelsbühl et Creilsheim, à 10 ou 12 lieues par delà
Hall, arrivent dans ce moment, et me demandent
un passeport pour venir traiter, que je leur ay
donné pour les faire repartir; tous les autres viendront comme cela.

M. de Wirtzbourg a dit aux baillifs en deçà du
Mein de s'accommoder pour les contributions, et
qu'il ne pouvoit pas les protéger; mais que, pour
l'autre costé, il le garderoit; si les gelées viennent
bientost, et que vous me laissiez agir, ce sera
peut-estre bien tout ce qu'il pourra faire. Voilà,
Monseigneur, tout ce qui se présente aujourd'huy
à vous faire sçavoir.

————

DU MÊME AU MÊME.

Le 11 novembre 1688.

J'avois, conformément aux ordres de M. de Duras, envoyé M. de Romainville, avec 200 chevaux,
100 dragons et 50 hommes de pied, à Boxberg pour,
sous le prétexte des contributions, essayer de se
rendre maistre de ce chasteau par finesse; mais
celuy qui y commande s'est trop tenu sur ses gardes. Ainsy, il n'a pas pu réussir. De la manière dont
ce chasteau est fait, qui a un bon fossé taillé dans
le roc avec des caponnières dans le fossé et de
grosses tours qui le flanquent bien, c'est un poste

qu'il faut de nécessité avoir, de peur que les ennemis, quand ils approcheront d'icy, n'y mettent du
monde et ne nous resserrent par là. J'en escris à
M. de Duras, parce que, si l'on pouvoit joindre à la
réduction de Manheim celle de ce chasteau, cela
seroit fort bon; sinon, s'il veut m'envoyer deux'
mineurs, avec quelque infanterie que je mèneray
d'icy, et deux petites pièces de canon, je crois que
je l'obligeray à se rendre, n'ayant, à ce que me
rapporte M. de Romainville, pas plus de 20 hommes dedans, parce que j'adjousteray à la vue des
trouppes et du canon la menace de faire pendre le
commandant avec toute sa garnison, s'il laisse tirer.

M. de Saint-Pouange[1] m'a envoyé, Monseigneur,
l'extrait d'un article d'une de vos despesches, par
lequel vous ordonnez qu'on retire touts les bateaux
du Neckre, au-dessus et au-dessous de Heilbron.
J'ay fait response à cet article; et, comme je ne
doutte pas que M. de Saint-Pouange ne vous ait
envoyé ma lettre, je ne vous répéteray pas ce que
je luy mandois sur ce sujet; sur quoy j'attendray vos ordres comme sur tous les autres articles
sur lesquels je me suis donné l'honneur de vous
escrire.

Il a fallu donner quelques jours aux gens qui

---

[1] Gilbert Colbert, chevalier, seigneur de Saint-Pouange et de Cha-
banois, secrétaire des commandements de la Reine et ensuite du ca-
binet du Roi, grand trésorier des Ordres en 1701, mort en 1706.

contribuent, pour faire leurs répartitions et assembler leur argent; il y en a desjà icy bien des sommes arrivées qu'ils délivreront incessamment.

M. de Duras doit aussy vous avoir communiqué une proposition que je luy ay faite touchant les contributions, qui seroit de m'aller saisir des deffilés et ponts sur le Koker qui sont aux environs de Hall, et de marcher avec la cavalerie et les dragons jusques vers Onolsbach, d'où je détacheray des partis jusqu'à Nuremberg, Aichstet et Ulm, pour prendre tout ce que je pourrois ou de bourgeois ou de gentilshommes de ces villes ou de baillifs; car, à moins de cela, ou aura peine à avoir de l'argent de Nuremberg; ces gens-là, me voyant dans le pays, traicteroient bien viste, et donneroient de l'argent sur-le-champ ou des ostages suffisants. Je suis, etc.

DU MÊME AU MÊME.

A Heilbron, le 12 novembre 1688.

Je me suis donné l'honneur de vous escrire hier et je ne puis pas que je ne vous représente que, faute d'avoir des ordres et de vous et de M. de Duras, le temps de bien establir les contributions esloignées et de tirer tout d'un coup une grosse somme d'argent s'advance fort sans que l'on fasse rien. Tout le costé de Wirtzbourg vient assez bien; mais rien ne vient d'Ulm, de Nuremberg ni d'Aich-

stet, qui sont pourtant de grands et de bons pays.
Vous sçavez sans doute que Messieurs d'Ulm ont
envoyé au-devant de M. de Staremberg pour le
prier de faire rester son régiment dans leur ville,
et l'on m'assura hier qu'il y restoit. Les premières
trouppes qui viendront de Hongrie seront pour
Nuremberg et Aichstet. Si c'est de l'infanterie,
cela ne nous empeschera pas de faire contribuer
le plat pays; mais si c'est de la cavallerie, cela rac-
courcira nos promenades, parce que nous partons
de trop loin et qu'ils sçauront tousjours quand
nous serons dehors. Je vous ay pour cela proposé,
Monseigneur, de m'aller poster aux environs de
Hall avec quelque infanterie que je laisserois à la
garde des ponts et des deffilés du Koker, et puis de
m'advancer jusque vers Onolsbach, et je compte
que je serois là jusques à ce que les partis que j'en-
verrois sur Nuremberg, Aichstet et Ulm seroient
revenus et auroient fait l'effect que je desirerois.
Le temps se met au beau et à la gelée; tous les
petits ruisseaux et les petites rivières vont devenir
guéables ou seront prises; ce sera un beau temps
manqué si celui-cy se perd. Vous m'enverrez, s'il
vous plaist, vos ordres sur cela, et me croirez avec
un profond respect, etc.

DU MÊME AU MÊME.

Le 13 novembre.

J'apprends, Monseigneur, dans le moment, par M. d'Harcourt[1], qu'il a reçu une lettre de vous pour venir commander icy. Vous sçavez que, par la première lettre que je me suis donné l'honneur de vous escrire, je vous représentois que j'avois des affaires qui m'estoient de fort grande conséquence, mais que néantmoins je les abandonnerois toutes dès qu'il s'agiroit du service de Sa Majesté. Puisque, par l'arrivée de M. d'Harcourt icy, il me paroist que je vais y devenir absolument inutile, j'ose, Monseigneur, vous supplier de me faire accorder la permission de terminer mes affaires cet hyver, afin d'estre après cela plus en estat de servir le reste de ma vie. Je prends mesme la liberté de vous supplier de considérer que j'étois colonel que M. d'Harcourt n'estoit pas encore dans le service, et

---

[1] Henri d'Harcourt, marquis de Beauvau, puis duc d'Harcourt, né en 1654, mort en 1718. Il était fort protégé par Madame de Maintenon, et devint successivement duc, pair, maréchal de France, ambassadeur, chevalier de l'Ordre, gouverneur de Louis XV membre du conseil de régence pendant la minorité de ce prince. « Il « étoit, dit Saint-Simon, fait exprès pour les affaires par son esprit « et sa capacité, et autant encore par son art, et propre encore, par « la délicatesse, la douceur et l'agrément de son esprit et de ses ma- « nières, à faire les délices de la société. »

que j'ay plus de sept années de services de plus que
luy. Je suis bien malheureux que ses années ayent
esté plus remarquées que les miennes, quoique j'aye
dû et qu'en effet je me sois trouvé en plus d'occasions que luy. S'il faut absolument que je reste, je
resteray, puisque je suis résolu à faire toujours tout
ce qui marquera le plus mon entier dévouement à
vos ordres et aux volontés de Sa Majesté; mais je
vous supplie, Monseigneur, de vouloir bien regarder l'estat auquel je me trouve, et de me croire, etc.

DU MÊME A M. DE SAINT-POÜANGE.

Le 13 novembre.

J'apprends par une lettre du 10, de M. d'Harcourt, qu'il en a reçu une de M. de Louvois pour
venir commander icy. Quoique je sois d'ailleurs son
amy, je ne laisse pas d'estre touché au vif de cette
affaire. M. d'Harcourt est maréchal de camp; il est
vray, et je ne suis que brigadier; mais vous sçavez
fort bien, Monsieur, que je sers plus de sept ans
avant luy, que j'ay par conséquent vu beaucoup
plus d'actions que luy et que, quoyque plus heureux
que moy, il n'en doit pas sçavoir davantage. J'ay
beaucoup d'affaires à Paris, et je serois sensiblement
obligé et à vous et à M. de Louvois si je pouvois
avoir un congé pour les aller faire. Je seray abse-

lument inutile icy dans trois semaines, qui est le
temps qué M. d'Harcourt me mande qu'il pourra
venir, parce que tous les establissemens seront
faits. Ainsi, Monsieur, je regarderay comme une
grâce qui me sera faicte de m'oster le chagrin mortel de passer mon hyver avec mon cadet de plus de
sept ans de services et de toutes sortes d'ancien-
neté. Je vous prie que je vous aye cette obligation,
et celle de me croire, etc.

DU MÊME A M. LE MARÉCHAL DE DURAS.

Le 13 novembre 1688.

Je ne puis que je ne vous ouvre mon cœur sur le
chagrin mortel qu'on me donne sans que je sache
l'avoir mérité par aucun endroit : l'on envoye icy
M. d'Harcourt pour y commander, à ce qu'il me
mande. Je suis de ses amis et son serviteur, mais
j'ay sept bonnes années de services plus que luy, et
s'il a esté plus heureux que moy, au moins puis-je
croire qu'il n'a pas eu pour cela la science infuse. Que
je me trouve icy pour lui obéir tout l'hyver, le terme
est long et dur. Ainsy, Monseigneur, je vous demande comme une obligation fort grande de me
faire obtenir mon congé. J'ay des affaires qui me
sont de conséquence à Paris, que je terminerois pendant ce temps-là. J'en escris à Monsieur de Louvois
et à Monsieur de Saint-Pouange. Vous voyez bien

que je vas devenir absolument inutile icy dès que
M. d'Harcourt y sera ; il n'y a personne icy qui ne
soit un meilleur lieutenant de Roy que moy, et
d'ailleurs, dans trois semaines, qui est le temps que
M. d'Harcourt arrivera, à ce qu'il me mande,
tous les establissemens seront faits et je n'y auray
rien du tout à faire. Je vous supplie, Monseigneur,
le vouloir bien faire et faire faire un peu de réflexion sur ce coup de poignard que l'on me donne,
et d'estre persuadé que je suis très-véritablement, etc.

DE M. DE SAINT-POUANGE A M. DE FEUQUIÈRES.

Au camp devant Manheim, le 14 novembre 1688.

Je reçois présentement, Monsieur, la lettre que
vous m'avez fait l'honneur de m'escrire hier avec
celle qui y estoit jointe pour M. de Louvois, que
je luy enverray par l'ordinaire qui partira ce soir.
Les raisons qui vous obligent à demander à aller
vaquer à vos affaires, après l'arrivée de M. le marquis d'Harcourt à Heilbron, sont très-justes, et je
ne doubte point que la cour n'y entre. Je vous prie
de croire que personne ne souhaitte plus que moy
vostre satisfaction. Permettez que je vous recom-
mande mon nepveu, le marquis de Villacerf, pendant le temps que son régiment sera sous vos ordres. Il est party ce matin pour se rendre à Heilbron

avec le régiment Royal ; celuy de Villeroy en doit partir le lendemain de l'arrivée desdits régiments pour aller à Offembourg, et celui de Vivans sera relevé par le régiment de Mélac, qui y arrivera dans peu de jours, n'estant qu'à Strasbourg, d'où il doit partir après l'arrivée du régiment de Dugua qui est party ce matin de ce camp pour l'aller relever.

Je croyois apprendre par vostre lettre que vous seriez party ou que vous auriez envoyé toute vostre cavallerie et vos dragons vers Hall, pour de là destacher des partis pour obliger les pays les plus esloignés de payer la contribution qu'on leur a demandée. Il est bien à propos, Monsieur, que vous n'y perdiez pas de temps et que vous fassiez brusler partout et prendre dans les lieux les plus esloignés les principaux habitans, parce que, dans un mois ou au plus tard dans la fin de décembre, les trouppes allemandes qui sont en marche pourront arriver à des pays d'où il faut présentement tirer contributions. Je suis très-véritablement, Monsieur, votre très-humble et très-obéissant serviteur.

DU MÊME AU MÊME.

Au camp devant Franckendall, le 16 novembre 1688.

Je reçois, Monsieur, la lettre que vous m'avez fait l'honneur de m'escrire le 14 de ce mois. Il n'y

a rien de changé à l'ordre que M. le marquis d'Harcourt a d'aller commander à Heilbron. Ainsy j'ay
envoyé à M. de Louvois celle que vous m'avez
adressée pour luy.

Il est sans doubte, Monsieur, qu'il ne faut
pas que ceux qui doivent fournir du fourrage à
Heilbron, qui en sont esloignés, en acheptent aux
environs pour espargner la despense des voitures.
Il les faut obliger à apporter celuy qu'ils ont dans
leurs villages, et garder tout le fourrage qui est dans
les lieux à portée d'Heilbron, pour vous en servir
dans le besoin; estant nécessaire de faire tout ce
qui sera possible pour ôster aux ennemis les moyens
de faire subsister leurs troupes dans les pays qui
sont les plus esloignés de vous.

Je croyois apprendre par vostre lettre que vous
auriez envoyé un gros party du costé de Hall, ainsy
que M. de Duras vous l'avoit marqué. Il est bien à
propos, Monsieur, que vous ne perdiez point de
temps à faire tout ce que vous jugerez qui pourra
advancer le payement des contributions.

Vous devez présentement avoir reçu l'estat des
demandes que M. de La Grange a faites de ce costé-
là, qu'il m'a assuré vous avoir adressé, il y a quelques jours. Je suis, Monsieur, etc.

DE M. LE MARQUIS ANTOINE DE FEUQUIÈRES
A M. LE MARQUIS DE LOUVOIS.

A Heilbron, le 17 novembre 1688.

Vous ne m'avez point encore honoré de vos
ordres depuis que je suis icy, quoique je me sois
donné l'honneur, dès mon arrivée en cette ville,
de vous informer de l'estat auquel je la trouvois,
et depuis de ce qu'on croyoit qu'il falloit faire pour
l'establissement et l'augmentation des contributions.

J'avois proposé à vous, Monseigneur, et à M. le
duc de Duras, une course dans le pays; il m'a
mandé aujourd'huy que je la fisse, et, comme
cela, je partiray demain au soir avec 400 hommes
de pied, 300 dragons et 200 chevaux. De ces
900 hommes j'en laisseray 200 à des ponts et deffilés qui sont sur le Koker, un peu au-dessous de
Hall; je mèneray les autres 200 jusques vers Creilsheim pour m'assurer un passage sur le Iaxt, et
puis je m'advanceray jusqu'à Onolsbach, d'où je
détacheray deux gros partis de cavallerie et dragons dont l'un ira sur Bamberg et me ramènera
tout le plus de baillifs et de gentilshommes qu'il
pourra, l'autre au plus près de Nuremberg, qui fera
la même chose. Je porteray avec moy beaucoup

de billets que je feray laisser partout. Quand mes
partis seront revenus, je renverray tous ces ostages à l'infanterie qui les ramènera à Heilbron, et
je reprendray sur ma droite, en faisant la mesme
tournée sur Aichstet et Ulm; en m'en revenant je
feray venir à contribution tout le costé de la Souabe
qui approche le Danube et qui n'est pas venu,
et je reviendray par le Wirtemberg. Cette course
fera assurément venir beaucoup d'argent et lassera
les paresseux. Elle sera bien de dix à douze jours.

Vous sçavez mieux que moy, Monseigneur, les
nouvelles des démarches des trouppes impériales;
quand mesme elles arriveroient, comme on le dit,
à hauteur de Ratisbonne à la fin de ce mois, il y
a encore bien loin de là à nous; et quand elles
nous approcheront, elles seront bien fatiguées. Ne
jugeriez-vous pas à propos, pour leur oster les
moyens de subsister aisément, que, dans la première course qui se fera après celle-cy, on brusle
les fourrages qui ne seront pas à portée d'estre trans-
portés icy et consommés par les troupes du Roy?
Si l'on réduict ces gens-là à attendre le vert, on
ne les verra de longtemps. J'attendray toujours
vos ordres pour m'y conformer avec résignation,
puisque je suis très-véritablement et avec un profond respect, etc.

DU MÊME AU MÊME.

A Pfortzheim[1], le 8 février 1689.

M. de Monclar[2] m'ayant laissé icy suivant vos ordres, à ce qu'il m'a dit, je me crois obligé de vous rendre compte de l'estat de cette place, des troupes que j'y ay et de la situation des ennemis; et, pour commencer, je vous diray, Monseigneur, que je fais travailler à un grand redan qui couvrira tout le chasteau, et à terrasser la fausse braye. Voilà ce que je puis faire présentement pour les fortifications.

Pour ce qui est des troupes, outre le bataillon du Royal-Comtois, qui n'est que sur le pied de 40, je n'ay icy que 6 compagnies de cavalerie du régiment du Roy, fort délabrées et qui ne peuvent

---

[1] A peine établi à Heilbron, M. le marquis de Feuquières enleva la garnison de Creilsheim. Partant de là à la tête de 1 000 dragons, il pénétra en Allemagne jusqu'aux portes de Wurtzbourg, de Rottembourg, de Nuremberg, d'Aichstadt; se repliant sur le Danube, il vint tout à coup à Ulm, força sur le Danube le pont de Dilinghen, gardé par 500 hommes, et partout fit preuve d'une telle audace pendant cette course, qui n'avait duré que 35 jours, que M. de Monclar, commandant l'armée en second, en conçut de l'inquiétude et obligea M. de Feuquières de revenir plus tôt qu'il n'avait intention de le faire. C'est au retour de cette course qu'il établit son quartier à Pfortzheim. (Voir la *Vie de M. de Feuquières*, en tête de ses *Mémoires militaires*.)

[2] Joseph Pons de Guiméra, baron de Monclar, lieutenant général des armées du Roi, né en 1625, mort en 1690.

fournir au plus que 20 maistres, et 6 compagnies de
Peissonnel, qui en fourniront bien 22 ou 23. Au surplus, ordre avec cela de ne point toucher à 11 escadrons qui sont à 3 et 4 lieues d'icy, mais de faire
valoir et payer par le duché de Wirtemberg un
mémoire de plus de 100 000 francs, que les régiments qui y estoient ont perdus à la levée des quartiers, tant en cavaliers qu'en argent et équipages.
J'ay représenté à M. de Monclar la difficulté qu'il
y avoit à exécuter cet ordre, y ayant des trouppes
ennemies, et jusques dans Waihingen, à 3 lieues
d'icy, où il entra hyer 4 compagnies, avec le peu
que j'en avois, et luy avois demandé de me servir
de la cavalerie inutile qui est à Durlach, Bade,
Ettingen et autres lieux, tant pour enlever ces
4 compagnies, chose fort aisée par le peu que vaut
Waihingen, que pour enlever un quartier de 2 à 300
maistres, qui sont impudemment dans un village
nommé Entzwaihingen, 1 lieue plus loin que
Waihingen, ce qui auroit esté fort aisé; mais il
vient de me mander de ne point sortir de cette place
pour aucune raison[1]; et que pour ce qui est de me

---

[1] M. le marquis Antoine de Feuquières ne tarda pas à obtenir l'au-
torisation qu'il souhaitait. On lit dans sa *Vie* que les quartiers qui le
resserraient trop furent enlevés par lui à deux jours d'intervalle l'un
de l'autre, et que les garnisons furent passées au fil de l'épée par le soldat furieux de ce que, peu de jours auparavant, les Impériaux avaient
massacré un lieutenant et 30 maistres du régiment de Villeroi, quelques heures après les avoir pris et leur avoir donné quartier.

servir de la cavallerie du dehors, les gouverneurs en France n'ont pas la permission de lever
des quartiers; je ne demandois pas à les lever, mais
bien à m'en servir. Voilà, Monseigneur, comme
je suis icy fort inutile et hors d'estat de pouvoir
rien faire de bien, ensuite d'estre maréchal de camp.

DU MÊME AU MÊME.

A Bordeaux, le 28 juillet 1689.

M. le maréchal de Lorge[1] me fit hier voir un
plan de Bordeaux[2] que M. de Seignelay[3] luy a envoyé, sur lequel il y a quelques ouvrages tracés
pour estre faits à la ville, auquel sujet je ne puis
me dispenser de vous dire qu'ils sont d'une despense absolument inutile par plusieurs raisons;
la première, qu'ils sont trop petits; la seconde,
qu'ils sont trop esloignés les uns des autres, la
plupart ne se voyant seulement pas et ne se pouvant
mesme pas voir, et la troisième, que, la paix faite,

---

[1] Guy-Aldonse de Durfort-Duras, duc de Lorge, né en 1630,
maréchal de France en 1676, mort en 1702. En 1689, il commandait en Guyenne, avec les honneurs de gouverneur, pendant la minorité de M. le comte de Toulouse, qui avait le gouvernement de cette
province.

[2] « En 1689, le parti que la cour prit d'une défensive, qui nous
« fit perdre Bonn et Mayence, et la crainte d'une descente des An-
« glais, firent envoyer M. de Feuquières à Bordeaux pour y com-
« mander. »   (*Vie de M. Antoine de Feuquières.*)

[3] M. de Seignelay proposait alors de fortifier la ville de Bordeaux.

le premier soin qu'il faudroit avoir seroit de mettre Bordeaux hors d'estat de valoir rien par luy-mesme.

Je tiens donc que les seules choses qu'il y ait à faire icy, sont de continuer la réparation des murs de la ville, de faire des empallemens aux deux endroits par où la Devèse [1] entre dans la ville, qui sont aux deux costés du jardin de l'Archevesché, afin de soustenir ces eaux-là et mettre ce costé hors d'estat de pouvoir estre attaqué, et puis de faire un escoulement à ces eaux dans le fossé de la ville, en les faisant tourner par devant les portes Dijeaux, Dauphine et Saint-Germain, et de là par le pied du glacis du chasteau Trompette dans la Garonne. Cette despense des eaux n'est pas de 400 escus [2].

L'argent qu'on veut employer à ces ouvrages proposés seroit beaucoup plus utilement employé à haster la construction du fort du Médoc [3] et à celle des gallères, qui seront les deux seules choses qui mettront Bordeaux en estat de ne pouvoir estre regardé ni tenté par les ennemis du dehors.

---

[1] La Devèse, ruisseau prenant sa source dans des landes, à l'ouest de Bordeaux, traverse les terrains appelés autrefois *Marais de l'archevéché*, et vient déboucher en face de l'hôtel des Douanes, en se dirigeant vers la Garonne.

[2] Les travaux conseillés par M. de Feuquières ne furent point exécutés.

[3] Le fort situé sur la rive gauche de la Gironde, en face de la citadelle de Blaye.

DES RELIGIEUSES DU MONASTÈRE DE LA VISITATION DE
TURIN A M. LE MARQUIS ANT. DE FEUQUIÈRES.

A Turin, le 11 janvier 1691[1].

Le monastère de la Visitation de Sainte-Marie
de Turin possède des cassines qu'elle supplie très-
humblement M. le marquis de Feuquières d'honorer de sa protection, afin qu'elles ne soient plus
bruslées ni ruinées par les troupes de Sa Majesté,
qui a accordé à la reine d'Angleterre la grâce qu'on
ne touchast point à nos biens et qu'on ne fist aucun
mal à nos monastères de Savoye et de Turin. Comme
M. le marquis de Catinat[2] doit être informé de la

---

[1] A la fin de 1689, M. le marquis Antoine de Feuquières reçut
l'ordre de quitter Bordeaux où il commandait, et de se rendre en
Piémont, pour y servir sous Catinat. Il remporta plusieurs avantages
sur les Vaudois ou Barbets, et contribua, en 1690, au gain de la bataille de Staffarde, où il commandait l'infanterie. Après la campagne,
il reçut le commandement de Pignerol, et, avec une faible garnison,
il put éloigner des environs de cette place les Barbets et les Religionnaires, les allant chercher et attaquer partout, alors qu'ils s'y atten-
daient le moins. Il répandit la terreur sur les montagnes et dans
les plaines du Piémont, quoiqu'il n'eût que peu d'infanterie et de
cavalerie, et se signala en plusieurs endroits par des actes d'une in-
trépide bravoure. M. de Louvois disait que M. de Feuquières ne trouvait rien difficile, qu'il exécutait au delà de ce qu'il avait promis, et
les Barbets publiaient qu'il était sorcier.

[2] Nicolas, marquis de Catinat, né en 1637, maréchal de France
en 1693, mort en 1712. — « Catinat commandait en Italie (1691).

faveur obtenue du Roy qu'on ait quelque esgard pour notre ordre, nous espérons de la bonté et piété de l'un et de l'autre que l'on donnera les ordres nécessaires pour notre deffense à l'avenir.

A sçavoir :

Deux cassines sur le finage de Quiers nommées du Rat ;

Une sur le finage de Pianesse ;

Une sur le finage de Turin, nommée le Lingot, que MM. les François ont bruslée ces jours passés, qui autrement se nomme la Campagne ;

Une cassine sur le finage de Roulet, vers Pignerol ;

Une cassine, avec quelques journées de terre, à Moncaglier ;

Une cassine au Villaret, sur les confins de Turin.

L'on trouvera à l'entrée de toutes ces cassines le nom de la Visitation écrit.

« Il avait en tête le duc de Savoie, Victor-Amédée, prince alors sage, « politique et encore plus malheureux; guerrier plein de courage, « conduisant lui-même ses armées, s'exposant en soldat, entendant « aussi bien que personne cette guerre de chicane qui se fait sur des « terrains coupés et montagneux, tels que son pays; actif, vigilant, « aimant l'ordre, mais faisant des fautes et comme prince et comme « général. » (VOLTAIRE.)

DE M. DE CATINAT AU MÊME.

A Suze, le 12 janvier 1691.

J'ay reçu la lettre du 10 janvier que vous m'avez fait l'honneur de m'escrire, par laquelle vous me mandez que vous faites partir ce mesme jour nos prisonniers pour estre eschangés; à la fin ces pauvres gens auront leur liberté. Je suis bien fasché des 94 qu'ils nous ont escamotés par la peur que des officiers leur ont faite qu'ils ne seroient point eschangés de tout l'hiver.

Il m'est revenu ce matin un homme de Turin et un de Rivole. Il y a toujours dans Rivole 4 bataillons, sçavoir les 2 des Gardes Saluces et Monferrat, et les 4 compagnies de dragons de Macel, et dans Veillane ce que je vous ay mandé, sçavoir 500 Allemands de Lorraine, la Croix-Blanche, et les autres 4 compagnies du régiment de Macel. Je ne sçais dans Turin que le régiment de fusiliers, les gendarmes à Pianesse, les dragons verts toujours à Saint-Gille, à moins qu'ils n'en soient partis aujourd'huy. Le déserteur qui vous avoit dit que ce régiment estoit du costé de Queyras s'est trompé; les Gardes du corps sont à Quiers. Vous m'aviez mandé par vostre précédente que les Allemands avoient laissé 600 chevaux du costé de

Moncaglier; l'on n'a pas pu vous parler bien seure-
ment là-dessus, le tout ensemble peut faire 12 ou
1 400 chevaux ; ce qui mérite attention sur l'entreprise qu'on voudroit faire sur Veillane, qui n'est
point une affaire d'un coup de main, et qui peut
obliger à quelque séjour en campagne avec canon,
et autres moyens d'ouvrir un lieu fermé.

Ce que nous avons d'infanterie icy est si diminué,
par maladies et convalescens renvoyés dans les
quartiers, qu'il y a 3 régimens sur lesquels je
n'ay pas pu tirer 100 hommes pour envoyer dans
les postes. Je fais partir demain ceux de la vallée
de Pragelas pour relever ceux du régiment de La
Carte. Je vous en envoye un mémoire afin que vous
en soyez informé. Je vous enverray aussi ceux de
la vallée de Chaumont lorsqu'ils seront réglés.

Je vois par vostre lettre que vous croyez pouvoir compter sur 1 200 hommes de vostre garnison
et 700 chevaux. Suze pourroit bien fournir 8 à
900 hommes, et les détachemens de nos vallées
sont à portée, soubs quelque prétexte de convoy,
de vous joindre ou de se joindre à Suze, le tout ou
partie pour agir selon les desseins que l'on voudroit
prendre, ou pour enlever Rivole, ou pour attaquer
haut à la main Veillane. C'est une affaire qui ne
périt pas pour y songer meurement.

Vous aurez pu voir par ma dernière lettre que
je ne sçavois plus quand vous auriez les deux ba-

taillons dont je vous avois donné advis; ce sont deux vieux bataillons de garnison, fort bons, de quinze compagnies, et sans piques. Je vois par tout ce que vous me proposez, que vous n'estes pas embarrassé de les placer.

Je ne trouverois les quartiers de Saluces et de Carignan en seureté que par la confiance où l'on peut estre que les ennemis ne sont pas entreprenans. Les quartiers sont dans une disposition, y compris ceux du Monferrat, à pouvoir très-aisément mettre 1 500 chevaux ou dragons ensemble, avec lesquels ils pourroient mettre Saluces derrière eux; vous connoissez, pour y arriver de vostre part, la plaine qu'il faut passer devant qu'on soit au Pô, et M. le duc de Savoye pourroit fort bien rassembler, pour une pareille entreprise, 8 à 9 bataillons, et tirer du canon de Carmagnole. Ils auroient deux ou trois mois à réfléchir sur ce qu'ils peuvent faire ou ne pas faire sur ce subjet. Les mesmes raisons que dessus me paroissent estre pour Carignan. A l'égard des chasteaux, comme l'on bazarde peu, et que l'on tient par là le pays, on s'élargiroit, et cela ne pourroit estre que bon.

Je comprends comme vous, Monsieur, que, si le Roy pouvoit pousser beaucoup de troupes présentement en Piémont, il embarrasseroit fort le pays; mais touttes les troupes du Roy travaillent à leur restablissement, comme celles des ennemis; un mouvement à contretemps pourroit beaucoup nuire à l'estat où il faut qu'elles soient pour entrer en campagne.

Il m'est venu ce matin une nouvelle par l'homme qui m'est venu de Turin, où j'appréhende bien qu'il n'y ait quelque vérité, qui est qu'un courrier de la part de M. le prince Eugène[1] est arrivé mardi, à portes ouvrantes, à Turin, qui a apporté la nouvelle qu'il y avoit eu 400 hommes de la garnison de Casal entièrement défaits. Comme vous ne m'en mandez rien du tout, cela me laisse quelque espérance que cette nouvelle est fausse ou fort exagérée.

Je vous assure que j'ay esté bien aise de voir vostre lettre escrite d'une autre main que de la vostre. Il me faisoit de la peine de voir les lettres que vous me faites l'honneur de m'escrire d'un si long détail, touttes escrites de vostre main.

J'ay fait M. de Cray porteur de cette lettre, qui a

---

[1] François de Savoie, connu sous le nom de Prince Eugène, fils d'Eugène-Maurice, comte de Soissons, né à Paris en 1663, mort à Vienne en 1736; l'un des plus grands généraux de son époque et des plus funestes aux armes de Louis XIV, qui eût pu se l'attacher en lui accordant un régiment qu'il sollicitait lorsqu'il quitta la carrière ecclésiastique, à laquelle il se destinait d'abord. Mais Louis XIV ne pouvait prévoir quel devait être cet homme auquel il refusait une si mince faveur. A l'époque dont il s'agit ici (1691), le prince Eugène commandait l'armée impériale d'Italie.

reçu des ordres qui l'obligent d'aller pour quelques jours à Pignerol ; il a beau faire l'entendu, il n'est pas fasché des affaires qui le conduisent de ce côté-là. Je suis, Monsieur, vostre très-humble et très-obéissant serviteur.

***

DU MÊME AU MÊME.

A Suze, le 19 janvier 1691.

Mémoire pour l'entreprise de Veillane.

Suivant le jour qu'il sera donné, M, le marquis de Feuquières partira le soir de Pignerol, avec toutte sa cavalerie et ses dragons, et avec 1 200 hommes de pied, détachés de sa garnison, lequel nombre il a mandé pouvoir fournir.

Le rendez-vous de M. de Feuquières avec ses troupes devra estre à la teste des estangs de Veillane.

Il y a deux chemins à tenir pour se rendre audit rendez-vous, sçavoir : l'un passant par Cumiane et Javan, et l'autre par Trane, Le premier est de quelque chose plus court, mais il est difficile, montueux et plein de défilés. Le second, par Trane, est bien plus beau et plus commode, passant la Chisole au pied de la montagne de Piosasque.

De Trane il y a encore un chemin très-praticable, laissant Javan environ une demy-lieue sur la gauche. Ce chemin mène droit à Veillane; il est aisé de tomber au rendez-vous susdit, qui met à portée de se saisir des Capucins et du faubourg. Ce chemin de Pignerol à Veillane est celuy qui estoit tenu par les caissons, lorsqu'ils y apportoient du pain de Pignerol.

Comme l'on ne connoist pas précisément le temps que durera cette expédition, il sera à propos qu'il fasse prendre pour quatre jours de vivres aux troupes, et de l'avoine pour la cavalerie.

Comme M. le marquis de Feuquières peut avoir quelque poste à occuper, quelques maisons ou quelques faubourgs à emporter, il convient aussi, outre la distribution de poudre qu'il fera, qu'il ait encore trois chevaux de bast ou mulets composés, qui ayent quelques outils et haches dans la quantité qu'il jugera à propos.

Comme l'on ignore grande partie des moyens dont on pourra se servir pour se donner entrée dans la ville, il est à propos qu'il ait la précaution de chercher dans sa garnison quelques officiers, sergens et soldats qui ayent quelque connoissance des mines, et qu'il porte à cet effet des outils à mineurs, lesquels il pourra trouver dans les magazins de Pignerol. Si par hazard il n'y en avoit point, il seroit à propos qu'il en fist faire incessamment. M. Ferrand sçait fort bien de quelle qualité il faut qu'ils soient.

Il conviendra aussi qu'il faut au moins porter une centaine de grenades.

Mémoire de ce qui regarde Suze pour cette expédition.

Il sera détaché de la garnison de Suze 600 hommes, 400 hommes des détachés des régimens qui ont passé en Savoye, qui sont dans la vallée de Chaumont, 600 hommes tirés de la vallée de Pragelas et des régimens de Cambrésis et de la Sarre. Laissant 10 hommes à chaque poste du Prajelas, il n'en pourra estre tiré tout au plus que 400, de sorte qu'il faudra tirer encore 200 hommes des régimens de Cambrésis et de la Sarre.

Détail pour le rendez-vous desdites troupes.

Les postes de la Chartrousière, de Chasteau-du-Bois, du Villaret du Chambon, de Mantoul et de Fenestrelle se rendroient à Uxeau, ce qui fait le rendez-vous des détachés des régimens de Vexin et de Clérambault.

Les postes du Leau, des Souchères-Basses, de la Rua des Traverses, de Jossau et de Sestrières, au village de Balboutet, qui sera le rendez-vous des détachés des régimens de Cambrésis et de la Sarre.

Desdits deux rendez-vous d'Uxeau et de Balboutet, ils se rendront dans un seul jour à Méane, passant par le col de la Fenestre. Il faudra leur ordonner de prendre pour trois jours de pain, et autres vivres pour quatre jours.

Il faudra prendre les mesures pour qu'il leur soit

porté à Méane le jour où ils y arriveront, pour quatre jours de pain, et que quelques gens y portent du vin pour estre vendu au prix de la quantine.

Comme lesdits détachés auront marché deux grandes journées, il faudra qu'ils séjournent un jour à Méane.

80 hommes détachés de Cambrésis, partant de Briançon, viendront à Cézanne, Salbertrand et Jalas, où ils séjourneront un jour, prendront pour quatre jours de pain, et autres vivres pour plusieurs jours.

80 hommes de la Sarre, partant de la vallée de Bardonesche, viendront à Salbertrand, le jour d'après à Jalas, où ils séjourneront un jour, prendront du pain pour trois jours en leurs quartiers, et autres vivres pour quatre ou cinq jours.

Les détachés de Grancey, qui sont à Exille, laissant 10 hommes dans leurs quartiers, viendront à la Renaudière, où il séjourneront un jour, et prendront pour deux jours de pain en leurs quartiers, et autres vivres pour quatre ou cinq jours.

Artois qui est à Oulx et dépendances, laissant 10 hommes en leurs quartiers, viendront à la Renaudière, où ils séjourneront un jour, prendront du pain pour deux jours, et autres vivres pour quatre ou cinq jours.

Bourbon, qui est à Saoulx et dépendances, laissant 10 hommes dans leurs quartiers, viendront à Chaumont et de là à la Renaudière, où ils séjourneront un jour, prendront du pain pour trois jours, et autres vivres pour cinq ou six jours.

Périgord, partant de Fenil, laisseront 10 hommes en leurs quartiers, iront à Salbertrand, de là à la Renaudière, où ils séjourneront un jour, et prendront du pain pour trois jours, et d'autres vivres pour quatre ou cinq jours.

Robec, qui est à Sauze, Saint-Maury et Jouvenceaux, laissant 10 hommes en leurs quartiers, iront à Salbertrand, de là à la Renaudière, où ils séjourneront un jour, et prendront du pain pour trois jours, et d'autres vivres pour quatre ou cinq jours.

Il sera préparé à Suze du pain pour tous lesdits détachemens, tant de la garnison que de Briançon, Vallée d'Oulx et Pragelas, pour quatre jours.

Ce pain sera porté à ceux de Prajelas, à Méane, où seront leurs quartiers; et ceux de Briançon et Vallée d'Oulx, leurs quartiers estant à Jalas et à la Renaudière, enverront au pain à Suze dans le jour de jour.

Le régiment de dragons de Bretagne fournira 30 dragons par compagnie; on leur fera prendre du pain et de l'avoine pour quatre jours, et autres vivres.

Deux pièces de canon tirées de la citadelle. Voir si on trouvera des affûts dont on se puisse servir en prenant 2 pièces du plus gros calibre; sinon on prendra 2 pièces de huit, aux armes de France.

Prendre 100 boulets pour chaque pièce, ce qui fait 200 boulets.

Pour tirer lesdits boulets, 1 000 livres de poudre.

100 grenades.

70 pics à hoyau, 70 besches, 30 hoyaux et 30 pics à roc.

24 haches et 24 serpes, des outils à mineurs dans la quantité qu'on jugera nécessaire.

4 bombes.

Sera distribué aux troupes d'infanterie et de dragons demy-livre de poudre et de plomb, la moitié pesant de mesche de ce qu'il sera distribué de poudre.

Mémoire des voitures nécessaires.

Pour les deux pièces de canon, 20 chevaux, qui seront demandés à M. le marquis de Feuquières, qui en a 20 entretenus à Pignerol. . 20

200 boulets pour lesdites pièces, portés par les dragons dans un double sac à terre.

100 outils portés par les mesmes dragons. .

100 autres outils portés par 3 mulets. . . .   3

Pour 24 serpes et 24 haches, 1 mulet. . .   1

Pour tirer les boulets, un millier de poudre, 5 mulets.   5

800 livres de poudre pour les troupes et 800 livres de balles, 8 mulets.   8

Pour porter 400 livres de mesche, 2 mulets.   2

Pour porter six vingt grenades, moitié verre et moitié fer, 2 mulets.   2

Deux mulets haut le pied. 2
____

En total, 20 chevaux[1] et 23 mulets. . . . 43[1]

[1] « Au mois de janvier 1691, M. de Catinat, qui dans ce temps-
« là étoit à Suze, voulut surprendre et enlever le poste de Veillane,
« où M. de Savoie tenoit une garnison d'infanterie dans le château,
« qui étoit assez bon pour sa situation, et un régiment de dragons
« dans la ville, qui n'étoit pas hors d'insulte. Ce poste est dans la
« vallée de Suze, et pouvoit être attaqué en même temps par le côté
« de Suze et par celui de Rivoli. M. de Catinat se chargea d'y marcher
« par le côté de Suze, avec un nombre de troupes et deux pièces de
« canon de campagne, et m'ordonna d'y marcher par le côté de Ri-
« voli, avec un nombre de troupes et deux pièces de canon.

« Pour que cette entreprise pût avoir une réussite heureuse, il fal-
« loit qu'elle fût exécutée avec beaucoup de diligence et de justesse
« dans les mesures prises, parce que M. de Savoie pouvoit en peu
« d'heures rassembler beaucoup plus de troupes pour venir secourir
« Veillane, qu'on ne pouvoit y en avoir mené pour l'attaquer. Ainsi
« ce fut le manque de justesse dans le moment de l'exécution qui fut
« cause que l'entreprise ne réussit pas.

« La disposition de M. de Catinat étoit telle que je vais le dire. Les
« deux corps qui partoient de Suze et de Pignerol, marchoient par
« deux côtés si différens, que, ne pouvant se communiquer ni dans
« leur marche ni sur le point de commencer leur attaque, ils de-
« voient tous deux et en même temps attaquer Veillane à la pointe
« du jour, parce qu'il ne falloit pas donner le temps, par une atta-
« que successive, à ce régiment de dragons qu'on vouloit enlever dans
« la ville, de se retirer dans le château.

« Je me rendis à l'heure qui m'avoit été marquée. J'attaquai et
« emportai la ville de Veillane de mon côté, qui étoit celui de Turin
« et le plus éloigné du château. Mais M. de Catinat s'étant amusé en
« chemin à faire relever une de ses pièces de canon, qui avoit versé,
« et ne s'étant pas trouvé à l'heure marquée pour attaquer par le
« côté de Suze, une partie des dragons logés du côté du château eu-
« rent le temps d'y entrer avec leurs chevaux, et la garnison du châ-

DE M. BOUCHU[1] A M. LE MARQUIS ANT. DE FEUQUIÈRES.

A Couet, devant Montmeillan, le 11 février 1691.

Que voulez-vous dire, Monsieur, s'il vous plaist, avec vostre oubly? C'estoit vous qui, avant la lettre

« teau de prendre les armes ; de sorte que, l'exécution de l'entreprise
« tirant en longueur et M. de Savoie ayant eu le temps d'y arriver
« avec un corps considérable sur les quatre heures du soir, il fallut se
« retirer, après avoir été maître de la ville pendant sept ou huit heures.

« Je fus même obligé de me servir de la nuit pour passer avec mes
« troupes au travers de la ville par le feu du château, et de reprendre
« ma marche à Pignerol par la montagne, parce que M. de Savoie
« me barroit le retour par la plaine.

« Cet exemple fera connoître que, dans l'exécution de cette espèce
« d'enlèvement de postes qui ne se peut faire que par des troupes qui
« partent de différents points et qui ne peuvent se communiquer pen-
« dant leur marche ni même dans le temps où elles doivent commen-
« cer de concert l'attaque du poste qu'on veut enlever, il faut être
« exact à ne pas manquer à se rendre au lieu et au moment marqués
« pour ceux de l'attaque, sans quoi il est presque sûr que l'entreprise
« ne peut avoir un succès heureux. » (*Mémoires et maximes militaires
de M. le marquis Ant. de Feuquières.*)

Telle est l'explication que M. de Feuquières donne de l'insuccès de
l'entreprise de Veillane. Le maréchal de Catinat en fournit une autre :
il prétend que cet insuccès n'eut d'autre cause que la précipitation de
M. de Feuquières, qui voulut prendre l'avance sur lui, afin de se
donner tout le mérite d'une entreprise qu'il avait vivement conseillée,
mais pour laquelle le maréchal avouait qu'il avait lui-même peu de
goût. (Voir les *Mémoires de Catinat.*)

[1] Voici ce qu'on lit dans Saint-Simon, à la date de 1705 :
« Bouchu, conseiller d'État et intendant du Dauphiné, perdu de

du 4 de ce mois, estiez en arrière à mon égard. Si vous n'avez pas reçu la mienne de Lyon, que j'escri-

« goutte, mais toujours homme de plaisir, voulut quitter cette place.
« C'étoit un homme qui avoit une figure fort aimable, et dont l'esprit
« qui l'étoit encore plus, le demeura toujours. Il en avoit beaucoup,
« et facile au travail et fertile en expédiens. Il avoit été intendant de
« l'armée de Dauphiné, de Savoie et d'Italie, toute l'autre guerre et
« celle-ci. Il s'y étoit cruellement enrichi, et cela avoit été reconnu
« trop tard, non du public, mais du ministère; homme d'ailleurs
« fort galant et de très-bonne compagnie. Lui et sa femme, qui étoit
« Rouillé, sœur de la dernière duchesse de Richelieu et de la femme
« de Bouillon, se passoient très-bien l'un de l'autre. Elle étoit tou-
« jours demeurée à Paris, où il étoit peu touché de la venir rejoin-
« dre, et peu flatté d'aller à des bureaux et au conseil, après avoir
« passé tant d'années dans un emploi plus brillant et plus amusant.
« Néanmoins il n'avoit pu résister à la nécessité d'un retour honnête,
« et il avoit mieux aimé le demander que se laisser rappeler. Il partit
« pour ce retour le plus tard qu'il lui fut possible, et s'achemina aux
« plus petites journées qu'il put. Passant à Pavé, terre des abbés de
« Cluny, assez près de cette abbaye, il y séjourna. Pour abréger, il y
« demeura deux mois dans l'hôtellerie. Je ne sais quel démon l'y
« fixa; mais il y acheta une place, et, sans sortir du lieu, il s'y
« bâtit une maison, s'y accommoda un jardin, s'y établit et n'en
« sortit jamais depuis, en sorte qu'il y passa plusieurs années et y
« mourut sans qu'il eût été possible à ses amis ni à sa famille de l'en
« tirer. Il n'y avoit, ni là, ni dans le voisinage, aucun autre bien que
« cette maison qu'il s'y étoit bâtie; il n'y connoissoit personne, ni
« là autour, auparavant. Il y vécut avec les gens du lieu et du pays,
« et leur faisoit très-bonne chère comme un simple bourgeois de
« Pavé. »

Et, à la date de 1712 : — « Madame Bouchu, veuve du conseiller
« d'État et mère de la comtesse de Tessé, cachoit un cancer depuis long-
« temps, dont une seule femme de chambre avoit la confidence. Avec
« le même secret elle mit ordre à ses affaires, soupa en compagnie, se

vis nonobstant l'accablement d'affaires dans lequel j'estois, prenez la peine de vous informer de ce qu'elle est devenue ; car il pourroit en arriver autant à une autre où je vous parlois de choses de plus grande conséquence. Je vous marquois par celle-là que je continuois à estre fort content de vous, et que l'affaire de Savillan[1] estoit fort à mon gré.

On commença jeudy à bombarder Montmeillan. Ce ne fut néantmoins, à proprement parler, que l'essay. On y a fait de son mieux depuis trois jours.

« fit abattre le sein le lendemain matin, et ne le laissa apprendre à sa
« famille ni à personne que quelques heures après l'opération ; elle
« guérit parfaitement. Après tant de courage et de sagesse, elle fit la
« folie, quelques années après, d'épouser le duc de Châtillon, cul-
« de-jatte, pour la rage d'être duchesse, et pour ses grands biens,
« et longtemps après elle mourut d'une fluxion de poitrine pour avoir
« voulu aller jouir de son tabouret à Versailles par le grand froid. »
                                        (SAINT-SIMON , t. IV et X.)

[1] « Au mois de janvier 1691, le marquis de Feuquières enleva
« dans la ville de Savillan les quatre compagnies des gendarmes du
« duc de Savoie. Dans la vue de détourner l'attention de l'ennemi,
« il avoit fait par de petits partis donner de fausses alarmes aux en-
« droits les plus opposés à Savillan. Il connoissoit par lui-même la si-
« tuation de cette ville. Un paysan, qui lui servit de guide et d'espion,
« étoit venu l'instruire de ce qui s'y passoit, avec tant d'exactitude,
« que tout se trouva conforme au rapport qu'il lui en avoit fait. Le
« marquis de Feuquières régla sa disposition sur cet avis et sur les
« connoissances qu'il avoit de l'état de cette place, qu'il trouva mal
« gardée et qu'il abandonna aussitôt, parce qu'elle n'étoit pas à portée
« d'être conservée. Il fit en trente heures plus de vingt-huit lieues ; il
« passa et repassa le Pô et deux autres rivières. »
                        (Vie de M. le marquis Antoine de Feuquières.)

Mais, comme M. de Catinat n'estoit pas content de l'effet de l'unique batterie que nous avons eue jusques icy, on travaille, dans le temps que je vous escris, à une seconde qui sera beaucoup plus près et à laquelle on conduit actuellement la moitié de nostre canon et de nos mortiers, c'est-à-dire 3 de chaque espèce. L'homme à qui nous avons affaire a toutes les manières d'un vray opiniastre : quand on luy met le feu en quelque endroit, il le fait esteindre à la vérité, mais il n'en tire pas un coup de canon de plus ; il en lasche seulement par-cy par-là quelques volées quand il s'ennuye de voir des badauds regarder de trop près l'effet des bombes. Quoy qu'il en soit, cette affaire, avec plus ou moins de succès, finira dimanche prochain 18, où nous aurons au plus tard débité tout ce qui nous reste. Après quoy, je vous feray passer tous nos mortiers, et m'en retourneray faire, si je puis, à Grenoble, une fois seulement pour la santé, ce dont vous vous outrez à Pignerol, au grand scandale de toute une garnison à laquelle vous devez l'exemple, et à la vue de M. le marquis de Chauvenant qui en devroit rendre compte à la cour si, ne faisant que commencer, il sçavoit tous les engagemens de l'inspection.

Je vous envoye l'ordre nécessaire pour tirer de Pragelas et employer entre Fenestrelle et Beschedauphin le nombre d'ouvriers que vous jugerez nécessaire. J'iray voir incessamment si vous avez bien réussy; mais je ne puis quitter ces quartiers que je n'aye poussé devant moy une bonne quantité de toutes sortes de munitions tant de guerre que de bouche.

J'ay escrit pour les fourrages de M. de Mauroy ; j'attends réponse pour la luy faire, aussy bien que sur ses appointemens; dites-le luy, je vous prie, et que je suis fort son serviteur. Donnez-moy de vos nouvelles le plus souvent que vous pourrez ; n'est-il pas bien plaisant que je vous aime et que je sois inquiet quand je n'en reçois point ?

DE M. MALLET[1] A M. DE BRENDELET[2].

A Luzerne, le 13 février 1691.

Monsieur, je vois bien par vostre silence et céluy de M. de Feuquières qu'il ne veut point nous comprendre dans le cartel. Ainsy, Monsieur, et vous et luy ne trouverez pas mauvais que nous continuions à faire la guerre sans quartier et que nous

---

[1] Chef d'un corps de Barbets et de Religionnaires. S'étant trouvé quelques années après aux bains de Bourbon, accablé de rhumatismes, il dit à M. le comte Jules de Feuquières : « C'est à M. votre frère que j'en suis redevable ; il nous a bien tourmentés. »

[2] Capitaine suisse au service de France, sous les ordres de M. de Feuquières, à Pignerol.

cômmencionš par vos soldats. Vous aurez le plaisir,
si vous ne répondez pas dans trois jours à mes
lettres, de voir leurs téstes dans un lieu où vous
aurez le loisir d'y fairé des réflexions. J'ay donné à
vostre tambour un billet de l'argent qu'il a apporté
et qui leur sera distribué par jour. Je suis, Monsieur,
vostre très-humble et très-obéissant serviteur.

DE M. STIVAL A M. COURAGÉUX.

15 février 1691.

J'ay fait voir à M. le marquis de Feuquières le
mémoire que vous m'avez donné des gens que les
Barbéts répètent; sur quoy il m'a dit de vous faire
sçavôir qu'il n'y avoit pas un de ces gens-là dans
les prisons de Pignerol, et que d'ailleurs c'étoient
tous gens arrestés il y a longtemps pour des crimés
particuliers, et qui mesme avoient esté donnés au
Roy par S. A. R. pour éstre envoyés aux galères. Je
luy ay aussy rendu compte du contenu en la lettré
de M. Mallet, dont l'original venoit de luy estré
montré par M. de Brendelét; sur quoy il a sur-le-
champ ordonné qu'on resserrast les gendarmes de
S. A. R. et qu'on en conduisist les officiers à la citadelle, et m'a dit de vous fairé sçavoir qu'il fera à
tous les prisonniers qu'il a de S. A. R. un traitement au quadruple de celuy qui sera fait aux Suisses,
et que, pour un de ces prisonniers auxquels on me-

nace de faire couper la teste, il la fera couper à
quatre gendarmes, poursuivant ainsy la représaille
jusques sur les officiers, les intendans et ensuite sur
le peuple de Piedmont. Que si M. Mallet et les troupes
qu'il commande ne sont point avoués de S. A. R.
la représaille n'aura point de lieu avec eux, et M. de
Feuquières ne les fera traiter que comme des voleurs. Il vous prie, Monsieur, de vouloir bien luy
définir quels gens ce sont. Je suis, Monsieur, vostre
très-humble et très-obéissant serviteur.

DE M. MALLET A M. DE BRENDELET.

A Luzerne, le 18 février 1691.

Il y a trois jours qu'un party de nos Vaudois a
pris deux soldats de vostre garnison, un Suisse et un
Wallon; et, le mesme soir, un destachement de
vostre garnison en avoit repris huit des nostres à
Prérostein ou Rostagnote. Je vous envoye ce tambour pour vous prier de vouloir bien sçavoir de
M. de Feuquières s'il les veut eschanger avec ceux
que j'ay. S. A. R. m'a fait sçavoir que, sur les demandes que je vous ay faites pour l'eschange de vos
Suisses, je ne pouvois prétendre que ceux qui sont
prisonniers à Pignerol et à Briançon, mais que ceux
qui sont en galères ne sont point compris dans le
cartel; j'ay donc fait consentir nos Vaudois à se
contenter des prisonniers que vous avez à Pigne-

rol et Briançon. Vous n'ignorez pas, Monsieur, que nos Vaudois sont d'un esprit à ne pas se laisser conduire comme des troupes réglées. En attendant vostre réponse, je suis, Monsieur, etc.

DE M. DE BRENDELET A M. MALLET.

A Pignerol, le 18 février 1691.

Monsieur, j'ay rendu compte à M. de Feuquières du contenu en la lettre que vous avez pris la peine de m'escrire aujourd'huy. Il m'a dit qu'il ne vouloit pas consentir à un eschange particulier, voulant le faire général, en conséquence de l'eschange des ratifications pour le cartel, ce qui despend à présent de S. A. R., qui y apporte quelques difficultés, sans la levée desquelles M. de Feuquières ne rendra aucun des prisonniers qu'il a. Il m'a adjouté qu'il n'y avoit à Briançon aucun prisonnier fait depuis la déclaration de la guerre, qu'il ne sçavoit pas mesme s'il y en avoit, mais que, quand mesme il y en auroit, ce n'estoit point une chose dont il se pust mesler. Je ne puis pas vous rien dire de positif sur le nombre des prisonniers que vous dites avoir été faits par un party de nostre garnison; mais il est bien sûr que ce qu'il y en aura, lorsque l'eschange se fera, sera rendu de bonne foy. Je suis, Monsieur, etc.

DE M. BOUCHU A M. LE MARQUIS ANTOINE DE FEUQUIÈRES.

A Grenoble, le 3 mars 1691.

C'est par vous, Monsieur, que j'apprends que les draps pour vostre livrée sont chez moy; la maladie de mon secrétaire, à qui on les a adressés en mon absence, est la cause du retardement de l'envoy qui vous en devoit estre fait; mais ils partiront au premier jour, duquel vous serez averty, afin que vous pensiez aux Barbets comme pour vous.

M. de Pontillot m'a entretenu de vos desseins pour les fours, et je les avois sçus par M. de Blenoy à l'égard des hôpitaux. Si vous aviez lu attentivement ma lettre sur ce sujet que vous dites qu'il vous a montrée, vous auriez vu que je souhaite autant que personne d'oster les hôpitaux de Pignerol, mais que je crois toujours à propos de bien aérer, parfumer et reblanchir les lieux où les malades ont esté pendant la campagne dernière, soit qu'on en fasse un autre usage ou qu'on soit obligé de s'en servir encore pour celuy-là, ce qui dépendra de la seureté en laquelle on peut mettre l'Abbaye, dont vous estes beaucoup meilleur juge que moy.

Il est de la dernière conséquence de rassurer nos voituriers par des escortes et par des postes sur la route de Cézane à Pignerol, car quelques captures faites par les Barbets les ont si fort effrayés, que je ne puis pas vous dire la difficulté qu'il y a de les obliger à marcher pour Pignerol. Ce sont ces difficultés et mille autres de toute nature que l'on surmonte quelquefois par le poulmon, mais sans blasphème certainement, et tout au contraire avec le tempérament dans lequel l'Évangile connoît une colère qui n'est point péché.

Les PP. chartreux que M. le marquis de Louvois protége crient miséricorde sur une somme de 1000 livres qu'ils disent que vous demandez à une de leurs maisons de Piémont.

M. de La Hoguette[1] me mande que les ville et château de Montmélian ont esté bien bombardés, bien canonnés et bien ruinés par conséquent, et que les ennemis y souffriront beaucoup ; cela n'estoit pas encore en cette situation quand M. de Catinat et moy quittasmes la partie ; mais il est vray que nous laissasmes près de six cents bombes.

Il n'y a rien de si aisé à compter que 20 places de fourrages à 15 fr. chacune pendant 150 jours. Vous ne criez point assez contre le séjour de Pignerol pour que je ne croie pas que vostre équipage ne vit pas sur ce fourrage-là.

Mais parlons un peu de nos contributions. Elles ont esté certainement pendant février fort différentes de ce qu'elles avoient esté pendant jan-

---

[1] Charles Fortin, marquis de La-Hoguette, lieutenant général des armées du Roi, tué à la bataille de la Marsaille en 1693.

vier. Ranimez-vous un peu par le souvenir de cette course célèbre faite par un galant homme en Allemagne, qui valut tant au Roy, qu'on ne prit pas garde de si près aux soins qu'il avoit pu donner à ses propres intérests[1].

Je ne puis vous dire encore, Monsieur, quand j'auray le plaisir et l'honneur de vous voir; mais, en vérité, j'en ay grande impatience.

DE M. LE MARQUIS DE CRENAN [2] A M. DE FEUQUIÈRES

A la citadelle de Casal, le 26 mars 1691.

Je ne sçay, mon ami, si on vous aura fait passer

---

[1] Allusion à la course mentionnée plus haut (*voir la note* 1 *de la page* 317), que fit M. de Feuquières à travers le pays ennemi pendant la campagne de 1688 en Allemagne, et qui fut fort productive au gouvernement et à M. de Feuquières lui-même. De retour à Paris, celui-ci fut mandé à Meudon par M. de Louvois, qui lui témoigna sa satisfaction de sa conduite. M. de Feuquières lui dit : « On vous aura sans « doute mandé, Monseigneur, que j'ai beaucoup gagné dans la course « que j'ai faite? » M. de Louvois lui répondit : « Qu'est-ce que cela fait? « J'en suis bien aise ; à quoi cela monte-t-il? — A 100 000 francs, re- « partit M. de Feuquières.—Je voudrois qu'il y en eût davantage, dit « M. de Louvois. — Quand ces bonnes gens, continua le marquis de « Feuquières, avoient compté sur la table les sommes auxquelles ils « avoient été imposés, ils mettoient une somme à part. Je leur deman- « dois ce que c'étoit. — C'est pour Monsieur, » me disoient-ils. Je l'ai « mise dans ma poche. —Le ministre lui répondit : « Vous avez bien « fait. » —Le Roi ajouta une gratification de 12 000 livres au bénéfice particulier de M. de Feuquières pendant cette excursion qui avait rapporté trois à quatre millions.

[2] Pierre de Perrien, marquis de Crenan, commandant pour le Roi à Casal, lieutenant général en 1693, mort en 1702.

ma réponse au mémoire qui m'a esté envoyé de votre part au sujet du cartel, à quoy je ne doute pas que vous n'ayez trouvé quelque remède depuis le temps, et que la justice de S. A. R. ne paroisse sur cela comme sur autre chose. Cependant, la charité pour les pauvres prisonniers me fait vous écrire celle-cy afin de sçavoir de vous-même ce qu'il y a

mesme temps à vous demander des nouvelles de votre santé, — et[1] t'asseurer que je seray toujours tout à toy.

DE M. DE SAINT-THOMAS[2] AU MÊME.

A Turin, le 27 avril 1691.

Monsieur, les officiers qui estoient prisonniers de guerre à Pignerol se louent fort de vostre honnesteté, et je vous assure que vous aurez lieu d'en faire de même de la sincérité et de la bonne foy dont on agit icy. M. le marquis de Saint-George m'a envoyé la réponse que luy a faite M. le marquis de Crenan, luy envoyant un mémoire de quelques prisonniers qu'il a à Casal, outre ceux dont vous avez vu le mémoire, qui sont à Ast. On luy en rendra deux qui sont à Verceil, qu'on pourroit

---

[1] Ces derniers mots seulement, avec la signature, sont de la main de M. de Crenan.

[2] Commandant à Turin pour le duc de Savoie.

justement refuser, puisque l'un est un nommé Ser-
vet, natif de Mondovi, qui a servy de guide contre le
service de S. A. R., et que l'autre est un sergent qui
avoit tâché de débaucher des soldats de la garnison.
Mais comme M. de Crenan les souhaite, le premier principalement, on a voulu plutost abonder
que de se servir des justes raisons qu'on a de les
refuser. L'ordre est donné pour tout faire rendre,
et je vous enverray le reçu, outre que vous
pourrez avoir souvent de ses nouvelles par la commodité des courriers qui commenceront à passer.
Je vous supplie, en attendant, de vouloir bien
gagner temps en faveur de M. Tarin, qui est arresté
depuis environ sept à huit mois, le faisant revenir
à Pignerol pour jouir du cartel.

Vous trouverez cy-joint le certificat de M. le
comte d'Oseigne, qui m'a assuré que le nommé
Bianco de Barge est soldat dans sa compagnie.

J'ay reçu la lettre que vous m'avez fait l'honneur
de m'écrire le 24, touchant les deux soldats qui
étoient dans le nombre des vingt maistres qui ont
escorté messieurs vos commissaires à Cumiane. Je
me suis informé de plusieurs officiers qui ont servy
en France, qui m'assurent qu'ils doivent estre regardés comme déserteurs, que le passe-port qu'ils
avoient n'estoit que pour la sûreté de leur venüe
et de leur retour, et non pas pour garantir la fidélité des mesmes soldats qui dépendoient de vostre

choix; après quoy je ne doute point que vostre grande expérience sur tous les incidens qui peuvent arriver à la guerre et vostre probité ne vous fassent convenir de la justice qu'il y a de les considérer comme déserteurs.

Quant au trompette et au soldat de la compagnie de M. de Brugnier, j'ay pris le mesme soin de m'informer de la difficulté qu'il pouvoit y avoir à l'égard ultérieur, et on m'a assuré qu'un trompette qui se retire avec le cheval doit estre considéré pour déserteur, qu'il est payé par le Roy comme les soldats, que le cheval est censé de la compagnie et non pas du capitaine, que si celui-cy fait quelque ménage, faisant monter un cheval de son équipage au trompette, c'est une affaire à part où nous ne devons pas entrer, et le trompette n'en est pas moins déserteur. Quant à celuy qu'on vous a représenté estre valet de M. de Brugnier, qui luy a volé un cheval, une personne, qui suppose en estre bien informée, m'a assuré que ce prétendu valet était un véritable soldat de la compagnie, qui a déserté avec le même cheval qu'il avoit accoutumé de monter passant en revue. Mais comme le cheval n'estoit pas tombé entre les mains d'un particulier et qu'il étoit dans l'équipage de S. A. R., Elle a ordonné qu'il soit rendu. L'homme qui étoit venu porter la lettre pour la contribution de la ville de Turin, qui a esté mis en liberté, le ramène.

Je vous assure par ces lignes que Mme Perraquin ne sera jamais recherchée et est entièrement déchargée de la caution qu'elle a prestée pour les trois prisonniers de Rive, si vous voulez bién en contre-change faire donner la liberté à un misérable nommé Caminade et à deux valets de campagne qui ont esté pris avec luy. Nos commissaires m'ont dit que cela étoit entendu.

Je vous envoye trois passe-ports pour les trois courriers de S. M., qui devront passer de Suze à Gènes pour y rester et porter les lettres à Rome. Je vous en envoye un par le courrier qui doit venir à La Mothe le samedy et le lundy pour porter et reprendre les lettres de Pignerol à Casal. Je vous en envoye aussi un pour le courrier qui devra venir de Casal à Rive, et, si vous voulez, par le premier courrier on l'enverra à M. de Crenan. Je vous en envoye quatre autres pour les courriers ordinaires qui viendront de Lyon à Forest et de Briançon à Pignerol. Quand il vous plaira de m'envoyer des passe-ports pour nos courriers qui iront recevoir et porter vos lettres une fois chaque semaine à Forest, trois fois chaque semaine à La Mothe et une fois chaque semaine à Rive, nos courriers commenceront d'aller à Forest et à La Mothe prendre les lettres de France; et pour les malles d'Espagne, qui doivent passer comme elles faisoient auparavant, il vous plaira aussi, conformément à ce qui a été concerté avec M. Pajot, d'envoyer les passe-ports pour les ordinaires de Genève icy et d'icy à Milan, vous priant d'ordonner que les courriers qui doivent passer à Gènes viennent avec celuy de S. A. R. qui ira à Forest.

Comme M. de Crenan se plaignoit du long séjour de ses prisonniers à Ast, j'avois instruit M. le comte Maffei de toute la suite de cette affaire, dont il a informé M. de Crenan, afin que ce retardement ne fust pas imputé à nous seuls. M. de Crenan vous escrivoit la lettre cy-jointe[1] sur ce sujet, qui n'est plus nécessaire à présent. Je ne laisse pas de vous l'envoyer, vous assurant que je tireray beaucoup de peine dans toutes les occasions où je ne pourray pas rencontrer vos satisfactions autant que je le souhaite, et vous marquer combien j'ay l'honneur d'estre, Monsieur, etc.

DE M. LE MARQUIS ANTOINE DE FEUQUIÈRES A M. DE SAINT-THOMAS.

A Pignerol, le 30 avril 1691.

Monsieur, j'ay reçu la lettre que vous me fistes l'honneur de m'escrire du 27ᵉ d'avril, par laquelle vous me marquez que les officiers des troupes de S. A. R. que je vous ay renvoyés se louent des ·manières que j'ay eues pour eux. J'aurois été fort

---

[1] Cette lettre ne se trouve pas dans la collection.

fasché d'en avoir de dures pour des gens que je
ne comptois pas contraindre par là à quitter le
service de S. A. R. pour entrer dans le nostre.

J'attends incessamment que vous m'envoyiez le
reçu de M. le marquis de Crenan, et qu'en mesme
temps vous me marquiez un jour pour que nos
commissaires, en conséquence de la fin des es-
changes, puissent faire leur compte, affin que
celuy qui devra puisse payer et que cette affaire
soit une fois terminée.

Vous me permettrez de vous dire, Monsieur,
que dans le temps que vous m'assurez de vostre
sincérité et bonne foy sur les affaires que nous
aurons à traiter, il s'en passe une dans laquelle
elle ne paroist pas, et que je veux croire s'estre
passée à vostre insçu. Le fait est que, dans le party
où M. de Saltun a été tué, il y a deux dragons de
sa compagnie, l'un nommé Dubuisson, qui est de
Lille, l'autre le Romain, qui est de Rome, qui ne
m'ont point esté rendus, sous prétexte qu'ils avoient
précédemment déserté des troupes de S. A. R. Cela
ne se doit point, au moins à l'esgard de Dubuisson
qui, estant sujet du Roy, ne peut pas estre regardé
ni retenu dans vos troupes comme déserteur, lorsqu'il ne fait que rentrer dans le service de son
prince. Ainsy, quand mesme vous me retiendriez
le Romain, ce que honnestement on n'auroit pas
dû faire, puisqu'il n'est sujet ni du Roy ni de

S. A. R., vous devez toujours me rendre Dubuisson qui est effectivement sujet du Roy. Je le réclame, et garderay icy le gendarme de M. d'Ozeigne et tous les autres prisonniers que je feray, si vous ne me rendez celuy-là qu'on retient injustement.

Comme l'eschange de la ratification du traité pour le passage des courriers se doit faire à Suze, et que les courriers de Lyon pour Rome la doivent apporter aujourd'huy ou demain à Suze, je vous renvoye, Monsieur, les passe-ports que vous m'avez envoyés pour les courriers de Gènes et celuy de Lyon à Forest, gardant seulement icy les autres qui regardent Pignerol. J'en donne avis à M. le marquis du Plessis[1], affin qu'il ne soit point inquiet des autres passe-ports, et luy mande qu'aussitost que ladite ratification luy sera arrivée, il fasse, par un exprès, avertir le sieur Pozanno pour qu'il se rende à Suze, affin d'y faire l'eschange des malles, passe-ports et ratification.

M. de Catinat a donné ordre pour la liberté de M. Tarin, que j'attends incessamment icy.

Je vous envoye, Monsieur, un mémoire qui vous instruira à fond de l'affaire des deux cavaliers qui ont déserté des vingt qui estoient à l'escorte des commissaires. Vous verrez qu'ils ne peuvent estre

---

[1] Henri-François de Rougé, chevalier, puis marquis du Plessis-Bellière, maréchal des camps et armées du Roi, mort en 1692. Il commandait à Suze en 1691.

que voleurs. Le manteau que l'on a renvoyé n'est point du tout celuy qui a esté volé, comme vous le verrez par ledit mémoire. C'est le commandant de Rivole qui l'a achepté 2 louis. Il faut avoir bien envie d'avoir un manteau à bon marché pour faire sur ce sujet ce qu'il a fait. Je vous renvoye le manteau qu'il a renvoyé à la place de celuy qui a esté volé.

Je ne sçais pas quels sont les officiers, ayant servy en France, qui vous ont assuré, en vertu de leur expérience, que les deux cavaliers ne devoient estre regardés que comme déserteurs. Il s'en faut beaucoup qu'ils me persuadent, par cette décision, de leur grande capacité. Je ne vous redemande pas les hommes, car je les punirois comme voleurs; mais si vous ne me rendez pas leurs équipages, je trouveray bien moyen de m'en ressentir.

Quant au trompette de M. de Brugnier et à son valet, je ne vous dis point que le trompette ne soit déserteur; mais le cheval gris à longue queue, que vous ne me rendez point, est un cheval de monture de M. de Brugnier, qui n'a jamais passé en revue ni esté dans sa compagnie, ni sous le voleur qui l'a amené ni sous aucun autre cavalier, comme vous le verrez par le certificat que je vous envoye. Ainsy, Monsieur, si vous voulez que je puisse compter sur la bonne foy de vostre part, je vous prie de vouloir bien me la marquer par la justice que vous me rendrez sur ces deux articles.

Je feray sortir aujourd'hui le nommé Caminade et les deux autres qui estoient avec luy.

Si après l'entrevue des deux commis des postes à Suze, il reste quelque difficulté pour le libre passage des courriers de-part et d'autre, vous n'aurez, Monsieur, qu'à me le faire sçavoir, et on y remédiera sur-le-champ. J'attends le reçu de M. de Crenan; sa lettre que vous m'avez fait l'honneur de m'envoyer, n'a pas besoin de response. Je suis, Monsieur, etc.

DE M. DE SAINT-THOMAS A M. LE MARQUIS ANTOINE DE FEUQUIÈRES.

A Turin, le 7 mai 1691.

Monsieur, je me donne l'honneur de respondre aux deux dernières lettres que vous avez pris la peine de m'écrire, et je commence par l'article des deux soldats qui ont déserté de l'escorte de MM. vos commissaires : vous me permettrez de vous dire que le passe-port de S. A. R. et de MM. Leonardi et Courageux ne peut servir que pour les garantir de tout ce qui peut dépendre de S. A. R. ou de ceux qui reconnoissent son autorité. Les officiers que j'ay consultés ne présument nullement donner des décisions; mais ils m'assurent qu'il ne se trouvera point d'exemple en France, en Flandre, en Allemagne et Catalogne, qu'un passe-port qui n'est fait que pour la sûreté des soldats, doive empescher qu'ils ne désertent s'ils veulent ; jusques-là mesme que, si toute l'escorte eust esté d'accord de déserter, elle l'auroit pu faire sans qu'il y eust de nostre costé aucune obligation ni convenance de rendre les soldats ni les équipages, qu'on n'a pas accoutumé de rendre quand les soldats désertent. Un vol particulier est une autre affaire ; car si un déserteur vole quelque chose en désertant, on le doit rendre comme un vol d'une chose appartenant à un particulier ; mais on ne rend pas son équipage, qui est de la compagnie. Ainsy, on a pris soin de retrouver le manteau, qui a esté remis au trompette porteur de cette lettre ; et si vous voulez regarder cette affaire sans prévention, je suis persuadé que vous conviendrez facilement de cette maxime.

C'est du cheval qui a esté renvoyé à Pignerol que je vous ay écrit qu'on m'avoit assuré qu'il passoit en revue sous le soldat ou valet qui l'a mené icy. Quant au cheval que le trompette déserteur a volé, je vous assure qu'on a fait toutes les diligences possibles pour le retrouver ; mais il a esté vendu à un marchand de Genève, qui n'est plus icy. On me dit qu'il l'a revendu à d'autres. Je vous assure qu'on usera d'une diligence exacte pour le recouvrer et que, si on en vient à bout, je vous le renverray.

Quand les prisonniers faits dans l'occasion où M. de Saltun a esté tué furent rendus, il n'y avoit qu'un déserteur dans les prisons; l'autre y a esté conduit depuis. S. A. R. n'a retenu aucun François dans ses troupes malgré luy. Ceux qui ont souhaitté de se retirer en ont eu la permission sans difficulté; mais ceux qui sont restés à sa solde et qui ont servy de leur bon gré ne peuvent pas déserter et ne pas estre considérés comme déserteurs, ce que je crois que vous trouverez raisonnable touchant le nommé Dubuisson. Pour le Romain, il y a tant de trou- pes étrangères en France, que vous ne disconvien- drez pas qu'un estranger qui s'enrôle dans les troupes d'un prince ne doive estre considéré pour un déserteur s'il abandonne le service sans permis- sion, et je suis persuadé que vous ne voudrez pas faire une représaille sur ce fondement.

On a tasché de bonne foy de sçavoir si les soldats nommés dans les mémoires que le trompette m'a remis ont passé icy comme déserteurs, s'ils sont prisonniers ou s'ils ont pris party. Je vous assure qu'on n'a trouvé que le nom de deux qui ont dé- serté et ont tiré païs; je vous en envoye le certificat de M. le marquis de Dronero; et s'il en venoit quelqu'un des autres, je vous le ferois sçavoir.

Je vous prie de me rendre justice, croyant que S. A. R. a ordonné à M. d'Ouchin de faire rendre à M. le marquis de Crenan les prisonniers de Casal, quand je vous l'ay écrit, ce que je vous dis afin que vous ne soyez point surpris de n'en avoir pas encore le reçu dudit M. de Crenan, qui ne peut pas tarder d'arriver, et il n'y a rien en cela de contraire à la droiture et à la bonne foy. S. A. R. a aussy ordonné depuis qu'on rendist à M. le marquis de Crenan 25 à 30 soldats environ qui ont esté faits prisonniers par un détachement des Allemands, proche Pontesture.

M. Tarin est arrivé, et je n'attends que les responses de M. Pajot de Lyon pour le passage des courriers, qui ne tient pas à nous. J'ai l'honneur d'estre, etc.

DE M. LE MARQUIS ANTOINE DE FEUQUIÈRES A M. DE SAINT-THOMAS.

A Pignerol, le 10 mai 1691.

Monsieur, je responds à la lettre du 7 que vous avez pris la peine de m'escrire, par laquelle il m'est aisé de voir que le cartel, quoique couché dans des termes fort clairs, ne laissera pas d'avoir souvent à souffrir des interprétations. Celles que vous faites sur les nommés Dubuisson et le Romain ne. trouveront assurément point d'exemple, au moins dans la personne de Dubuisson, sujet du Roy. Je n'ay point insisté sur le Romain, quoique, comme je vous l'ay marqué, n'estant sujet ni du Roy ni de

S. A. R., je fusse fort en droit de le répéter; mais pour Dubuisson, que je réclame encore comme prisonnier de guerre, si vous ne me le rendez point, je m'en ressouviendray assurément à la première occasion.

J'ay reçu une lettre de M. de Crenan du 7, et je vous envoye la copie de la lettre que M. le baron d'Ouchin luy escrit, partie aussi de Moncalve du 7 au matin, par laquelle vous verrez que la parole de S. A. R. que vous m'avez donnée de faire remettre à Casal les prisonniers faits sur cette garnison dès le jour mesme que ceux d' cy ont esté renvoyés, n'a pas encore esté exéc. ée ou au moins ne l'estoit pas le 7 au soir. Ce n'estoit pas là establir la bonne foy et la sûreté qu'on doit adjouter aux paroles données. Je vous envoye ce trompette exprès pour me plaindre à vous de ce manque de parole et pour vous prier de me dire une fois bien positivement si à l'advenir il faudra que je prenne des mesures pour n'estre plus surpris de cette manière. Une affaire comme celle-là qui ne règle que le jour du retour de quelques prisonniers en exécution d'un cartel signé et ratifié, ne méritoit pas qu'on voulust pour cela manquer de parole. Jusqu'à ce que vous m'ayez bien éclaircy ce fait, je ne veux pas croire que la faute en vienne de vostre costé, et j'aime mieux croire que l'avarice de M. le baron d'Ouchin, que M. de Crenan me mande avoir demandé 200 escus à M. de Hessy, a causé l'inexécution des paroles données. Il me semble pourtant qu'un aussy petit intérest ne devoit point paroistre en cette occasion où il s'agissoit de l'exécution d'une affaire concertée sur des paroles données de la part de S. A. R. J'attends par le retour de mon trompette non-seulement une assurance positive du retour des prisonniers de Casal dans leur garnison et le reçu de M. de Crenan, mais aussy que vous me marquiez un jour où nos commissaires puissent s'assembler pour régler les comptes avant l'ouverture de la campagne, et que vous m'envoyiez en mesme temps les passeports nécessaires pour leurs personnes et escortes.

M. le marquis du Plessis, qui commande à Suze, fera sçavoir à Veillane l'arrivée des passeports pour les courriers de Casal qu'on avoit renvoyés à la cour, à cause des longueurs que vous aviez apportées à cette affaire. J'ay l'honneur d'estre, etc.

DE M. DE SAINT-THOMAS A M. LE MARQUIS ANTOINE DE FEUQUIÈRES.

A Turin, le 12 mai 1691.

Monsieur, j'ay reçu la lettre que vous m'avez fait l'honneur de m'escrire hier touchant la surprise où vous estes de n'avoir encore point le reçu de M. le

marquis de Crenan à l'égard des prisonniers qui
ont esté faits sur sa garnison. Je vous avoue que j'en
suis également surpris, ne pouvant m'imaginer quelle
peut estre la cause de ce retardement. Vous ne devez nullement douter que S. A. R. n'ait envoyé
ordre à M. le baron d'Ouchin de rendre lesdits
prisonniers lorsque je vous l'ay mandé. Comme
M. d'Ouchin a désiré depuis d'avoir une copie du
cartel, on la luy a d'abord envoyée, ce qui me
fait croire qu'il aura fait rendre présentement ces
prisonniers, et que vous ne tarderez pas à en
recevoir le reçu de M. de Crenan. S. A. R. ne laisse
pourtant pas d'en escrire de nouveau à M. le baron
d'Ouchin, et de manière à trancher toutes les longueurs. Dès que ce reçu sera arrivé, nous prendrons le jour que vous trouverez à propos pour régler les comptes des rançons des prisonniers qui ont
esté rendus de part et d'autre.

A l'égard du nommé Dubuisson, des officiers
bien instruits des règles de la guerre m'assurent
qu'il doit estre regardé comme déserteur, et
qu'ayant esté engagé dans les troupes de S. A. R.
desquelles il a déserté, s'il retombe sous son autorité, rien ne le peut exempter en justice du crime
de désertion. On a suspendu pourtant de le chas-
tier, et si vous jugez à propos qu'il soit bien d'establir pour les uns et pour les autres qu'on doive
rendre les prisonniers do guerre, quand mesme ils

auroient ·déserté de l'armée par les troupes de laquelle ils seront faits prisonniers, S. A. R. y donnera les mains pour se conformer en cela à vostre
satisfaction. J'ay l'honneur d'estre, etc.

DU MÊME AU MÊME.

A Turin, le 12 mai 1691.

Monsieur, j'ay reçu, avec la lettre que vous avez
bien voulu m'escrire, le cheval que le dragon déserteur du régiment de M. le prince Eugène avoit
volé à son camarade. Je reconnois, comme je dois,
la manière obligeante dont vous avez agy en cela,
vous assurant que je tascheray soigneusement d'y
respondre en toutes les occasions, et que j'ay l'honneur d'estre, etc.

DU MÊME AU MÊME.

A Turin, le 12 mai 1691.

Monsieur, depuis les deux lettres que je me suis
donné l'honneur de vous escrire aujourd'huy, j'en
ay reçu une de M. le baron d'Ouchin avec le reçu
de M. le marquis de Crenan des prisonniers qu'on
lui a rendus. Vous trouverez ce reçu cy-joint
avec une lettre pour M. le marquis de Louvois et
une pour vous. Je suis plus que nul autre, Monsieur, etc.

DE M. LE MARQUIS ANTOINE DE FEUQUIÈRES A M. DE
SAINT-THOMAS.

A Pignerol, le 15 mai 1691.

Monsieur, j'ay reçu les trois lettres que vous
m'avez fait l'honneur de m'escrire, avec celle de
M. le marquis de Crenan pour M. de Louvois, et
le reçu des prisonniers de sa garnison, par lequel
j'ay vu que M. le baron d'Ouchin s'estoit fait payer
de leurs rançons, quoique je sois persuadé qu'à la
fin des comptes vous nous redevrez. Avant que de
traiter cet article, je commenceray, Monsieur, par
respondre à vos trois lettres.

L'une accuse la réception de la jument que je
vous ay renvoyée. Il se trouvera tousjours de nostre
costé une exécution régulière et exacte des choses
convenues par le cartel. J'espère qu'il en sera de
mesmes du costé des troupes de S. A. R.

L'autre lettre n'estant que pour accompagner
celles de M. de Crenan, je passeray, Monsieur, à
la troisième, qui mérite response à l'esgard de
l'article de Dubuisson. Je persiste tellement à le
redemander, que je suis obligé de vous avertir,
Monsieur, que je m'en tiens si peu à la décision des
officiers bien instruits des règles de la guerre, qui
vous assurent qu'il doit estre regardé comme déserteur, que, si on le traitoit de mesme, je ne

pourrois pas me dispenser d'une très-exacte représaille du traitement qui luy seroit fait, sur les
prisonniers que je ferois à l'advenir des troupes de
S. A. R. ou de ses alliés.

Le nouvel article que vous proposez à insérer sur
ce sujet est une chose sur laquelle je ne dois pas
décider de mon chef. J'en ay escrit à M. de Louvois
et à M. de Catinat, desquels je recevray les ordres.
Mais cet article ne peut regarder que le Romain et
les autres qui se trouveroient n'estre sujets ni du
Roy ni de S. A. R. Car pour Dubuisson, qui est
sujet du Roy et qui a esté fait prisonnier de guerre,
il ne peut pas estre dans le mesme cas, et puisque
vous vous opiniastrez à ne pas le rendre, il faudra
que je me serve des moyens les plus convenables
pour vous engager à une entière exécution du cartel, sans vous attacher aux décisions que vous
m'alléguez, et je me rendray juge dans ma cause
comme vous voulez l'estre dans la vostre.

Le tambour de dragons que je vous avois envoyé
se plaint qu'on luy a volé son manteau auprès
d'Orbassan. Si les trompettes et tambours ne sont
pas en sûreté avec des passe-ports, le commerce
sera difficile entre nous. En tout cas, la comté
d'Orbassan luy en fournira tout au moins un neuf.

Si vous voulez bien que nos commissaires se
trouvent à Cumiane jeudy prochain ou tel autre
jour qu'il vous plaira, ils finiront leurs comptes

pour les prisonniers et prendront des mesures pour que celuy qui devra paye incessamment. Vous trouverez cy-joints les passeports pour messieurs vos commissaires et leur escorte. Ayez la bonté de m'en renvoyer par le retour de mon trompette.

J'ay aussy fait faire le compte de ce que vous nous redevez pour les rançons : cela se monte à 6 343 liv. 8 s. 6 d., monnoye de France. Si vous voulez bien que vos commissaires soient chargés de cette somme, ce sera une affaire entièrement finie.

J'ay l'honneur d'estre, etc.

DE M. DE SAINT-THOMAS A M. LE MARQUIS ANTOINE DE FEUQUIÈRES.

A Turin, le 15 mai 1691.

Monsieur, j'ay reçu la lettre que vous m'avez fait l'honneur de m'escrire aujourd'huy. Je vous diray en response que les commissaires de S. A. R. se rendront jeudy prochain à Cumiane comme vous me le marquez, et ils parleront aux vostres de l'affaire de Dubuisson pour voir à s'entendre et establir une règle fixe en terminant le compte des rançons. Vous trouverez cy-joint le passeport pour messieurs vos commissaires. Les voleurs de grand chemin ne se font pas scrupule de perdre le respect aux passeports; il n'est pas juste pourtant

que le tambour de dragons que vous aviez envoyé
en souffre. Je vous prie de me marquer ce que
vous jugez qu'on luy donne pour le garantir de
perte; on le fera; et si l'on peut trouver les criminels de ce vol, ils seront punis d'une manière
exemplaire. J'ay l'honneur d'estre, etc.

***

DE M. LE MARQUIS DE LOUVOIS A M. LE MARQUIS ANTOINE DE FEUQUIÈRES.

A Versailles, le 15 mai 1691.

Monsieur, le Roy a appris avec plaisir par la
lettre que vous avez pris la peine de m'escrire le 6
de ce mois, ce qui s'est passé dans la vallée de
Luzerne, dans laquelle il eust esté seulement à désirer que vous eussiez fait brusler tous les villages
où vous avez esté.

Si vous aviez voulu lire les lettres que je vous ay
escrittes sur le cartel avec M. de Savoye, vous auriez bien connu que Sa Majesté vous deffendoit de
vous fier à la parole de S. A. R.; ce qui m'oblige
de vous dire qu'en pareille chose il sera bon que
vous vous teniez aux termes de ce qui vous est
mandé par ordre du Roy. Je suis, Monsieur, vostre
très-humble et très-affectionné serviteur.

DE M. LE MARQUIS ANTOINE DE FEUQUIÈRES A M. DE
SAINT-THOMAS.

A Pignerol, le 17 mai 1691.

Monsieur, je responds à la lettre que vous m'a-
vez fait l'honneur de m'escrire du 15, et, conformément à ce que vous me mandez, je fais partir les
commissaires du Roy pour se rendre à Cumiane,
y terminer le compté des rançons et en recevoir le
payement.

J'ay eu response de M. de Catinat au sujet des
expédiens que vous me proposez pour qu'à l'advenir
il ne survienne point de difficulté dans l'exécution du cartel sur les prisonniers de guerre pré-
tendus déserteurs. Il me mande que cela se pourroit
faire en convenant de part et d'autre qu'un prisonnier de guerre servant son prince légitime et naturel ne pourra estre traité comme déserteur par
celuy des deux partis qui en prendra, lorsqu'il sera
pris les armes à la main. Si cet expédient vous
convient, ce sera une affaire réglée pour l'advenir
et un article qu'on pourra insérer dans le cartel.
S'il ne vous convient point, vous me ferez, Monsieur, s'il vous plaist, sçavoir ce que vous y trouverez à redire, persistant d'ailleurs tousjours à ré-
clamer Dubuisson comme prisonnier de guerre.

Il est, Monsieur, de vostre interest, comme du

nostre, de vous deffaire des voleurs de grand chemin. Quant à moy, ils ne tombent pas impunément entre mes mains. Je ne puis pas bien vous dire si c'est deux pistoles ou deux pistoles et demye qu'avoit cousté le manteau du tambour de dragons. J'ay l'honneur d'estre Monsieur, vostre très-humble et très-obéissant serviteur.

DE MM. LE COMTE FÉCIA ET COURAGEUX A M. LE MARQUIS
ANTOINE DE FEUQUIÈRES.

A Cumiane, le 18 mai 1691, à six heures du matin.

Monsieur, dans le temps que nous voulions partir pour nous en retourner à Turin, n'ayant pu le faire hier au soir qu'il estoit trop tard, nous venons d'apprendre que vos troupes ont enlevé à la petite pointe du jour notre escorte de 20 cavaliers avec l'officier, qui estoient icy avec nous, sous la bonne foy d'un de vos passeports, pour les affaires du cartel. Nous ne pouvons croire que cela se soit exécuté par vostre ordre, et nous attendons de vostre équité, Monsieur, que vous ayez la bonté de nous la renvoyer immédiatement, estant persuadés que nous avons l'honneur d'estre très-respectueusement, Monsieur, vos très-humbles et très-obéissans serviteurs.

DE M. DE SAINT-THOMAS A M. LE MARQUIS ANTOINE
DE FEUQUIÈRES.

A Turin, le 18 mai 1691.

Monsieur, je reçois en ce moment la lettre que
vous m'avez fait l'honneur de m'escrire, par le retour des députés de S. A. R., qui luy ont rendu
compte que leur escorte a esté enlevée par un
party de Pignerol. S. A. R. croit qu'estant à Cumiane avec lesdits députés sur la foy de vostre passeport, vous l'aurez renvoyée, condamnant le procédé de celuy qui commandoit le party. Mais si
cela n'estoit pas, je vous prie de la renvoyer et
de réfléchir que vostre parole et vostre passeport doivent estre la plus grande sûreté que vous
puissiez donner, et que personne au monde ne vous
sçauroit faire plus de tort que vous vous en feriez
à vous-mesme, souffrant le grief qu'a reçu ladite
escorte contre le droit des gens, toutes les lois et
la bonne foy d'un de vos passeports dont je vous
envoye la copie[1]. Je ne me le puis persuader, ayant
l'honneur d'estre, etc.

Copie du passeport.

« Le marquis de Feuquières, maréchal des camps et armées du
Roy, gouverneur et grand baillif des ville et citadelle de Verdun et
païs Verdunois, commandant les troupes de Sa Majesté à Pignerol.

Laissez passer et repasser sûrement et librement MM. le comte Fecia

P. S. Je vous respondray plus particulièrement sur l'article des déserteurs, et ce trompette donnera les deux pistoles et demye pour le manteau qui a esté dérobé.

DE M. LE MARQUIS ANTOINE DE FEUQUIÈRES A MM. LE COMTE FÉCIA ET COURAGEUX.

A Pignerol, le 18 mai 1691.

Je reçois dans le moment la lettre que vous prenez la peine de m'escrire au sujet de 22 cavaliers qui ont esté enlevés ce matin par un de nos partis, que vous dites estre vostre escorte. Nous ne la pouvions juger telle que sur vostre simple témoignage; car quel moyen de croire que vous soyez restés à Cumiane où vous aviez fait vos affaires à cinq heures du soir, sans prendre de nos commissaires un agrément de demeurer dans ce lieu après les affaires du cartel finies? Comment pouvois-je croire que 22 cavaliers, qui ne doivent estre que 20 par mon passeport, qui sont à un quart de lieue de vous, sans faire aucune garde pour vostre sûreté, soient pourtant ceux qui doivent vous garder, et d'autant plus que, dans l'esloignement où vous pré-

et Courageux, commissaires de S. A. R., venant à Cumiane pour les affaires du Cartel, avec une escorte de 20 maistres, sans qu'il leur soit fait aucun empeschement, mais toute faveur et assistance.

« Fait à Pignerol, ce 15ᵉ jour de may 1691.

« Signé : FEUQUIÈRES.

« Par Monseigneur DE LIGNY. »

tendez les avoir mis de vous, vous ne les avez seulement pas munis de passeport? Ainsy, Messieurs, ne trouvez point extraordinaire que je vous dise si ces gens-là sont vostre escorte ou si c'est un party embusqué. Je vois bien qu'ils ont esté vostre escorte, puisque le maréchal des logis se trouvoit chargé d'un ordre de M. de Saint-Thomas pour vous escorter; mais cela ne suffit pas; il devoit avoir mon passeport, ou si vous le gardez, il devoit estre assez près de vous pour qu'on ne pust point s'y mesprendre. J'ay déduit tout le fait à M. de Catinat duquel j'attendray les ordres sur ce que j'auray à faire à cet esgard. Je suis, Messieurs, très-véritablement, etc.

DU MÊME A M. DE SAINT-THOMAS.

A Pignerol, le 19 mai 1691.

Monsieur, je reçois dans le moment la lettre que vous me faites l'honneur de m'escrire du 18, touchant un maréchal des logis et 22 cavaliers arrestés hier par un de nos partis, sur lequel fait je vois bien que MM. vos commissaires ne vous ont pas rendu un compte tout à fait juste. Vous avez raison de dire que rien ne pourroit me faire plus de tort que de retenir contre la bonne foy des gens munis d'un de mes passeports; mais aussy, Monsieur, cela

n'est point, et voicy le fait, que je vais vous dé-
duire.

Nos commissaires réciproques sont assemblés à
Cumiane pour les affaires du cartel; ils les termi-
nent à cinq heures du soir; ceux du Roy s'en reviennent : pourquoy ceux de S. A. R. croyent-ils,
après les affaires finies, pouvoir demeurer dans le
voisinage de cette place, sans au moins prendre une
sûreté par écrit de nos commissaires? Cela ne seroit
rien et ne pourroit estre regardé que comme un
manque de formalité si cette prétendue escorte estoit
auprès des commissaires, en estat de les garder effectivement, puisqu'elle est destinée à cet usage,
ou que l'officier qui la commande fust au moins
muny de mon passeport. Mais un party de 100 grenadiers que j'envoyay cette nuit tuer des gens de
Cumiane, qui volent sur les grands chemins, après
avoir exécuté leurs ordres, apprennent qu'il y a
dans une cassine 23 cavaliers ennemis. Ils les inves-
tissent et les prennent. Ceux-cy n'ont pas de passeport de moy; ils ne sont point avec les commissaires qu'ils doivent escorter. Les grenadiers n'ont
point eu tort de les arrester et de les conduire icy,
ni moy, Monsieur, de les garder, puisqu'ils sont
hors de toutes les règles qui peuvent les faire regarder comme estant l'escorte des commissaires de
S. A. R. 1° Ils excèdent le nombre porté par mon
passeport; 2° ils n'ont pas mon passeport; 3° ils

ne gardent point les commissaires à l'escorte desquels ils sont venus, et sont mesme à une distance qui ne peut convenir à une escorte destinée à garder des gens ; 4° ils séjournent dans un lieu où la sûreté pour eux ne peut durer que tant que dure l'affaire pour laquelle ils ont esté envoyés, estant dans les règles à eux de se retirer avec MM. vos commissaires en mesme temps que les nostres se sont retirés, ou d'en avoir au moins pris une assurance par escrit.

Car n'est-il pas vray, Monsieur, que ce party auroit pu, s'il en avoit trouvé l'occasion, entreprendre sur nous, sans que je pusse m'en prendre à l'escorte des commissaires, puisqu'ils ne sont pas avec eux, ni dans le lieu, ni dans le chemin où ils doivent estre ? Mon passeport porte sûreté pour l'aller et le retour, j'en conviens; mais c'est en compagnie des commissaires de S. A. R. et non pas séparés desdits commissaires, qui seuls font la sûreté de cette escorte; car s'il estoit vray que vos gens fussent mal arrestés, il seroit vray que j'aurois donné un passeport à un de vos partisans pour venir à la guerre sur nous, encore avec cette circonstance qu'il ne seroit pas de prise, parce que M. Courageux auroit un passeport dans sa poche, qui porteroit sûreté pour un nombre auquel ce party arresté respond à peu près.

J'ay déduit tout ce fait à M. de Catinat et en mesme

temps à M. de Louvois. J'attends leurs ordres pour faire ce qui me sera prescrit à cet esgard. En attendant, Monsieur, ces gens-là sont ensemble, et les chevaux demeureront en nature commis à leurs soins.

Permettez-moy, Monsieur, de vous faire ressouvenir des 8 547 livres 14 sous, monnoye de Piedmont, que vous nous redevez, et que je vous en demande le payement. Il est d'autant plus juste'que, comptant sur la compensation qui se devoit faire des prisonniers de la garnison de Casal, je trouve qu'on en a exigé la rançon, pendant que vous nous devez beaucoup d'argent d'un autre costé. Je vous prie donc de me faire justice sur cet article. J'ai l'honneur d'estre, etc.

DU MÊME AU MÊME.

A Pignerol, le 21 mai 1691.

Monsieur, M. de Catinat m'ayant mandé que, quoique l'escorte de MM. vos commissaires fust de bonne prise par les raisons que je vous ay déduites dans ma dernière, je ne laissasse pas de la renvoyer, pour vous marquer que, mesme dans les choses douteuses, il vouloit s'en rapporter absolument à la bonne foy, je vous envoye ce trompette pour vous donner advis que je fais partir aujourd'huy ladite escorte pour la renvoyer à son quartier de Montcallier. Elle seroit mesme desjà partie *sans qu'*il[1] se trouve quelque chose d'égaré de leurs équipages que je fais rechercher ; je vous enverray le prix de ce qui manquera.

J'attends toujours de vos nouvelles pour ce qui nous est dû, et suis très-véritablement, etc.

DE M. DE SAINT-THOMAS A M. LE MARQUIS ANTOINE DE FEUQUIÈRES.

A Turin, le 23 mai 1691.

Monsieur, une chose qui est toujours la mesme en soy, paroist néantmoins fort différente selon les yeux avec lesquels on la regarde, les uns se la figurant soutenable, les autres la trouvant injuste, selon les différentes connoissances et dispositions des personnes, sans quoy il n'y auroit jamais rien à dire. Je vous remercie cependant d'avoir renvoyé l'escorte qui avoit accompagné les commissaires de S. A. R. à Cumiane sur la foy de vostre passeport, et que vous n'ayez pas souffert que les soldats qui la composoient ayent rien perdu.

M. Julien, qui commande un bataillon qui estoit du costé de la vallée de Barcellonne, souhaite de recouvrer 9 prisonniers, moyennant rançon ; je vous prie de vouloir bien donner ordre qu'on les

---

[1] Cette locution se trouve assez fréquemment dans les lettres de Madame de Sévigné.

conduise à Pignerol pour nous les remettre, en retirant l'argent qui vous est dû des rançons, que
les mesmes commissaires délivreront aux vostres
dans le lieu que vous me marquerez. Les susdits
prisonniers le furent par le fait des troupes de M. le
marquis de Vins[1], quand M. Julien se retira de la
vallée de Barcellonne.

J'ay l'honneur d'estre, Monsieur, vostre très-
humble et très-obéissant serviteur.

DE M. LE MARQUIS ANTOINE DE FEUQUIÈRES A M. DE SAINT-THOMAS.

A Pignerol, le 26 mai 1691.

Monsieur, j'ay reçu par le retour de mon trompette la lettre que vous avez pris la peine de m'escrire du 23, par laquelle vous répétez pour M. Julien
9 prisonniers faits par M. le marquis de Vins.
C'est un fait qui ne me regarde point, mais qui est
pourtant sans difficulté ; et comme M. de Vins commande en Provence où il aura apparemment gardé
ces prisonniers, il faudroit que M. Julien luy escri-
vist et les luy redemandast. Cela ne doit pas, Mon-

---

[1] Jean de Garde d'Agoult, chevalier, puis marquis de Vins, lieutenant général des armées du Roi, né en 1642, mort en 1732. Il
avait épousé la sœur de Madame la marquise de Pomponne, cette
marquise de Vins tant célébrée par Madame de Sévigné et qui portait
une si vive amitié à la famille des Feuquières.

sieur, retarder le payement que vous avez à nous faire, que je vous supplie de vouloir bien finir au plus tost, et, par la réponse à cette lettre, m'envoyer un passeport, dans nostre manière ordinaire, pour nos commissaires, me marquant le jour où vous voudrez faire trouver ceux de S. A. R. à Cumiane, affin que je vous envoye un passeport de mon costé. Je seray fort aise que messieurs vos commissaires fassent à l'advenir réflexion sur le sérieux et la régularité des passeports, et qu'ils ne s'exposent plus à des inconvéniens. J'ay l'honneur d'estre, etc.

DU MÊME AU MÊME.

A Pignerol, le 29 mai 1691.

Monsieur, je vous ay fait sçavoir par ma dernière que c'estoit à M. le marquis de Vins, qui commande en Provence, qu'il falloit que M. Julien s'adressast pour les 9 hommes qu'il répète. Je vous ay aussy demandé, Monsieur, le payement de ce que vous nous redevez des rançons des gens que je vous ay rendus. Vous ne me faites aucune response sur ce sujet. Cependant on a fait payer la rançon aux prisonniers de la garnison de Casal dans le temps que vous nous devez de l'argent. Vous sçavez bien que cela n'est point juste, et je m'attends à une prompte satisfaction sur cet article.

Il se présente aujourd'huy une autre affaire qui n'est pas plus juste que celle dont je viens de vous parler. Le sieur Brunetta, doyen du conseil souverain de Pignerol, avoit un fils capitaine dans le régiment des fusilliers de S. A. R. Il a, depuis peu de jours, demandé son congé pour se retirer, affin d'éviter à son père l'exécution des ordres du Roy, pour avoir à sortir du royaume et ses biens confisqués, à cause de la faute de son fils qui, pour obéir à son père, ayant demandé son congé, a pour response esté arresté. Ce n'est pas là, comme vous me l'avez souvent marqué, ne vouloir estre servy que du bon gré des gens qui servent. Je vous prie, Monsieur, de me renvoyer le sieur Brunetta, ou bien je vous advertis que je feray emprisonner tout ce que je pourray prendre des sujets de S. A. R., mesme qui ne sont point dans le service, lesquels demeureront en prison jusqu'à ce que vous m'ayez rendu le sieur Brunetta que je ne puis plus regarder, depuis qu'il a demandé son congé, que comme un sujet du Roy que vous retenez injustement, et pour la liberté duquel je suis obligé de faire des représailles.

J'ay l'honneur d'être, etc.

DE M. DE SAINT-THOMAS A M. LE MARQUIS ANTOINE
DE FEUQUIÈRES.

A Turin, le 31 mai 1691.

Monsieur, je responds par cette lettre aux deux dernières que vous m'avez fait l'honneur de m'escrire. Elles concernent deux articles : le premier, le payement de la rançon ; le second, le congé que M. Brunetta, capitaine dans le régiment des fusilliers, a demandé à S. A. R. Je vous diray sur celuy-cy qu'il est très-vray que S. A. R. n'a contraint aucun François de la servir, qu'elle a traitté fort honnestement et donné une permissiou libre de se retirer à ceux qui l'ont désirée, dans les premiers mois de la campagne passée et mesme avant l'hyver. Mais le sieur Brunetta, après avoir passé l'hyver icy, y avoir esté regardé sans aucune réserve comme un officier fidèle, n'est pas excusable de demander son congé à l'entrée de la campagne pour se rendre à Pignerol, dans une conjoncture d'ailleurs qui peut donner un juste soupçon de la netteté de son intention. C'est pourquoy je crois que vous ne trouverez pas étrange qu'on le retienne icy ou qu'on l'oblige à servir au moins durant la campagne. Vous sçavez comme les officiers des trois régimens que S. A. R. avoit envoyés en France ont esté retenus par un pareil principe,

nonobstant ce qui avoit esté expressément convenu.
Je vous supplie d'appeller vostre équité pour examiner ce fait, et vous trouverez sans doute que
M. Brunetta en a mal usé en demandant son congé
présentement, et qu'il est fort raisonnable de le
retenir.

Pour ce qui est du payement de la rançon, je
vous envoye un passeport pour messieurs vos
commissaires, pour se rendre après-demain samedy
à Cumiane, où les nostres se trouveront le mesme
jour à midy.

J'ay l'honneur d'être, etc.

DE M. LE MARQUIS ANTOINE DE FEUQUIÈRES A M. DE SAINT-
THOMAS.

A Pignerol, lé 1er juin 1691.

Monsieur, j'ay reçu la lettre du 31e may, que
vous m'avez fait l'honneur de m'escrire, et, pour
vous respondre à l'article qui concerne le sieur
Brunetta, je vous diray que, puisque vous m'avez
refusé de me rendre, contre tout droit, les nommés
Dubuisson et le Romain, dragons de la compagnie
de Saltun, et qu'à présent vous avez fait arrester
le sieur Brunetta, parce qu'il a demandé son congé
pour éviter la ruine entière de sa famille que j'ay
ordre de faire sortir du royaume et d'en confisquer
les biens, à cause de la faute dudit sieur Brunetta,

il faudra que nous prenions des mesures pour faire une représaille au centuple de ces deux chefs sur lesquels je n'ay pas pu avoir raison de vous. Ainsy, Monsieur, vous pouvez compter que vous ne recevrez aucun de vos prisonniers, que vous n'ayez commencé par me rendre les miens, et que j'arresteray et feray emprisonner tout ce qu'il me tombera de Piémontois sous la main, jusqu'à ce que le sieur Brunetta revienne. Je ne sçay point d'autre moyen pour vous sortir des préjugés où vous ont mis messieurs vos officiers si éclairés, sur la décision desquels vous appuyez l'injuste détention de ces trois personnes que je vous demande[1].

Je ne vous parle point de l'article des rançons, puisque messieurs les commissaires seront demain à Cumiane et que ce sera par eux que vous recevrez ma lettre.

J'ay l'honneur d'estre, etc.

---

[1] La suite de la correspondance entre M. de Feuquières et M. de Saint-Thomas, relativement aux trois prisonniers répétés, ne se trouve pas dans la collection de Madame la duchesse Decazes. Il est probable que M. de Saint-Thomas restitua ces prisonniers.

DE M. DE BULONDE[1] A M. DE POMPONNE.

A la citadelle de Pignerol , le 1ᵉʳ août 1691.

Monseigneur, je me donne l'honneur de vous tesmoigner la joye que j'ay eue d'apprendre que le Roy ait fait choix d'une personne de vostre mérite pour ministre de son Estat[2]. Je vous supplie

[1] Vivien Labbé de Bulonde , lieutenant général des armées du Roi.

[2] « Le Roi a fait rentrer dans le conseil M. de Pomponne. Il avoit « conservé la pension de ministre, qui est de 20 000 francs; mais il « n'en avoit fait aucune fonction depuis l'année 1679, qu'il reçut un « ordre de se défaire de sa charge de secrétaire d'État entre les « mains de M. de Croissy. » (*Journal de Dangeau*, 24 juillet 1691.) « — J'ai bien envie de savoir, écrivait alors Madame de Sévigné à « M. de Coulange, comment vous aurez trouvé le retour de M. de « Pomponne dans le ministère; nous en avons ici (*à Grignan*) une « très-sensible joie; M. et Madame de Grignan n'en doutoient point, « par un esprit tout prophétique; pour moi, je le désirois trop pour « vouloir seulement les écouter; et, quand Madame de Vins manda « cette nouvelle à ma fille , j'en fus si surprise et si transportée, que « je ne savois ce que j'entendois; je compris enfin que c'étoit une « vérité très-agréable pour moi et pour tout le monde ; car vous ne « pouvez croire l'approbation générale de ce retour.» — Comme le Roi avait bien voulu exprimer à M. de Pomponne la crainte qu'il ne vît pas sans peine M. de Croissy occuper un poste qu'il avait si dignement occupé lui-même, «Pomponne, dit Saint-Simon, toujours modeste, « doux, homme de bien, répondit au Roi que, puisqu'il le vouloit « attacher à son service, et qu'il s'étoit engagé d'y rentrer, il ne son- « geoit qu'à le bien servir, et que, pour bien commencer et ôter « toute occasion de sa jalousie, il alloit voir Croissy, lui apprendre les « bontés du Roi et lui donner son amitié. »

très-humblement, Monseigneur, de me faire la grâce de m'honorer de vostre protection auprès de Sa Majesté. Il y a cinq ans que j'ay eu l'honneur de la servir avec l'approbation unanime de MM. les généraux. J'ose bien vous asseurer, Monseigneur, que j'ay remply mon debvoir à la levée du siége de Coni[1], et que j'aurois ruiné les affaires de Sa Majesté en Italie si j'avois tardé deux heures de plus à me retirer, les ennemis estant arrivés dans le temps que le dernier canon a passé la Sture. Ce qu'il y avoit d'honnestes gens justifieront assez ma conduitte. Il y avoit quatre heures que M. le prince

---

[1] « On a eu nouvelle que M. de Bulonde leva le siége de Coni le « 29 du mois dernier, sur un avis qu'il eut que le prince Eugène ve- « noit avec 4 000 chevaux au secours de la place. Il a laissé une pièce « de canon, beaucoup de farine et des blessés qui étoient dans le « camp. M. de Bulonde s'est retiré sans les ordres de M. de Catinat, « et on croit que le Roi le fera arrêter, tant il est malcontent de sa « conduite. » (*Journal de Dangeau,* 9 juillet 1691).—« Chargé en chef, « dit l'auteur de la *Chronologie militaire,* t.IV, de faire le siége de « Coni, sur un faux avis que le prince Eugène marchoit au secours « de cette place, et malgré l'ordre qu'il avoit reçu de M. de Catinat « de ne point interrompre ce siége, il le leva et se retira avec tant de « précipitation, qu'il laissa dans les tranchées l'artillerie et plusieurs « officiers et soldats blessés. Le Roi envoya à M. de Catinat un ordre, « du 10 juillet, pour le faire arrêter. Il fut conduit à la citadelle de « Piguerol, et peu après à la Bastille. »

M. de Feuquières commandait en second au siége de Coni. M. le maréchal de Catinat, prévenu sans doute contre lui par la fâcheuse inimitié qui s'était élevée entre eux, lui attribue, dans ses *Mémoires,* autant qu'à M. de Bulonde, l'insuccès de cette expédition.

Eugène estoit arrivé à 5 lieues de Coni, avec 4000 chevaux, où il s'estoit assemblé 7 000 h. de pied, Barbets et Mondevis, lorsque j'en ay eu la nouvelle. S'il eust marché la nuit comme il le devoit, la retraitte ne se fust pas faitte sans perte, n'ayant que 5 000 hommes de pied et 14 à 1 500 chevaux. Je ne doutte pas, Monseigneur, que vous ne soyez informé de la vérité sur ce qui s'est passé dans cette occasion. Il est bien fascheux à un homme qui a bien servi le Roy de se voir traité sans raison de criminel. Le secours dont me parle M. de Catinat dans sa lettre ne pouvoit arriver à temps, quand mesme il seroit arrivé avant les ennemis. N'ayant que de la cavallerie, la tranchée ne pouvoit se soutenir, y ayant dans la place 3 000 hommes de pied choisis et 2 000 bourgeois ou gens reffugiés, bien aguerris et portant des armes. J'espère, Monseigneur, que vous aurez la bonté d'estre mon protecteur dans la justice que je demande à Sa Majesté, et que vous me ferez l'honneur de me croire, avec un très-profond respect, etc.

Certificat joint à la lettre de M. de Bulonde.

Nous soussignés, majors des régiments de Bretagne d'infanterie et de Gramont de dragons, ayant fait les charges de major-général de l'infanterie et

de maréchal des logis de la cavallerie au siége de
Coni, certifions à tous qu'il appartiendra que, sur
l'advis que M. de Bulonde receut de M. de Catinat,
sur les six heures du soir, le vingt-huitième de juin
dernier, que M. le prince Eugène avoit marché
avec 2 000 chevaux pour secourir la place, il auroit
proposé à M. de Feuquières de garder la tranchée,
et que luy marcheroit avec le reste des trouppes au
devant des ennemis pour les combattre ; que M. de
Feuquières luy ayant représenté qu'il estoit absolument nécessaire qu'il ne s'éloignast point de la
tranchée, il fut résolu de faire joindre M. de Molac
qui estoit de l'autre costé de la Gésia, sur le chemin du Mondevis. M. de Feuquières partit ensuitte
avec le sieur de la Para[1] pour aller à la tranchée où
il y avoit 600 travailleurs commandés. A la nuit
fermée, M. de Bulonde receut une seconde lettre
de M. de Catinat, qui luy marquoit que les ennemis estoient forts de 4 000 chevaux, et qu'il prist
ses mesures pour prendre un poste où les trouppes
qu'il commandoit pussent estre en seureté, et que
la tranchée ne le contraignist pas, mondit sieur de
Bulonde envoya aussitost à la tranchée chercher
M. de Feuquières, auquel il donna la lettre qu'il
venoit de recevoir de M. de Catinat. Il fut résolu sur-
le-champ, ne pouvant empescher un pareil secours,

---

[1] Chef des ingénieurs.

les ennemis estant arrivés au Mondevis, où il s'estoit assemblé quelqu'infanterie, les Barbets et la milice du pays, de retirer la tranchée et de passer la Sture. M. de Feuquières escrivit luy-mesme l'ordre de la marche pour la retraitte, et nous le donna pour le faire exécuter. Il partit ensuite pour aller à la tranchée faire retirer le canon et les troupes. La retraite s'est faite avec beaucoup d'ordre, et M. de Bulonde a esté à l'arrière-garde jusqu'à ce que le dernier canon eust passé la Sture. M. de Bulonde a fait transporter tous les blessés à Savillan, à la réserve de ceux qui ne l'ont pu estre à raison de leurs grandes blessures. Les commis des vivres ayant abandonné leur maison, et M. de Bulonde ayant appris qu'il y avoit du pain, ordonna aux troupes de le prendre, ce qui fut exécuté. La cavallerie fut six heures en bataille, la droitte à la maison des vivres, et la gauche à la Sture, en attendant que tous les esquipages d'artillerie et des vivres eussent passé la Sture.

M. de Bulonde n'eut advis de la marche de M. de Saint-Silvestre[1] que sur les sept heures du matin, le 29. Il avoit envoyé sçavoir des nouvelles

---

[1] Louis de Faur de Satilieu, marquis de Saint-Sylvestre, lieutenant général des armées du Roi, mort en 1719. M. de Saint-Sylvestre avait été envoyé par M. de Catinat avec un corps de 2 000 chevaux et 300 grenadiers, pour soutenir M. de Bulonde contre le prince Eugène.

et attendoit la réponse à trois lieues de la Sture.
M. de Bulonde fit mettre les troupes en bataille
sur la hauteur, de l'autre costé de la rivière, où
M. de Saint-Silvestre le joignit sur les six à sept
heures du soir.

Signé de LAJAVYE, major-général de la cavallerie,
et de BUSSEZ, major-général de l'infanterie, au
siége de Coni.

Ordre de marche pour la retraicte de devant Coni.

Envoyer 300 chevaux par troupes de 50 maistres, lesquels marchant jusques à Vignolles se
posteront de manière qu'ils couvriront la marche de
tous nos bagages, lesquels se retireront par le chemin par lequel ils sont venus, et s'allongeront sur
le chemin de Villefallet. Quand ils seront sur ce
chemin, les 300 chevaux couvriront leur marche
en teste et en flanc, et les feront marcher à Villefallet. Le gros canon descendra par le chemin qui
est à la queue de la tranchée, et passant la Sture
auprès du pont, remontera par le grand chemin à
la Chapelle, d'où il se mettra en marche pour se
rendre à Villefallet. Il sera, pour cet effect, commandé présentement deux bataillons qui iront à
la Chapelle, de l'autre costé de la Sture, d'où ils
s'allongeront en marche quand le canon se sera
retiré et sera monté. On laissera à la tranchée le

bataillon qui y est et trois autres, lesquels feront l'arrière-garde de tout, et on tâchera à estre en estat qu'ils soient passés à la pointe du jour.

DE M. LE MARQUIS ANTOINE DE FEUQUIÈRES
A M. GÉRARD [1] (A VERDUN).

Au camp de Vignamont [2], le 17 août 1694

Je responds à vostre lettre du 9 que je viens de recevoir; vous trouverez cy-joincts les deux billets que je vous renvoye endossés. Je vous répète encore que vous ne sçauriez me faire un plus sensible plaisir que celuy de me les convertir promptement en argent, parce que nous ne sommes pas payés, et que j'en ay un besoin très-pressant. Vous n'avez qu'à adresser cette somme à mon frère l'abbé, qui est instruict par moy du moyen de me la faire passer icy sans qu'il m'en couste; n'y perdez point de temps, je vous prie.

M. de Caumartin [3] m'a mandé que M. de Pont-

---

[1] Homme d'affaires de M. le marquis Antoine de Feuquières.

[2] En 1694, M. le marquis Antoine de Feuquières servait en Flandre sous M. le maréchal de Luxembourg. Il participa à la belle marche que celui-ci exécuta depuis Vignamont et Huy jusqu'à Courtrai.

[3] Louis-Urbain Lefèvre de Caumartin, conseiller d'État, intendant des finances; né en 1653, mort en 1720. Il fut l'élève de Fléchier. Son éloge se trouve renfermé dans ces deux vers de Boileau :

« Chacun de l'equité ne fait pas son flambeau :

« Tout n'est pas Caumartin, Bignon ni d'Aguesseau »

chartrain[1] luy avoit dit qu'on ne pouvoit me remettre ma taxe[2], à cause des conséquences ; que
cependant il ne se tient pas encore pour rebutté,
et qu'il reviendra à la charge sur les raisons que je
luy ay alléguées. En tout cas, je ne veux ni ne puis
payer cette taxe, et acquérir cette rente qui ne me
convient en aucune manière. Informez-vous comment ont fait les baillifs de Toul, de Metz et de
Sainte-Menehould, qui sont les villes les plus proches : pressentez ces maudits partisans sur la dimi-
nution qu'ils feroient, et après que vous m'aurez
esclaircy sur tout cela, je prendray le party qui me
conviendra, soit en vendant la charge à quelqu'un
qui payera la taxe, soit par quelqu'autre expédient.

Vous avez eu tort de ne pas faire faire les réparations aux greniers et portes des escuries que j'avois
prestées à M. d'Antin[3], car il n'y a pas moyen de

---

[1] Louis Phélypeaux, comte de Pontchartrain, ministre secrétaire
d'État des finances, chancelier de France en 1699 ; né en 1643, mort
en 1727. Il encouragea les savants et les artistes, et fut l'ami de Boileau, qu'il visitait souven tà Auteuil.

[2] Les ressources financières de la France étant épuisées par la
guerre et le luxe de la cour, le gouvernement, pour se procurer
de l'argent, avait recours à des expédients oppressifs. Il multipliait
les emprunts, les impôts, les taxes de toutes sortes. M. de Feuquières,
qui était bailli de Verdun, hésite s'il ne vendra pas sa charge
plutôt que de payer une taxe qui lui en devait ôter tout l'avantage.

[3] Antoine-Louis de Pardaillan, marquis puis duc d'Antin, né en
1665, lieutenant général en 1702, mort en 1736.

luy parler moy-mesme de ces frais. Je me plaindray pourtant à luy du manque de régularité de ses gens. Ne vous hastez pas de faire les réparations, car si son régiment retournoit à Verdun, et qu'il me redemandast mes escuries, en ce cas là on luy en feroit faire les réparations. Je suis tout à vous.

DU MÊME AU MÊME.

Au camp de Rousselaer[1], le 28 juillet 1695.

Je responds à vostre lettre du 18 que je reçus hyer. Je suis bien aise que vous ayez envoyé à madame de Feuquières l'argent du sieur de la Renaye, auquel il a esté juste de rabattre les 222 livres 4 sols dont vous me parlez.

Vous me ferez plaisir de vous servir de tout l'argent que vous aurez, provenant de mes petits revenus, pour payer tant cette veuve Paire que les autres créanciers qui restent; il n'importe de quel fond ils soient satisfaits; ce que je vous demande

---

[1] « Pendant la campagne de 1695, M. de Feuquières servit en « Flandre et fut détaché par le maréchal de Villeroy, pour investir « Deynse, avec un corps de cavalerie. Cette place étoit hors d'insulte. « Quoiqu'il n'eût point d'infanterie, il entreprit cependant de s'en « rendre maître par les voies de négociation. Il s'y prit si adroitement « qu'il engagea le gouverneur et les deux bataillons dont sa garnison « étoit composée, à se rendre prisonniers de guerre. » (*Vie de M. le marquis Antoine de Feuquières*, par M. le comte Jules de Feuquières.)

seulement, est de payer les derniers ceux qui auront signé la requeste à M. l'intendant.

M. de Montal[1] fait le siége de Dixmude avec
40 bataillons détachés de cette armée. Je ne crois
pas que cette place fasse une longue résistance.
Bonjour, Monsieur, tout à vous.

P. S. En fermant ma lettre, on vient me dire
que Dixmude capitule.

DE MADAME LA MARQUISE DE FEUQUIÈRES[2] A M. GÉRARD.

1695.

J'ai reçu, Monsieur, vostre lettre de change.
Vous m'avez trouvée bien vive pour cette affaire; mais comme je l'avois destinée à payer quelques petites debtes de fille, j'avois fort envie que
cela fust finy. Je vous ay fait mander que M. de
Feuquières se porte bien. J'en ay encore eu des
nouvelles aujourd'huy : il est du costé de Dixmude.
On n'a pu faire le siége de Nieuport[3], parce que

------

[1] Charles de Montsauluin, comte de Montal, né en 1620, lieutenant général des armées du Roi en 1676, mort en 1690.

[2] Marie-Madeleine-Thérèse-Geneviève de Monchy, dame d'Hocquincourt, mariée cette même année 1695 à M. le marquis Antoine de
Feuquières ; morte en 1737 dans le monastère de Port-Royal, à
l'âge de soixante-huit ans.

[3] « On résolut de tenter le siége de Nieuport, dont on savoit que
« la garnison étoit foible. On marcha vers cette place, on prit même

les ennemis y avoient fait entrer des trouppes, et que l'on n'a pu s'emparer des escluses. J'espère que cette campagne se passera avec tranquillité ; du moins j'en ay bien envie.

J'auray soin de vous faire mander des nouvelles de M. de Feuquières s'il se passe quelque action ; car je vous sçay bon gré d'en estre inquiet.

DE M. LE MARQUIS ANTOINE DE FEUQUIÈRES A M. GÉRARD.

Au camp de Maria Oudenhoven, le 12 septembre 1697.

Je ne vous ay point escrit de cette campagne, parce qu'il ne s'est rien passé qui m'ait regardé valant la peine d'aller jusques à vous[1]. J'auray besoin, dans le commencement du mois prochain, d'une

« une redoute qui faisoit la communication de cette ville avec « Dixmude ; mais apparemment qu'on ne fit pas assez de diligence ; « on se laissa prévenir par 12 bataillons, qui entrèrent dans cette « place. On se rabattit sur Dixmude et sur Deynse. » (DE LA HODE, *Hist. de Louis XIV.*}

. [1] La prise d'Ath, qui eut lieu au mois de mai, fut le seul fait important de la campagne de Flandre en 1697. « Le reste de la campa- « gne, dit de La Hode, à quelques mouvements près qui ne se firent « que pour la commodité des fourrages et pour empêcher les contri- « butions, on fut de part et d'autre presque aussi tranquille que si « l'on avoit cessé d'être ennemis. »—« A peine pouvoit-on reconnoître, « observe M. de Sismondi, le caractère d'une guerre qui jusqu'alors « avoit été si acharnée, dans les opérations de cette campagne aux « Pays-Bas. » Le 20 septembre, la France, l'Espagne, l'Angleterre et la Hollande signèrent la paix à Ryswick.

somme de 1 200 livres à Paris; je vous prie d'en adresser une lettre de change à mon frère l'abbé, qui est chargé de cette affaire. C'est pour le loyer de ma maison. Ainsy, quand la lettre que vous enverriez ne seroit payable qu'à trois semaines ou un mois de vue, comme je tiens ma maison de l'hospital des Incurables, cela ne seroit pas une affaire pour eux. Bonjour, Monsieur, croyez-moy toujours tout à vous.

DE MADAME LA MARQUISE DE FEUQUIÈRES
A M. LE COMTE JULES DE FEUQUIÈRES.

A Feuquières, 1696.

J'ay reçu avec plaisir, mon cher frère, les marques de vostre souvenir. Je n'ay mandé au marquis de Flamanville [1] que ce que je vous ay marqué sur mes affaires, qui sont presque finies. Vous vous estiez mis en tête que je ne viendrois jamais icy : vous voyez que vous n'avez pas deviné juste. La comtesse peut vous dire que ma vivacité pour m'en aller pouvoit égaler l'empressement des femmes qui viennent à Paris. J'ay esté ravie de quitter tous mes gens d'affaires [2]. Je gouste avec plaisir la

---

[1] Hervieu Bazan, marquis de Flamanville, bailli de Côtentin, marié à Agnès Molé et parent de Madame la marquise de Feuquières.

[2] Madame la marquise de Feuquières s'occupait alors de la vente de la terre d'Hocquincourt, qui lui appartenait.

tranquillité de la campagne, et ne pense pas qu'il
y ait un Paris. Je trouve icy les promenades char-
mantes; j'y vais dès·que le temps me le permet,
et plus je les vois, plus j'y prends de goust. J'ay
toujours eu beaucoup de monde; mais, quoyque
ce soit bonne compagnie, quelquefois je ne laisse
pas de souhaitter de me trouver seule pour me
promener à mon aise et pour lire, car j'ay pris
une vraie passion pour la lecture. Avec ce secours
et le dégoust que mes affaires m'ont donné pour
le monde, je passe mon temps très-agréablement.
Voilà, mon cher frère, un long détail de mes occupations; je vais mesme jusqu'à vous rendre
compte de mes pensées.

M. vostre frère est icy depuis quelques jours. La
paix a fort avancé son retour. Je voudrois que vous
fussiez en lieu où elle fist le mesme effet[1], je vous
inviterois à venir icy, où nous serons jusqu'au mois
de décembre. Mais les ratifications[2] que vous allez
attendre m'ostent l'espérance de vous voir plus
tost qu'à l'ordinaire.

[1] M. le comte Jules de Feuquières était alors à Paris, colonel d'un
régiment d'infanterie.

[2] Les ratifications du traité de Ryswick. Elles furent échangées à
la fin d'octobre.

DE M. L'ABBÉ DE PAS DE FEUQUIÈRES[1] A M. GÉRARD.

A Paris, le 17 octobre 1697.

Je reçois dans ce moment, Monsieur, la lettre de change de 1 200 francs que vous m'envoyez pour le loyer de la maison de mon frère. Je suis si mal dans mes affaires présentement, que je ne puis pas rembourser encore la petite somme que vous avez payée pour feu mon oncle. Vous sçavez que je n'y suis obligé par aucun endroit, mais cependant je le feray quand je le pourray. Je suis, Monsieur, tout à vous.

[1] Philibert-Charles, docteur en Sorbonne, frère de M. le marquis Antoine de Feuquières. Il a été dit précédemment qu'il fut abbé de Cormeilles et dans la suite évêque d'Agde. « En 1691, dit le marquis « de Dangeau, le Roi a donné à l'abbé de Pas de Feuquières l'abbaye « de la Meilleraye, qui vaquoit par la mort de l'archevêque de Rouen, « et l'abbaye qu'avoit son oncle l'abbé de Feuquières (l'abbaye du « Relec en Bretagne) a été donnée à l'abbé de Grancey, neveu de « l'archevêque de Rouen. Ces deux abbayes sont à peu près du même « revenu, et le Roi a fait ce changement-là pour montrer qu'il ne « veut pas que les bénéfices se perpétuent dans les familles. » (DANGEAU, 21 et 22 avril 1691.)

DE M. LE MARQUIS ANTOINE DE FEUQUIÈRES

A M. LE MARQUIS DE TORCY[1].

12 août 1704.

Mémoire sur les affaires d'Allemagne[2].

L'opiniastreté de l'Empereur à laisser dans les
vicariats de Trente le corps de troupes qui s'est
retiré d'Ostiglia, soit pour le monstrer toujours de
loin à M. de Savoye[3], qu'il peut avoir raison de
craindre de voir luy eschapper, soit pour faire voir
aux Anglois et Hollandois qu'il n'abandonnera ja-

---

[1] Jean-Baptiste Colbert, marquis de Torcy, fils de Charles Colbert
marquis de Croissy, et gendre de M. le marquis Arnauld de Pomponne; successivement ambassadeur, ministre des affaires étrangères,
surintendant général des postes, et membre du conseil de régence
pendant la minorité de Louis XV; né en 1665, mort en 1746.

[2] M. de Feuquières cessa de servir en 1701, lorsque s'ouvrit la
guerre de la succession d'Espagne; mais il ne cessa point pour cela
de se préoccuper des chances heureuses ou défavorables de nos armées, surtout lorsqu'il voyait celles-ci livrées à des généraux impré-
voyants, tels que ceux qui commandaient en Allemagne. Voilà pourquoi il communiquait ses vues à M. de Torcy, alors ministre des
affaires étrangères.

[3] Petit-fils d'une sœur de Louis XIII, beau-père du duc de Bourgogne, beau-père de Philippe V roi d'Espagne, le duc de Savoie
venait de quitter le parti de la France pour se donner à l'Empereur,
qui lui promettait tout ce que ses gendres lui avaient refusé, le Mont-
ferrat-Mantouan, Alexandrie, Valence, les pays entre le Pô et le Ta-
naro, et plus d'argent que la France ne lui en donnait. Mais l'Empe-

mais ses vues sur l'Italie[1], est, dans la conjoncture présente, très-heureuse pour M. l'Électeur[2]. Car si le corps qu'on dit avoir esté recruté en partie entroit en Bavière par le haut de l'Inn, jugez, Monsieur, de la diversion que cela feroit. La simple démonstration seulement et la marche de ce corps au delà d'Inspruck forceroient M. l'Électeur à faire marcher des troupes pour s'y opposer. Cela n'est point encore arrivé ; mais comme il est prudent de penser que cela peut arriver, pourquoy ne pas' porter une application entière à faire repasser les ennemis en Franconie par les mouvements proposés dans le mémoire du 6[3], et les empescher de

reur avait juste raison de se défier d'un prince qui, dans la guerre précédente, avait abandonné brusquement son parti pour celui de la France.

[1] « L'Italie a toujours été le pays le plus cher aux intérêts des « empereurs. C'était celui où ses armes pouvaient le plus aisément « pénétrer par le Tyrol et par l'État de Venise. 1704. » (VOLTAIRE, *Siècle de Louis XIV*.)

[2] L'électeur de Bavière, allié de la France. Une fâcheuse inimit é était survenue entre ce prince et le maréchal de Villars qui, depuis le commencement de la guerre, avait défendu ses États contre les Impériaux ; Villars demanda son changement, on lui donna pour successeur le maréchal de Marsin, et peu de temps après l'Électeur avait perdu tous ses États.

[3] Ce document ne se trouve pas dans la collection de Madame la duchesse Decazes. Mais les *Mémoires de M. de Feuquières* contiennent sa manière de voir sur la situation d'alors, et les motifs qui le faisaient écrire à M. de Torcy ; par un triste pressentiment de ce qui devait arriver ; car le lendemain 13 fut le jour de cette funeste bataille de

s'establir puissamment sur le Danube, au lieu de s'opposer simplement à eux en teste, et faire à la longue périr une grande partie de nostre cavallerie par la nécessité des fourrages?

Quoyque, par une triste expérience du cas que l'on fait de moy, je sache fort bien que c'est en vain que je pense sur un mestier qu'il y a trente ans que je fais, cependant, Monsieur, mon zèle ne me permet point de penser sans vous dire comme j'ay pensé. Vous l'avez trouvé bon. En tout cas, le temps que vous employerez à me lire sera assez court, quoyque vous soyez fort occupé, pour ne le pas peut-estre regretter entièrement.

Hochstett qui apprit à l'Europe que Louis XIV n'était pas invincible, « de cette bataille qu'on peut dire, avec M. de Feuquières, avoir été « le terme du bonheur du règne du Roi. »

FIN DU CINQUIÈME ET DERNIER VOLUME.

TABLE
DES MATIÈRES.
—

TOME PREMIER.

[1631 — 1633.]

TOME DEUXIÈME.

TOME TROISIÈME.

TOME QUATRIÈME.

TOME CINQUIÈME.

FIN DE LA TABLE DES MATIÈRES.

TOME I.

Introduction, page xxxij, ligne 11, *au lieu de :* Anne-Louise de Gramont, fille du maréchal duc de Gramont, *lisez :* sœur du maréchal.

Introduction, page xxxiij, ligne 13, *au lieu de :* le marquis Isaac avait épousé la fille d'un autre maréchal, *lisez :* la sœur.

TOME II.

Page 157, *au lieu de :* A Paris, le 27 mai 1673, *lisez :* A Pau.

Page 169, *P. S., au lieu de :* Il y a à Bruswick, *lisez :* à Brunswick.

Page 425, *au lieu de :* A Auxerre, le 25 août 1674, *lisez :* le 25 avril.

Page 427, *au lieu de :* A Gray, le 26 août, *lisez :* le 26 avril.

TOME III.

Page 145, ligne 14, *au lieu de :* a disparu, *lisez :* s'est emparée.

Page 316, *au lieu de :* A Séméac, le 22 mai, *lisez :* le 22 juin.

TOME V.

Page 93, ligne 2, *au lieu de :* mon frère vous peut demander, *lisez :* vous peut mander.

Page 94, note 2, *au lieu de :* La Hoquette, *lisez :* La Hoguette.

Page 94, note 3, *au lieu de :* évêque de Comberans, *lisez :* de Conserans.

Page 98, note 1, *au lieu de :* Beauveau, *lisez :* Beauvau.

Lightning Source UK Ltd.
Milton Keynes UK
UKHW012251110219
337137UK00006B/882/P